참된 교회를 이끄는

작은 공동체가
희망이다

유 성 준 지음

참된 교회를 이끄는
작은 공동체가 희망이다

초판 1쇄 2012년 7월 30일
    2쇄 2016년 4월 7일
유성준 지음

발 행 인 | 전용재
편 집 인 | 한만철
펴 낸 곳 | 도서출판 kmc
등록번호 | 제2-1607호
등록일자 | 1993년 9월 4일
(110-730) 서울특별시 종로구 세종대로 149 감리회관 16층
(재) 기독교대한감리회 출판국
대표전화 | 02-399-2008 팩스 | 02-399-4365
홈페이지 | www.kmcmall.co.kr
디 자 인 | 디자인 화소

값 12,000원
ISBN 978-89-8430-575-5 03230

참된 교회를 이끄는

작은
공동체가
희망이다

유 성 준 지음

kmc

왜 작은 공동체인가?

지난 23년 동안 미국에서 학업과 사역을 마치고 2004년 한국으로 돌아올 때, 나에게는 두 가지 기도제목이 있었다. 첫째는 한국에서 교수로 청빙해 준 모교를 위해서 사역하는 것이고, 둘째는 미국에서 경험한 21세기 가장 혁신적인 교회 모델 중 하나인 세이비어 교회The Church of the Savior를 한국교회에 소개하고 적용하는 것이었다. 감사하게도 2005년 「미국을 움직이는 작은 공동체, 세이비어 교회」를 펴내면서 한국교회에 최초로 세이비어 교회를 소개하였고, 미래 한국교회의 대안 모델로서 큰 관심을 받았다. 2007년에는 「세이비어 교회–실천편」을 통해 참된 교회의 모델과 사역을 소개하였고, 2009년에는 참된 교회의 목회철학인 서번트 리더십을 다룬 「예수처럼 섬겨라」를 출간하였다. 같은 해에, 미국 주류 교단이 갱신하는 데 가장 역동적으로 활동한 교회인 미국 캔자스시

티의 '부활의 교회' The Church of the Resurrection를 한국교회에 소개하였는데 이것 역시 내게는 큰 기쁨이었다.[1]

한국에 돌아와 새로운 환경과 많은 문화적인 충격을 경험하며 살펴본 한국 개신교회는 심각한 위기와 도전 속에 있었다. 기복신앙, 이원론적 신앙생활, 교인관리만을 위한 프로그램, 세속주의, 물질만능주의가 만연하였다. 무엇보다도 나를 비롯한 목회자와 교회 리더들의 정체성의 위기 Identity Crisis가 심각하였다. 우리는 우리 삶을 하나님께 드렸다고 고백하지만 다원화된 시대에 우리의 현실을 지배하고 있는 것은 실상 세상에 속한 것이 대부분임을 인정하지 않을 수 없다.

나는 그동안 출판과 초교파적인 강연활동을 통해 대부분의 목회자들과 성도들이 새로운 교회의 방향에 대하여 지대한 관심과 갈증을 가지고 있음을 확인하였다. 이 책에서는 세이비어 교회를 소개한 이후 주목되는 한국교회의 변화와 '작은 공동체 운동'의 영성과 사역을 좀 더 구체적으로 소개함으로써 미래 목회의 희망을 찾고자 한다. '작은 공동체 운동'은 작지만 건강한 교회 공동체를 추구한다. 교회사적으로 보면 종교개혁 이후 독일의 경건주의 운동이 태동하며 개신교의 작은 공동체 운동이 시작되었고, 이것은 새로운 종파운동이 아니라 교회 안의 작은 교회 ecclesiolae in ecclesia를 통하여 기성교회를 개혁하고 갱신하려는 노력이었다. 즉 큰 교회를 작은 교회로 나누고 성도들을 영적으로 훈련시킴으로써 형성되는 코이노니아 공동체 회복운동이었다.

그동안 소개한 세이비어 교회도 교회 개척 때부터 숫자가 주는 힘의 유혹을 의도적으로 거부하였다. 많은 현대 교회들이 추구하는 성장주의에 매몰되거나 시대에 따라 유행하는 프로그램에 맞춰 사역하지도 않았다. 코스비 목사는 "내적인 영성, 영성의 외적인 표출로서의 외적인 사역, 그리고 사랑과 책임 있는 공동체에 중점을 둔 작지만 고도로 헌신되고 훈련된 사람들의 모임이 세상을 변화시킬 수 있다."고 역설한다.[2]

2010년 10월에 여의도순복음교회에서 열린 "한국교회 사회복지 엑스포 2010"의 국제 심포지엄에서 미래 목회의 대안 모델로 세이비어 교회가 소개되었다.[3] 강연을 준비하기 위해 세이비어 교회를 방문한 자리에서 고든 코스비 목사께 한국교회에 전하고 싶은 말씀을 물었다. 연로하지만 아직도 청년의 눈빛을 가진 93세의 코스비 목사의 확신에 찬 목소리를 아직도 잊을 수가 없다. "참된 교회가 되기 위해서는 먼저 교회의 리더들이 참된 존재가 되어야 하고, 교회는 자신이 존재하는 지역 사회를 섬겨야 하며, 각 지역의 교회들은 함께 사역해야 된다."

코스비 목사가 은퇴한 이후 세이비어 교회는 독특하게도 후임자를 정하지 않았다. 대신 세이비어 본부교회를 해체하고 그동안 함께 사역하던 10개의 신앙 공동체[Faith Community]를 독립시키는 과정 중에 있다.[4] 나는 위기에 처한 한국교회가 교회의 패러다임을 전환하여 개교회주의, 성장주의 일변도의 목회철학에서 벗어나 중대형교회는 한국교회의 80%가 넘는 소형교회와 미자립교회의 역량 있는 목회자들과 교회를 지원하고, 큰 교회를 작은 교회로 나누어 함께 공동체를 세우는 일이 무엇보다 시급한 과제라고 생각한다. 깊은 영성과 사역의 균형을 강조하며 철저한 입교과정과 고도의 훈련으로 헌신된 사역자들을 양육해 지역 사회를 섬기는 세이비어 교회의 목회철학은 위기 가운데 있는 한국교회의 미래 목회의 방향에 중요한 모델이 됨을 다시 한 번 깨닫는다.

그동안 출간한 내 책에서는 미국 세이비어 교회를 모델로 삼아 응용하였다면, 이 책에서는 한국의 상황과 현장에 맞는 '작은 공동체 운동'을 통하여 목회의 비전을 회복할 수 있도록 구성하였다. 우선 작은 공동체에 대한 신학적 이해와 사역 현장에서 실질적으로 적용할 수 있는 것들을 제시함으로써 개교회에서 작은 공동체 운동을 용이하게 준비하고 훈련할 수 있도록 정리하였다. 한국교회의 실제 작은 공동체 사역을 소개함으로써 독자들의 참여와 훈련에 좋은 참고자료가 될 것으로 기대한다.

제1장에서는 참된 교회의 본질을 기억하며 한국교회의 현실과 문제를 진단한 뒤 희망의 대안으로서 작은 공동체 운동을 제안하고 세계교회의 모범적인 공동체 운동을 소개한다. 제2장은 작은 공동체 운동의 기초가 되는 영성에 대한 이해와 영성 훈련을 소개하고, 제3장에서는 작은 공동체 운동의 실제적인 훈련과 사역은 어떻게 해야 하는지를 소개한다. 제4장에서는 영성과 사역의 철저한 균형을 강조하고 있는 한국교회의 작은 공동체 모델을 소개한다. 제5장에서는 교회 사역의 궁극적인 목표가 작은 공동체를 통한 하나님 나라의 구현이라고 볼 때, 작은 공동체 운동을 통한 하나님의 선교의 성서적, 신학적, 교회사적인 이론적 토대를 목회자와 평신도가 쉽게 파악할 수 있게 평이한 내용으로 정리하였다.

나는 지난 2004년부터 제한적으로 한국교회를 경험하고 있지만 개교회 사역뿐 아니라 하나님의 선교에 초점을 맞춘 개인의 성화와 사회의 성화를 통전적으로 적용할 수 있는 통합적 선교 모델을 이 책에서 제시하고자 한다. 작은 공동체 운동의 영성과 사역은 참된 교회의 미래이자 유일한 대안이다. 이 책이 기독교 공동체의 본질을 회복하고, 위기의 시대에 방향을 찾는 교회들이 의욕적으로 참여할 수 있는 한국교회의 새 부흥운동의 작은 단서가 되기를 바란다.

나는 지난 2011년 3월 25일 목 척추에 통증완화 주사를 맞다가 척추가 감염되어 입원을 하고 2011년 5월 20일까지 55일간 폐혈증 증세를 보이며 사선을 넘는 투병생활을 하였다. 그리고 하루에 8회씩 8시간 동안 혈

관에 항생제를 투여받으며 가족들과 동역자들의 기도에 힘입어 입원 40일째 되는 날 극적으로 염증수치가 정상으로 돌아오는 기적을 체험하였다. 이 과정은 내 생애에 또 다른 회심의 경험이 되었으며 소명을 새롭게 결단하는 기회가 되었다. 퇴원 후 재충전에 힘쓰며 한 해를 온전히 이 책을 준비하는 데 보낼 수 있었다. 그런 환경과 기회를 허락하신 하나님의 은혜가 감사하다.

이 책이 나오기까지 수고하고 도와주신 여러 동역자에게 진심으로 감사드린다. 특별히 1981년 결혼한 후 지난 30년의 목회여정 동안 고난의 시간을 함께해 준 사랑하는 아내 이애주에게 이 책을 헌정한다.

2012년 여름
화성 봉담골에서 **유성준** 목사

성령의 역동적인 역사가
일어나는 작은 공동체 찾아가기

유성준 교수의 새로운 저서 「참된 교회를 이끄는 작은 공동체가 희망이다」는 오늘 한국교회가 처한 상황에 비추어 시기적절하고 꼭 귀 기울여야 할 메시지를 담은 글이어서 목회자, 평신도, 신학도 들이 주목하여 읽기를 진심으로 바란다. 오늘의 한국교회가 내적, 질적, 나아가서는 진정한 의미에서 영적인 성숙이 요구되고 있는 이때에 무엇을 가장 우선적으로 각성하여야 할 것인가가 이 책의 중요 주제이다.

이미 세이비어교회와 부활의교회 모델을 통하여 이 시대의 참된 교회의 모습을 인상 깊게 밝혀 준 저자는 이제 신학적, 역사적, 실제적 접근을 통해 그 진정한 교회가 작은 공동체에 토대를 두어야 한다고 역설한다. 왜 그럴까? 그것은 초대 원시교회의 원천적 모델이 작은 교회, 즉 공동체와 친교(코이노니아) 중심의 거룩한 삶에서 비롯되었기 때문이다. 교회가 아무리 크게 성장하더라도 그 핵심은 성도의 교제에 있다. 성도의 교제가 없이는 그리스도의 몸 된 교회가 건강하게 성장하거나 성숙할 수 없으며, 결국 병들고 왜곡되어 죽어갈 것이기 때문이다. 그러므로 이 책은 교회의 긴 역사 속에서 참된 교회의 모델을 제도보다는 성령의 역동적인 역사가 일어나는 작은 공동체에서 찾으려는 신선한 시도가 계속 있었다는 사실에 주목하고 적절한 진단을 내리고 있다.

작은 공동체의 핵심은 하나님 나라의 가치임을 저자는 오랜 목회 경험과 신앙적 확신을 가지고 역설하면서 그러한 작은 공동체의 신학적 이해와 그에 따른 영성과 사역, 경건 훈련의 실제를 통찰력 깊게 다루고 있다. 특히 저자는 감리교회의 창시자 존 웨슬리의 영성에 초점을 맞추어 그의 위대한 영적 유산을 오늘 한국 감리교회에 회복, 재조명하려는 진지한 탐구와 노력을 담고 있다. 비록 한국 감리교회에서 속회와 기타 소그룹 훈련이 계속 시행되고 있지만, 좀 더 깊이 그 본질에 충실할 수 있도록 웨슬리의 초기 감리교회의 경건 훈련의 샘에서 직접 생명수를 길어 내려고 하는 관심을 이 책은 깊이 있게 받아들이고 있다.

이 책의 또 한 가지 장점은 작은 공동체에 대한 저자의 진솔하고 설득력 있는 소개이다. 그가 직접 경험한 현대 기독교의 대표적인 작은 공동체들을, 그가 이미 소개한 세이비어 교회의 이전 조우와의 연결 속에서 우리에게 특별한 선물로 제시하고 있다. 더 나아가서 실제적인 한국교회의 주목할 만한 작은 공동체 모델을 제시한 것도 큰 도움이 된다. 이를 통해 독자들은 좀 더 가깝게 우리의 정서와 정황에 비추어 참된 교회의 본보기를 얻게 될 것이다.

저자가 이 책 제목에도 쓴 것처럼 우리에게는 희망이 필요하다. 우리의 희망은 오직 하나님께 있다. 하지만 그 하나님의 임재를 통한 그의 나라와 의를 오늘의 교회가 어떻게 구하느냐가 문제이다. 저자는 그러한 진지한 영적 과제를 마음에 두고 이 저서를 출간함으로써, 우리에게 어두운 밤에 빛을 찾는 것처럼 참된 교회와 그 성도의 교제를 회복하도록 도전하며 초청하고 있다. 부디 많은 독자들이 이 책을 통해 은혜와 감동은 물론 한국교회의 갱신과 발전에 동참하는 계기가 되기를 간절히 바란다.

이후정 교수(감리교신학대학교 역사신학)

차 례

제3장 작은 공동체 운동의 훈련과 사역

제5장 교회 공동체의 희망과 대안

제 1 장

작은 공동체 운동의 이해

한국교회의 진단과 전망

한국교회의 위기는 예수께서 공생애 기간 동안 지속적으로 말씀하시고 십자가와 부활을 통해 몸으로 보여 주신 하나님 나라의 가치관^{Kingdom} Value보다 세상적인 가치관과 문화에 중독되어 있다는 것이다. 이 시대 한국교회가 참된 교회^{Authentic Church}가 되기 위해서는 성서가 조명하는 바른 방향을 회복해야 한다. 그동안 한국교회는 교회의 본질에 대하여 성찰하기보다는 개교회 중심의 교회성장에만 집중하면서 그 부작용과 한계가 외적으로 드러나고 있다. 한국교회는 지금 교회성장보다 내적 갱신에 관심을 두어야 하는 중대한 기로에 서 있다. 교회갱신 운동은 종교세속화의 흐름 속에서 교회의 역할을 다시 설정하고 교회의 본질을 추구하여 사회적 공신력을 회복하려는 노력이다.

물론 교회성장 운동 자체를 부정할 수는 없다. 오늘의 한국교회의 부흥을 이룬 큰 흐름은 교회성장운동이었다. 그동안 교회성장은 교회의 가장 중요한 목표요, 과제요, 평가의 기준이었다. 이에 교회마다 총동원전도와 교회성장 프로그램이 유행처럼 퍼져나갔다. 그러나 성장에 따르는 교회와 교인의 내적 변화와 성숙이 따르지 못했기 때문에 다른 한편에서는 사회적 상황과 변화에 따른 교회의 갱신을 강조하는 목소리가 높아지기 시작한 것이다.

지금까지 교회성장이 개교회 대부분의 목회자들에게 가장 중요한 사역의 목표였다면, 교회갱신이나 교회의 사회적 책임은 교계의 몇몇 진보적인 교단이나 리더들의 관심이 되어 왔다. 한국교회의 교회성장 둔화와 교회에 대한 부정적 이미지는 바로 신앙 공동체의 정체성의 위기를 의미한다.

2005년 통계청이 실시한 '국민주택총조사' 결과를 접한 한국교회는 큰 충격을 받았다. 10년 전에 비해 가톨릭 신자는 74.4% 증가한 514만 6,000명으로 응답됐고, 불교 신자는 3.9% 늘어난 1,072만 6,000명이었다. 반면 개신교는 10년 전보다 오히려 1.6% 줄어든 861만 6,000명으로 나타났다. 가톨릭과 불교는 교인 수가 증가한 반면 기독교는 감소된 것으로 나타났기 때문이다. 2009년 기독교윤리실천운동에서는 2009년 9월 28~29일에 만 19세 이상의 남녀 1,000명을 대상으로 글로벌 리서치에 의뢰하여 "한국사회의 교회에 대한 신뢰도 조사"를 전화설문조사 방법으로 실시하였다. 이 조사에서 드러난 한국교회의 신뢰도는 19.1%라는 충격적 결과였다. 특히 이 조사에서 주목할 점이 있는데, 첫째는 한국교회에 대한 신뢰도에서 50대가 27.5%, 40대가 18.1%, 30대가 18.2%의 신뢰도를 보인 반면에 만 19~29세의 젊은 세대는 15.0%로 연령대가 낮아질수록 신뢰지수가 낮았다는 점이고, 둘째는 종교가 없는 사람이 호감을 가지고 있는 종교로 가톨릭에 대해 35.0%, 불교에 대해 28.6%인 반면에 기독교에 대해서는 14.2%라는 낮은 수치를 보였다는 점이다. 한국교회에 대한 일반의 인식은 크게 부정적인 양상으로 나타나고 있고, 사회에 대한 교회의 영향력도 크게 줄어든 것을 보게 된다.

1990년 초반까지 한국교회를 논할 때에는, 한국교회는 왜 성장하는가 그리고 그 성장에는 어떤 문제가 있는가를 설명하는 것이 주된 내용이었다. 그러나 1990년대 후반부터는, 왜 한국교회는 정체되고 있는가 그리고 어떻게 다시 성장할 수 있는가가 주요 논쟁점이다. 더불어 교회성장이론에 근거한 다양한 전략이 계속 소개되고 있다.

사실 이러한 변화는 교회성장과 교회갱신의 역학관계 속에서 자연스러울 만큼 당연한 결과였다. 교회성장 일변도로 달리며 교회갱신을 등한히 해 온 한국교회에 대한 우려가 실제로 나타나기 시작한 것이다. 이제 교회의 갱신과 회복은 더 이상 미룰 수 없는 한국교회의 중대한 과제가 되었다. 이러한 과제를 해결하기 위해 먼저 해야 할 일은 참된 기독교 공동체의 본질을 회복하는 것이다. 그리스도 신앙 공동체의 본질을 상실한 교회는 성장을 한다 해도 의미가 없고 교회의 본질을 회복하지 못한 교회갱신이란 불가능하기 때문이다. 이에 오늘의 한국교회가 수직적인 공동체 운영에서 참여와 소통이 가능한 수평적인 작은 공동체의 활성화로 교회 본질을 회복하고, 지속적인 교회성장과 교회의 사회적 공신력과 영향력의 회복을 통전적으로 이루어야 할 때이다.

▶ TIP

아웃라이어Outlier, 참된 공동체 이야기5)

뉴요커 매거진의 칼럼리스트 말콤 글래드웰Malcolm Gladwell의 베스트셀러 「아웃라이어」Outlier의 서문에 나오는 '로제토의 수수께끼'는 참된 공동체의 의미가 무엇인지를 잘 설명해 준다. '아웃라이어'는 보통 사람들의 일상적인 경험과는 확연히 구분되는 통계적 관측치를 의미한다. 이 책의 부제는 '성공의 기회를 발견한 사람들' 이다.

1882년 이탈리아 로마의 동남부에서 100마일 정도 떨어진 시골 동네인 로제토 사람 11명이 미국으로 이민 와서 뉴욕 맨해튼의 리틀이탈리아에서 하룻밤을 보내고 뉴욕에서 145킬로미터나 떨어져 있는 펜실베이니아 벵고Bangor 지역의 함석 채석장에서 직장을 구한 뒤 그곳에 정착하였다. 그 후 그들은 고향에 있는 사람들을 초청, 1894년에는 로제토 사람 1,200명이 한꺼번에 펜실베이니아 주로 이주하기도 하였다. 그리고 그들이 집단적으로 거주하는 지역을 고향 동네 이름인 로제토로 부르기 시작하였다.

1896년, 그들의 고단한 일상에 변화가 찾아왔다. 그곳에 파스칼레 신부가 부임하여 교회를 세우고 교회 중심으로 공동체를 형성하며 공동체 개발에 앞장서기 시작했다. 그들은 씨앗 묘목들을 나누어 주고 양파, 콩, 감자, 참외, 채소를 재배하고 집 뒷마당에 과일나무를 심었다. 포도밭과 포도주 공장이 생기고, 가축을 사육하고, 블라우스를 만드는 옷 공장이 12개나 들어섰다. 중심가인 가리발디Garibaldi 거리에는 작은 상점, 빵집, 식당이 문을 열었다. 2,000명쯤 사는 동네에 교회를 중심으로 40개 이상의 영적 소그룹Spiritual Society과 사회단체Civic Organization가 시작되었다.

이 동네가 유명해진 것은 1950년대 말 오클라호마 대학의 스튜어드 울프 의대 교수가 방문하면서부터다. 그가 로제토 지역에서 강연하던 중 그 지역에서 17년 간 진료해 온 한 의사로부터 로제토 사람들은 65세 미만의 심장병 사망자가 거의 없다는 이야기를 들었다. 당시 미국의 질병 사망률 1위가 심장병이었다. 그는 같은 대학 사회학자 존 부른을 초청, 1961년 4주 동안 지역조사를 실시하였다. 결론은 로제토 사람들은 특별한 질병 없이 제 수명대로 살다 죽었다는 것이다. 식단, 유전자검사, 운동, 지역 환경 등을 조사하였지만 주변의 다른 지역과 특별히 다른 점을 발견할 수 없었다.

그들은 우연한 기회에 그 해답을 찾게 되었다. 그것은 친밀한 공동체 생활이었다. 로제토 사람들은 길거리에서 만나도 서로 반갑게 안부를 주고받고, 집집마다 저녁이면 이웃끼리 뒷마당에서 함께 식사하며 담소하는 모습을 어디서나 볼 수 있었다. 보통 한 집에 3대가 모여 살고, 나이 든 사람들은 젊은이들로부터 존경을 받으며, 교회가 사람들을 결속시키고 마음의 평화를 가져다 주는 역할을 감당하고 있었다. 온 동네 사람들의 친밀한 관계, 소그룹 모임 등 그들이 스스로 만든 언덕 위의 공동체 덕분에 건강한 삶을 살 수 있었던 것이다.

나는 안식년 기간인 2010년 7월에 펜실베이니아 포코노 수양관에서 열린 미연합감리교 동북부지역 한인목회자 가족수양회 강사로 참여하며 그곳에서 15마일쯤 떨어진 로제토를 방문하였다. 언덕 위 조그만 동네의 중심에 몇 개의 교회와 학교들이 있었고, 이탈리아 통일운동에 헌신한 영웅인 가리발디의 이름을 딴 가리발디 거리의 식당에는 몇 그룹의 노인들이 담소하는 모습이 한가롭게 보였다. 재미있는 것은 식당 벽에 "너무 심한 욕들을 하지 마시오."라고 적혀 있어 지금도 그들이 얼마나 가족 같은 친밀한 공동체를 이루고 있는지 느낄 수 있었다.

공동체Community의 문자적 의미는 같은 목적, 같은 비전을 가진 사람들의 모임을 의미한다. 16세기 종교개혁가들은 교회의 본질을 성도의 교통communion of saints이라고 고백했다.[6] 기독교 공동체의 본질은 하나님 사랑을 깨달은 사람들이 모여 하나님 사랑과 더불어 이웃 사랑을 실천하는 것이다.

작은 교회 공동체에 대한 이해

1) 공동체의 의미

성경적인 의미의 기독교 공동체를 언급하기 전에 공동체로서의 '모임'ekklesia : Assembly에 대하여 말하자면, 그리스의 도시국가에서 도시민으로서 정치적인 일이나 판결에 필요한 일을 포함한 일상의 문제를 논의하기 위해 민주적인 형태로 모임을 가졌는데 이 모임은 시민으로서의 권리이며 이를 통하여 그들은 자유로이 자신들의 사회를 형성해 나갔다. 이 '모임' 형태는 그리스 후기에 이르러서도 여전히 종교적인 또는 비종교적인 '집합적' 의미로 사용되었다. 어떤 외형적 '조직'이나 '사회'적 형태를 띤 모습이라기보다는 일종의 유대관계를 든든히 하는 단순한 모임을 의미했다.[7] 따라서 공동체는 가치관과 삶의 양식을 서로 나누며 상호 존중과 지원하려는 의지가 내재된 사회적 구성체가 되어야 한다.

교회가 어원적으로 어떤 조직이나 형태나 건물을 뜻하는 것이 아니라 사람들, 즉 하나님의 백성이라는 공동체를 뜻하더라도 그 구성원이 그것을 의식하고 있어서 공동체적인 삶을 살고 있느냐 하는 것은 별개의 문제이다. 실제로 교회는 종교개혁이 있을 때까지, 그리고 제2차 바티칸

공의회가 열리기 전까지 거의 1,500년간을 공동체가 아니라 조직으로서 또는 사회구성체로서 존재하였다.

종교개혁자들은 교회를 성도들의 모임으로 정의했다. 이들의 교회 개념은 하나님의 백성이라는 교회 개념과 매우 유사하다. 성도들이 곧 교회라는 종교개혁자들의 정신은 이제는 개신교의 영역을 넘어 가톨릭의 교회관을 새롭게 하는 데 영향을 미쳤다. 교회는 근본적으로 제도가 아니라 사람들로 하여금 예수를 주로 고백하는 성도들의 공동체이다.

교회의 공동체성은 교회가 지니고 있는 많은 특징 중 하나이다. 교회 공동체란 교회의 공동체성을 중요시 여기고 공동체성을 추구하고 공동체성을 회복하기 위하여 노력하는 교회라는 뜻이다. 교회 공동체는 교회의 교회 됨을 회복하려는 일련의 신앙 운동의 일환으로서 교회의 본질적 공동체성을 회복하려는 교회를 일컫기도 한다.

2) 작은 교회 공동체의 의미

현대의 많은 교회들이 교인관리나 교회 자체를 유지하고 운영하는 일에 초점을 맞추어 사역하고 있고, 교회의 사회적 책임이나 이웃을 위한 봉사에는 무관심한 것이 현실이다. 여기서 논의되고 있는 '작은 교회 공동체'는 단지 교인의 숫자가 적어서 작은 교회가 아니라, 적지만 하나님의 사랑을 깨달은 헌신된 사람들이 모여서 자체 교회성장뿐 아니라 이웃사랑이라는 교회의 본질적인 사명을 위해 균형 있게 역량을 집중하는 교회를 말한다.

작은 공동체의 구성원들은 서로를 잘 알아야 한다. 소위 안정된 중대형교회는 구성원들끼리 서로를 잘 알 수 없다. 일주일에 한 번 만나서 예배드리고 헤어지는 도시의 익명성이 오늘날 많은 교회의 모습이다.

교회의 본질을 추구하는 헌신된 기독교인들이 예배로 모이며 같은 관심사를 가지고 봉사의 삶을 살기 위해 작은 교회 공동체를 만들었던 것은 교회사를 통하여 얼마든지 찾아볼 수 있다. 교회사 속에 나타난 작은 교회 공동체 운동은 교회의 위기 때마다 그 위기에 대한 반동으로 일어났다.[8]

) TIP

티핑 포인트Tipping Point[9]

말콤 글래드웰의 또 다른 베스트셀러인 「티핑 포인트」는 "작은 일이 큰 일을 만드는 한계점"이란 뜻이며 주제는 "어떻게 작은 일이 큰 변화를 가져오는가"이다. 아주 작은 것들이 어느 순간에 엄청난 일을 가능케 한다는 것이다. 글래드웰은 티핑 포인트란 "(1) 전염성이 있다. (2) 작은 원인이 큰 결과를 일으킨다. (3) 변화가 점진적이 아닌 폭발적으로 일어난다."라고 말한다.

화학용어에 임계점, 전환기의 중대시점Critical Point이라는 말이 있다. 얼음이 물이 되고, 물이 수증기가 되는 시점을 가리킨다. 우리는 그 화학적인 변화의 과정을 다 알 수 없지만 임계점에 이르면 생각지 못한 폭발적인 변화가 가능하다는 것은 안다.

한국에도 나와 있는 스타벅스 커피숍이 좋은 예이다. 스타벅스는 질 좋은 커피를 싼 값에 공급한다는 철학으로 사업을 시작했는데 스타벅스 스타일의 커피숍이 세계적인 문화가 된 현실을 우리 주변에서도 볼 수 있다. 대학생들 사이에서도 점심에 1,300원짜리 김밥 한 줄 먹고 5,000원짜리 커피 마시는 이를 된장남, 된장녀라고 부른다는 이야기도 들었다.

이것은 교회 공동체에도 적용되는 진리이다. 건강한 교회가 되기 위해서는 티핑 포인트 역할을 하는 온전히 헌신된 사람들이 필요하다. 하나님이 기뻐하시는 헌신된 사람이 한 사람, 두 사람, 세 사람 늘어갈 때 생각지 못했던 변화가 일어난다. 열 명이 되면 아브라함이 필요했던 한 도성을 구원할 수 있는 의인 열 명이 되는 것이고, 백 명이 되면 웨슬리가 그토록 갈망했던 세상을 변화시킬 수 있는 복음전도자 백 명이 되는 것이다.

교회가 하나님이 기뻐하시는 공동체가 되기 위해서는 서로 삶을 나누고 돌보고 세워서 사역하는 작은 공동체를 통해 티핑 포인트 또는 임계점 역할을 하는 헌신된 리더들을 양육해야 한다. 그러면 어느 순간에 폭발적인 변화의 역사를 공동체마다 경험하게 될 것이다.

3) 작은 공동체의 목표[10]

(1) 하나님과의 관계 회복

"마음을 다하고 목숨을 다하고 뜻을 다하여"(마 22:37) 하나님을 사랑하는 것은 신앙생활에서 가장 기본이 되는 요소이다. 사람들이 교회에 나오는 이유는 여러 가지가 있겠으나 가장 중요한 이유는 하나님과 바른 관계를 맺기 위해서다. 미국의 딘 켈리는 NCC 실행위원으로 사역하며 15년 동안 미국의 많은 교회들을 조사한 경험을 바탕으로 「왜 보수적인 교회는 성장하는가?」를 출간하였다. 제목만 보면 언뜻 보수적인 교회가 성장한다는 뜻으로 이해하기 쉽다. 그러나 이 책은 하나님과 사람 사이의 올바른 관계에 관심하지 않는 교회는 성장하지 않는다는 내용을 담고 있다. 그의 조사에 따르면, 사람은 오락이나 사교나 취미활동 때문에 교회에 나오는 것이 아니라 하나님과 자신의 관계를 바로 하기 위해서, 즉 영적인 이유 때문에 교회에 나온다. 그러므로 교회는 다른 어떤 일보다도 하나님과의 관계를 충족시키는 일에 교회사역의 중점을 두어야 한다.

사람은 하나님의 형상대로 지음을 받은 존재이기에 하나님을 떠나서는 삶의 의미를 느낄 수가 없고 고독하며 소속감을 갖지 못한다. 그러나 소그룹이라는 작은 공동체를 통하여 영적인 교제를 나눌 때 사람과 하나님 사이의 관계는 더 충만하게 이루어질 수 있다.

(2) 이웃과의 관계 회복

우리가 세상을 산다는 것은 이웃과 함께 산다는 의미이다. 교회생활도 다른 사람들과 함께한다. 그러기에 아무리 개인적으로 풍족한 삶을 살지라도 다른 사람과의 관계가 단절되어 있다면 우리는 만족을 얻을 수가 없다. 특별히 교회 안에서 다른 사람들과 관계가 원만하지 못하면 교회생활이 만족스럽지 못하다. 그렇기 때문에 목회자는 교우들의 관계 충족을 대단히 중요하게 생각해야 한다. 관계에서 가장 중요한 것은 가족관계이고, 다음은 교우들 간의 영적 사귐과 관계 맺음이다. 목회자는 이 관계에서 교우들이 만족을 얻도록 인도해야 한다.

더 나아가서 우리는 삶의 범주 밖에 있는 이웃과도 올바른 관계를 맺을 뿐 아니라 세상, 즉 사회 문제에서도 하나님이 원하시는 일이 무엇인지 관심을 가지고 참여해야 한다. 이것은 작은 공동체를 통해 서로 삶을 나누고, 돌보며, 구성원과 연관되는 사회적 문제에 참여함으로써 시도할 수 있을 것이다.

특히 작은 공동체 운동은 헌신된 지도자 양성과 확보가 절대적이다.

헌신적인 평신도 지도자를 양육하지 못한다면 작은 공동체 운동을 실행할 수가 없다. 또한 이 운동은 자원하여 모이는 모임이므로 자원하여 참여할 만한 의미와 가치가 있어야 한다. 이것은 기독교의 작은 공동체 운동의 성패를 좌우하는 요소이기도 하다.

작은 공동체 운동으로 교회와 세계의 관계에 갱신을 일으키고자 한다면 우선 예수가 온 세상의 주 되심을 깨달아야 한다. 그리고 모든 기독교인과 교회가 이 세상을 하나님께서 기뻐하시는 세상으로 변화시키는 빛과 소금이라는 사실을 가르쳐야 한다.

작은 공동체 운동의 역사

1) 예수의 공동체

　　교회의 정체성은 예수가 공생애 기간 동안 말씀하시고 십자가와 부활을 통해 보여준 하나님 나라 운동에 그 기원을 두고 있다. 예수의 선언은 새로운 사회질서의 선언이었다. 그것은 곧 하나님 나라 실현 운동이었다. 그 운동의 가장 큰 특징은 공동체이다. 예수 공동체의 삶 속에는 그의 가르침과 정통성이 포함되어 있다. 그의 사역은 공동체를 형성하고 훈련하는 것이었다.[11]

　　예수는 큰 무리의 제자들 가운데에서 열둘을 선택하여 세웠다. 이 종말적인 제자 열둘을 세운 것은 예수의 하나님 나라의 운동이 유대 이스라엘이 품고 있는 종말적인 희망의 핵심의 연장선상에 있다는 것을 의미한다. 당시는 이미 열두 지파의 체계가 무너진 뒤로서 이스라엘 사람들은 메시아가 도래하면 열두 지파를 총망라한 완전한 민족 부흥이 이루어지리라고 대망하고 있었다. 에스겔서의 마지막 부분에는 이미 세상의 종말에 되살아난 열두 지파의 확고한 자본을 할당받게 되리라는 것이 예언자적 설계로 묘사되어 있었다. 바로 이런 측면에서 예수의 열두 제자단 구성은 예언자적 행위라고 볼 수 있다. 이 구성은 예수가 하나님 나라의 백성의 모임을 원하며, 길 잃고 흩어진 이스라엘의 재건을 원한다는 선언과 같고, 예수의 관심이 개개인에 있는 것이 아니라 구약의 하나님 나라의 백성, 하나님 나라라는 공동체에 있다는 것을 증명한다.

2) 초대교회의 작은 공동체

(1) 공동생활 공동체

이런 공동체적인 관심이 교회의 조직적인 형태로 구현된 것은 오순절 성령사건을 경험한 초대교회 때이다. 작은 교회 공동체가 교회의 한 형태인 만큼 작은 교회 공동체의 기원은 당연히 초대교회 예루살렘 공동체에서 찾을 수 있다. '새로운 계약'에 의한 공동체가 구약 예언자들 특히 예레미야에게서 구체적으로 밝혀졌던 것 같이 예수 그리스도의 몸 된 교회는 새 계약의 공동체가 된 것인데 초대교회가 이 새 공동체의 기초 위에 그 역사를 시작한 것이다.[12]

초대교회는 공동생활을 통해 성도의 코이노니아를 강조하고 나아가서 머리 되신 예수 그리스도와 한 몸 된 지체들로서 그리스도와 코이노니아를 가지는 것을 목적으로 하였으며, 다양한 직능과 은사를 가지고 예배와 교육, 고백과 선포를 함께 이루어 나갔다. 이들의 신앙은 예배, 교육, 의식, 생활이 분리되지 않고 오로지 공동생활 속에서 총체적으로 행해졌다. 즉 오순절 경험 이후에 시작된 사도들의 가르침, 성도의 교제, 기도, 함께 떡을 떼는 일 등 신앙생활 전반이 공동생활 속에서 이루어진 것이다.

보다 공식적인 의식인 성례전 속에서 교육의 의미를 발견한다면, 공동생활을 통하여 그리스도와 한 몸을 이루는 공동체의 코이노니아가 이루어졌다는 것인데, 특별히 초대교회에 따로 있었던 공동 식사Love Feast는 사랑으로 한 상에서 서로 떡을 떼며 빈부의 차이를 덜었던 것으로 성도들 간의 친교와 사랑을 위한 좋은 예이다.

(2) 형제로서의 사랑의 공동체

초대교회는 예수 그리스도의 삶과 죽음과 부활에서 나타난 복음을 위해 살고 복음을 구현하려고 한 작은 교회 공동체였다. 이것은 예수의 공동체 정신을 재현하는 것이요, 적용이라고 할 수 있다. 나중에 예루살렘 공동체 외에 여러 교회 공동체가 설립된 후에 바울은 교회의 공동체적 의식이 바른 교회의 근간을 이루고 있음을 강조했다. 비록 제도적 공동체가 지역적으로 나누어져 있었지만 바울에게서 그것은 예수를 머리로 하는 보편적인 교회를 의미했다. 교회의 공동체성은 각 교회에 머물러 있는 것이 아니라 교회와 교회 간의 형제 됨, 지체 됨으로까지 연장되는 것이다. 이런 전통은 콘스탄티누스 대제가 교회를 공인하기 이전의 교회에서까지 유지되었다.

초대교회는 뜨거운 선교열과 임박한 하나님 나라의 도래에 대한 소망으로 성장세를 유지했다. 그러나 수많은 박해를 뚫고 살아남을 수 있었던 것은 그들의 공동체적인 삶의 도덕성 때문이었다. 초기 기독교 공동체는 어떤 완벽한 제도나 조직의 위력 때문에 성장한 것이 전혀 아니다. 그들이 성장할 수 있었던 것은 고아든, 과부든, 나그네든, 노예든, 부자든, 가난한 자든 관계없이 모두가 한 형제라는 공동체의식이 그들을 결속시켰고 그러한 삶이 '사랑의 공동체'로 표출되었기 때문이다.

예수 그리스도께서 승천하신 후, 예수를 따르던 적은 무리들은 핍박받는 환경 속에서도 단결하여 가정에서 소그룹으로 모였고, 성령 안에서 한 몸으로서 형제애를 나누었다. 예컨대, 예루살렘의 믿는 자들이 매일 집에서 함께 모여 떡을 떼며 교제를 나누던 공동체(행 2:42~47), 마가의 다락방에 모여 기도하던 공동체(행 12:12)는 핍박 가운데 세계 각 곳으로 흩어지게 되었으나(행 8:1~3), 성도들은 그 흩어진 장소에서 작은 공동체를 형성하고 가정교회 역할을 감당하였다. 기독교는 가정을 중심으로 한 공동체 운동을 통해 마침내 로마 제국을 종교적으로 정복한 것이다.

위대한 역사가 아돌프 하르낙Adolf Harnack은 기독교인 가정에서 손님을 접대Hospitality하던 전통이 기독교가 확장되는 데 가장 크게 기여한 부분이라고 주장한다.[13] 초기 기독교가 확장되는 데 큰 역할을 한 가정 공동체의 예를 보면서, 우리는 복음을 전파할 때 크고 조직화된 형태를 추구하는 고정관념을 수정해야 할 것이다.[14]

로마 제국의 기독교 공인 이후 기독교회는 박해가 없는 태평시대를 맞이하면서 점차적으로 가정에서 화려한 교회 건물로, 헌신된 평신도 사역 중심에서 감독·사제·목사 중심으로, 주의 만찬도 실제 식사에서 상징적인 식사로 바뀌는 등 형식적인 형태로 변해 갔고, 자발적인 성도의 교통보다 수동적인 모습으로 퇴색해 갔다.

3) 수도원 운동

기독교가 로마 제국의 국교가 되면서 점차 세속화의 늪으로 빠져들자 이러한 부패 현상에 대한 반동으로 수도원 운동Monastic Movement이 등장했다. 수도원 운동의 창시자는 이집트의 성 안토니우스이다. 안토니우스는 순교와 십자가로 가득 찬 초대교회의 순수한 영성을 되살리고 철저하게 하나님을 위한 삶을 재현하기 위해 광야와 사막에서 수도생활을 시작하였다. 기원후 305년에 수도원이 공식 출범하였고 그는 동방교회 수도원의 영성의 아버지가 되었다.[15] 이 수도원 운동은 형제애로 맺어진 가족 공동체의 확장된 모습이었다.[16] 그들은 청빈과 순결과 복종을 원칙으로 수도원에 모여 같은 집에서 살고, 같은 식탁에서 일정한 시각에 식사를 하며, 공동예배를 드리고, 구성원들은 소외됨이 없이 공동의 이익을 위해 각자의 재능에 따라 노동하였다.[17]

딘 켈리Dean Kelley는 이 수도원 운동을 광범위한 교회 속에 존재하는 의도적인 작은 교회로 보았다. "이러한 운동은 교회 속에 있는 작은 교회들의 전형이며 수세기를 거치면서 교회에 새로운 활력과 회복력을 불어넣었다. 이러한 그룹 중 하나인 '공동생활 형제회'는 마르틴 루터에게 영향을 주어 하나님의 은혜와 기독교인의 생활방식에 대해 새로운 깨달음을 주었다."

4) 종교개혁과 작은 공동체 운동

주류 종교개혁자들은 신약성경에 언급된 가정교회와 같은 모델을 도입하지는 않지만, 마르틴 루터가 목표로 삼은 것은 당시 세속화해 가는 교회를 신약성경에 나타나는 교회의 원형으로 회복하는 것이었다. 종교개혁자들은 성경을 최종적인 권위로 받아들였고 그리스도께서 십자가와 부활을 통해 구원을 완성하셨으므로 하나님과 인간 사이에 다른 중보자는 필요하지 않다고 믿었다. 그리하여 모든 사람이 하나님의 부르심을 받았다는 만인제사장의 교리가 중요시되었고, 성경을 평신도들의 손에 들려주게 되는 교회사의 중요한 전기가 마련되었다.[18]

종교개혁은 한동안 개혁이 잘 진행되는 듯하였으나 이내 정체현상을 나타내었다. 이때 루터는 급성장한 재침례교회 운동에 대해서 경계를 하면서도 그들에게서 자신의 교회가 진정 가져야 할 모습의 일면을 발견하는데, 당시 그들의 공동체는 교회의 본질적 모습을 구현해내는 작은 공동체였다. 많은 주류 종교개혁자들 중 교구 교회 안에서 더 작은 공동체가 존재해야 한다는 중요성을 파악한 사람은 루터뿐이 아니어서 마르틴 부처Martin Bucer도 이와 비슷한 것을 주장하였다. 루터처럼 그도 재침례교회와 접촉함으로써 많은 영향을 받았다. 스코틀랜드의 존 녹스John Knox도 '비밀교회' 또는 신실한 신자들을 위한 가정 모임의 중요성을 인식하고 장려하였다.

5) 종교개혁 이후의 교회 공동체

칼뱅은 6세기의 가장 중요한 프로테스탄트 종교개혁가이다. 그가 여러 저술에서 전개한 신학·교회·정치사상, 제네바 시에 세운 모델 교회, 여러 나라의 지도자들에게 베푼 적극적인 지원은 유럽과 북아메리카 여러 지역에서 프로테스탄트가 발전하는 데 심대한 영향을 끼쳤다.

칼뱅주의는 첫째, 칼뱅의 신학을 이루고 있는 상호 보완적인 교리들의 정교한 균형을 가리킨다. 둘째, 칼뱅의 추종자들이나 추종자로 자처하는 사람들이 사변적·경건주의적인 노선에 따라 선택한 교리의 발전 내용을 가리킨다. 셋째, 칼뱅과 그 추종자들의 저술이나 16세기 제네바 칼뱅주의 교회 예배 의식에서 비롯된 신학사상과 예배 양식·교회 조직·도덕 훈련이 여러 나라에서 발전하여 이루어진 내용을 가리킨다. 이 교리와 예배 의식은 대륙에서 발전한 개혁교회와 영어권에서 발전한 장로교회의 기준이 되었다.

교회는 살아 있는 유기체로서 서로 돕고 교제하는 공동체라고 보면서 예수 그리스도만이 교회의 전부이며 빈부귀천, 남녀노소의 구별 없이 모두가 그리스도의 지체라고 보는 것이 종교개혁 이후의 교회관이 되었다.[19]

6) 경건주의 운동과 감리교 운동

(1) 독일의 경건주의 운동

종교개혁 이후 약 2세기 동안, 점차 황폐되어 가는 교회의 현실에 저항하여 몇 가지 갱신운동이 교회를 새롭게 각성시켰다. 이 운동들은 신자들의 소그룹 모임의 중요성을 강조하고 공동체 모든 구성원의 책임 있는 사역을 강조하였다. 이 운동들 중 대표적인 것으로 독일의 경건주의 운동과 영국의 퀘이커교를 거론할 수 있다.[20]

특히 독일의 경건주의 운동은 교회사 속에서 종교개혁 신학을 성숙시키고 보다 구체화시켰다는 평가를 받는다. 독일의 경건주의 운동은 첫째, 성령이 함께하시는 생동감 넘치는 모임 자체에 큰 의미를 부여하는 교회관을 주창하였다. 둘째, 루터의 만인제사장설을 실천적으로 구현하여 소그룹을 활성화하고 많은 평신도 지도자들을 배출하였다. 셋째, 종교개혁이 성경을 평신도들의 손에 들려준 공헌에 발맞추어 신학을 성직자의 전유물이 아니라 일반 신자들의 것이 될 수 있도록 신학을 평이화하는 데 기여하였다. 위와 같은 신학적 뒷받침으로 말미암아 경건주의는 '교회 속의 작은 교회 운동'을 펼쳐나갈 수 있었다.[21]

이 경건주의 운동의 기수였던 필립 야콥 슈페너Phillip J. Spener, 1635~1705는 당시 독일의 민족교회가 진정한 경건성과 도덕성을 상실한 채 외형만을 중시하는 등 교계 전반의 영적 상태가 지극히 핍절해 있음을 확인하고 탄식하였다. 더욱이 그는 성직자들의 부패가 교회의 근본적인 위기라고 생각하였다.[22)

슈페너는 교계로부터 받을 저항을 감수하며 1670년 8월 자신이 목회하던 프랑크푸르트 교회 목사관에서 진정한 경건을 갈망하는 소수의 성도들을 모아 성경공부를 인도하며 교회 개혁의 기초를 놓기 시작했다. 이 경건 모임에서 성도들은 그때까지 경험하지 못했던 말씀의 역동성을 체험하며 경건의 실체를 발견하게 되었고, 이러한 경건 모임은 빠르게 확산되어 콜레기움 피에타티스Collegium Pietatis, 경건한 모임 또는 은밀한 집회Conventicle라는 명칭으로 세상에 알려지며 독일교계에 커다란 영향을 미쳤다.[23)

슈페너는, 교회개혁은 자신을 포함한 성직자들의 영적 상태를 바로 잡고 아울러 신학 교육을 갱신하는 것으로부터 출발하여야 한다고 여겨 몇 가지 처방적 개혁안을 제시하였다. 슈페너가 제시한 제안은 단순하면서도 매우 직선적인 것이었다. 첫째, 가정생활과 전통적인 설교를 벗어나 성경을 폭넓게 활용한다. 둘째, 루터가 가르친 '영적 제사장직'을 활용하고 시행한다. 셋째, 사랑의 실천과 선행의 종교로서의 기독교를 강조한다. 넷째, 진리 보존을 위해 종교적 논쟁이 필요하지만, 형제 사랑이라는 진리를 실천한다. 다섯째, 성경, 경건서적, 집회를 통한 경건 훈련과 함께 신학 훈련을 하는 신학교수들이 모범된 경건생활을 보인다. 여섯째, 설교가 갱신되어 성도들의 삶에서 하나님 사랑과 이웃 사랑이 구체화되도록 힘쓴다.[24)

위와 같은 슈페너의 개혁안은 기성 교회 지도자들의 반대에도 불구하고 일반 성도들의 열렬한 호응을 얻었다. 이러한 뜻밖의 호응은 당시 교회의 문제점에 대한 예리한 통찰과 미래에 대한 긍정적이고 구체적인 비전, 그리고 교회를 진정으로 사랑하는 슈페너의 겸손한 호소가 크게 작용한 덕이었다. 루터의 종교개혁 신학에 전적으로 의존하는 신학적 정통성과 슈페너의 지혜로운 지도력이 어우러져서 그의 경건 운동은 역사상 다른 갱신 운동과 더불어 당시 교회를 새 시대로 이끄는 역사의 원동력이 되었다.[25]

(2) 모라비안Moravian 운동

독일의 헤른후트Herrnhut에서 친첸도르프Nikolaus von Zinzendorf 백작은 망명한 모라비아 교도들을 규합하고 '교회 내의 작은 교회 운동'을 발전시켰다. 그는 당시 삭막한 합리주의와 척박한 정통주의에 고착된 자들로부터 구별되어 그리스도와 개인 신자 간의 친밀한 교제를 토대로 한 '마음의 종교'를 강조하였다. 개인 고유의 신앙에 대한 이들의 강조는 '살아 있는 신앙'이라는 구호로 나타났고, 기독교인의 삶에서 이성 또는 교리적 정통성에 상대적으로 '감정'의 역할을 중시하는 모라비안 운동은 이후 독일 종교사상계에 낭만주의의 기초를 제공하였다는 평가를 받았다.[26]

친첸도르프는 이 공동체 운동을 교회 내의 분리된 교파로서가 아니라 더 넓은 교회 안의 하나의 갱신 운동으로서 전개하였다. 그들의 작은 교회들은 주로 가정에서 모임을 가졌고 나중에는 소박한 건물에서 모였다. 이 모라비아 교도들은 공동체적인 정착촌에 모여 소그룹에 헌신적이었으며 보다 일상적이고 가족적인 공동체였다. 가톨릭의 수도원과 유사한 개념의 개신교 공동체라고 할 수 있다.[27] 이들은 철저한 신앙적 헌신과 성경연구 그리고 깊은 코이노니아와 세계 선교를 신앙적으로 실천함으로써 경건주의 신앙을 모범적인 '교회 안의 작은 교회 운동'으로 실현해 내었다. 이 운동은 칸트, 슐라이어마허, 존 웨슬리에게 영향을 주었고 감리교 운동에 방향을 제시하는 공헌을 남겼다.[28] 이 공동체 운동은 수많은 작은 모임으로 흩어져서 오늘에 이르기까지 지속되고 있다.

(3) 존 웨슬리[John Wesley]의 감리교 운동

웨슬리와 경건주의의 만남은 그로 하여금 신학적으로 새로운 눈을 뜨게 하는 계기가 되었다. '살아 있는 신앙'을 갈망했던 웨슬리는 모라비아 교도들의 한 모임에 참석하였다가 1738년 5월 영국 런던의 올더스게이트에서 뜨거운 회심을 체험하게 되었다. 여기서 그는 기독교 신앙에서 경험의 역할을 새삼 발견하게 된다. 그는 당시 영국 국교의 이신론의 침체성과 뚜렷이 구분되는 기독교 신앙의 경험적 측면을 강조하여 영국 교계가 종교적으로 부활하는 것을 가능케 했다.[29]

이 새로운 경험 이후 웨슬리는 이신칭의에 의한 종교개혁적 구원의 확신에 이르게 되었고, 자신의 여생을 복음사역에 바칠 것을 고백하게 된다. 경건주의는 웨슬리로 하여금 경건주의의 강조점인 중생, 화목, 성화에 관심을 갖게 하였고. 그의 생의 목적을 성경에 나타난 대로 사랑이 넘치는 초대교회를 구현하는 일에 두게 하였다.[30]

웨슬리는 당시 계급주의와 합리주의에 빠진 영국교회의 도덕과 타락으로 물든 영국 사회를 개탄하면서 속회[Class Meeting]라는 작은 공동체를 중심으로 평신도 사역자들을 세워 전도활동을 펼쳐 나갔다. 웨슬리는 이같은 감리교 운동을 영국국교회 안의 신앙 운동으로서의 작은 교회로 남기려고 노력하였다.[31]

그는 교회의 존재양식을 '교회 안의 작은 교회'라는 개념으로 설명하였는데, 이 '교회 안의 작은 교회'란 말씀 안에 살아가는 신자들의 소그룹으로서 훈련된 삶을 통하여 큰 회중 안의 작은 누룩으로서 역할 하는 교회를 말한다. 이 작은 교회의 핵심은 은혜 안에서의 상호 격려와 봉사를 의미하는 성도의 교제에 있었다. 참된 성도의 교제는 예배 의식에 참여하는 것만으로는 부족하고, 상호 훈련을 위한 소그룹에 동참하여 교제를 통해 성숙된 기독교인으로 발전해 가는 것이다. 그 '작은 교회'가 교회와 세상의 관계를 이어주는 연결고리의 역할을 하였다. 웨슬리는 교회가 활력을 잃고 제도화되어 가는 것에 맞서 교회 안의 작은 교회 운동을 통해 이 문제를 극복하려 하였다.[32]

> TIP
웨슬리 소그룹

웨슬리는 1738년 5월 24일 올더스게이트에서 회심을 경험하고 헤른후트의 친첸도르프와 모라비안 공동체를 두 주간 방문하였다. 그는 거기서 그들의 정적주의quietism에는 동의하지 않았지만 공동체 생활과 조직에서 많은 도전을 받았다.[33]

웨슬리의 감리교 운동의 특징은 영적 소그룹의 형성이라고 할 수 있다. 웨슬리는 1739년 5월 9일 브리스톨에 중앙 집회소인 뉴룸New Room 대지를 구입하고 런던에서 연합신도회United Societies 본부를 시작하며 대표적인 3개의 소그룹인 반회Band, 속회Class Meeting, 선발신도회Select Society 등을 통해 영적 훈련과 조직적인 교육, 공동체의 육성과 성숙을 이루어 나갔다.

1) 반회Band

반회(조모임)는 모라비안 공동체의 전통에서 빌려온 개념이나, 웨슬리가 이것을 창조적으로 발전시켰다. 반회의 목적은 "너희 죄를 서로 고하며 병 낫기를 위해 서로 기도하라"(약 5:16)는 말씀에 따라 구원을 추구하며 웨슬리의 가르침과 성도의 교제를 통해 예수 그리스도에 대한 믿음과 사랑을 격려하는 것이었다. 반회는 속회보다 더 엄격한 자기성찰과 5가지 고백의 규칙이 있었다. (1) 적어도 일주일에 1회 모인다. (2) 약속된 시간은 반드시 지킨다. (3) 찬송과 기도로 시작한다. (4) 각자 차례대로 자유롭고 솔직하게 말하되 지난 모임 이후에 마음과 말과 행동으로 지은 죄와 느낀 유혹에 대해 말한다. (5) 회원 중 한 사람이 먼저 자신의 영혼의 상태에 대해서 말하고, 다른 사람에게 그들의 상태와 죄의 유혹에 대해서 질문한다.[34] 반회는 5~10명이 모였으며 속회와는 달리 주로 훈련을 위한 모임이 아니라 분명히 회심한 사람들의 영적 진보를 돕는 계약 그룹Covenant Group이었다.

2) 속회Class Meeting

감리교 운동 중 가장 중요한 소그룹이 속회이다. 속회는 1742년 2월 15일 브리스톨에서 시작되었다. 웨슬리의 사역이 확대되면서 새로운 회심자들을 돌봐야 할 필요성이 생겼고 또 모임 장소도 필요하게 되어 속회가 시작되었다. 임박한 진노로부터 피하여 자신의 죄로부터 구원받기를 열망하는 자들이 회원이 될 수 있었다. 신도회는 주거지에 따라 약 12명으로 구성된 속회로 나누고 한 사람의 지도자 속장을 두었다. 속회는 평신도를 훈련시켜 지도자로 세워 봉사케 하였는데 그들은 국교회에서는 경험할 수 없는 성도들의 참된 교제를 경험하였다. 속회는 코이노니아와 대화의 통로이며, 공동체적인 삶과 지원을 이룩해 가는 사역의 통로이고, 예배, 성경공부, 찬송 그리고 기도를 통한 양육의

통로이며, 이웃을 섬기고 전도하고 초청하는 전도의 통로였다.[35]

3) 선발신도회[Select Society]

감리교 운동의 핵심에는 선발신도회가 있었다. 이 소그룹은 내적 성화와 외적 성화에 현저한 진보를 보인 사람들을 위해 구성되었는데 가장 헌신된 조모임[Band] 가운데서 선택된 회원들이 모였다. 좀 더 그리스도의 완전을 향해 나아가기 원하는 회원들이 매주 월요일 오전에 한 시간씩 모였는데 이것을 선발신도회 또는 선발반회[Selected Band]라고 불렀다. 선발신도회는 다음과 같은 규칙을 지켰다. (1) 이 모임에서 한 말은 절대 비밀을 지킨다. (2) 모든 회원은 사소한 일이라도 목사에게 문제를 가져와 상의하고 그 뜻에 복종한다. (3) 모든 회원은 공동재산으로 사용하려고 절약해 둔 것을 매주 가져와 선행의 모범을 보인다.[36] 선발신도회는 특별한 규칙에 얽매이지 않고 누구든지 자유롭게 말할 수 있는 웨슬리 당시의 평신도 지도자 양성 모임이었다.

웨슬리는 교회 안의 작은 교회 운동을 통하여 새로운 종파를 만들려고 한 것이 아니라 기성 교회를 갱신하고 개혁하려고 하였다. 작은 공동체는 영적인 교제, 기도, 성경공부, 인격적인 나눔, 신자들의 영적 제사장직 수행, 평신도 지도력 발굴 등 제도적인 것이 아닌 신앙적인 차원의 회복을 통하여 형성되는 코이노니아 공동체였다. 이것은 위기 가운데 있는 한국 기성 교회의 작은 공동체 운동에도 대안적인 통찰력을 제시해 준다.

현대 교회 공동체 운동의 모델

기독교 공동체는 크게 세 가지로 나눌 수 있다. 수도원 공동체, 생활 공동체, 공동체 교회가 그것이다. 수도원 공동체는 엄격한 규율을 가진 집단 공동생활을 하는 공동체이다. 생활 공동체는 각 가정이 규율을 정하고 집단생활을 하거나, 따로 살지만 보다 긴밀한 유대와 헌신을 통해 공동체를 형성하고 살아가는 도시 공동체이다. 공동체 교회란 함께 생활하지는 않지만 관념상의 공동체가 아니라 교인 간에 온전한 코이노니아가 구현되고 교회 내에 함께 삶을 나누고 돌보는 공동생활의 그룹들이 있고 지역사회의 고통당하는 이웃들과 함께하는 철저한 제자도가 실천되는 교회를 가리킨다.[37]

공동체의 모델은 초대교회의 예루살렘 공동체이다. 그들은 시작부터 재산을 유무상통하는 재산 공동체로서(행 2:44~45, 4:32~35) 각자 자기 집에 살면서 성령의 역사로 자연스럽게 물질과 영육 간의 교제를 나누는 삶을 나누는 도시 공동체였다. 예루살렘 공동체의 삶은 이후 모든 기독교 공동체의 모델이 되었다. 그러므로 공동체란 교회의 본질이며 산상수훈의 철저한 제자도를 구현하는 삶의 실천방식이라고 할 수 있다. 여기서 소개하는 현대 교회 공동체 운동의 모델은 필자가 많은 관심을 가지고 있는 공동체로서 현대 기독교 역사의 대표적인 생활 공동체이다.

1) 브루더호프 공동체

(1) 브루더호프 공동체의 기원

브루더호프 공동체의 기원은 16세기 초 유럽의 종교개혁 시대로 거슬러 올라간다. 종교개혁 당시 수천 명에 달하는 이른바 재세례파들 Anabaptist은 삶의 단순성과 형제애, 비폭력을 찾아 보다 철저한 개혁을 이루고자 제도권 교회를 떠났다. 초대교회적인 공동체의 삶과 철저한 제자도를 강조하는 그들의 교리는 많은 질시를 받았고, 종교개혁 시대에 수많은 재세례파 교인들이 순교를 당하기도 하였다.

재세례파는 기본적으로 종교개혁에는 동의하였으나 개혁세력이 기성 정치권과 결탁하여 개혁을 이루려는 것에는 반대하였다. 그들은 성경 말씀을 철저하게 실천함으로 개혁하기를 원하였다. 특히 믿음으로 구원받는 신앙의 확신 없이 세례를 받는 가톨릭교회의 관행에 반대하여 믿음으로 구원받는다는 확신이 있는 자들에게 다시 세례를 받게 했다. 그들은 유아세례를 반대하였고 당시 개혁세력에 의해 다시 세례 받는 자들의 모임이라는 경멸적인 의미로 재세례파로 불리게 되었다. 이러한 재세례파 운동의 한 줄기가 야곱 후터Jacob Hutter를 따르는 후터파Hutterite이다. 그들은 모라비아에서 공동체 마을인 브루더호프(형제들의 처소)를 형성하였다. 이곳에서 그들은 탁월한 장인정신과 앞선 의료기술, 성공적인 영농, 진보적인 학교교육으로 말미암아 그 이름이 널리 알려졌다.

브루더호프의 최근 이야기는 1920년대 저명한 강사요 작가인 에버하르트 아놀드Eberhard Anold로부터 시작된다. 그는 베를린의 안정된 생활을 버리고 초대교회의 삶을 기초로 하는 작은 공동체를 세우기 위해 아내와 아이들을 데리고 독일의 조그만 마을인 산네르츠Sannerz로 이주했다. 아놀드 가족은 그곳에서 후터파 브루더호프 공동체를 발견하고 관계를 맺기 시작했다. 그는 1962년 하나님의 부르심을 받을 때까지 생명력 있는 브루더호프 공동체의 가장 영향력 있는 영적 지도자였다.[38]

브루더호프 공동체는 1930년대 말 나치의 박해를 피해 영국으로 옮겨 오늘날 2,500명 가량이 전 세계의 9개의 공동체(미국에 6, 영국에 2, 호주에 1)에 나뉘어 살고 있다. 각 공동체는 250~300명으로 구성되어 있으며 초대교회의 공동체 생활방식에 따라 일체의 사유재산 없이 살아가고 있다.

(2) 브루더호프 공동체의 철학

브루더호프 공동체 생활의 기초는 그리스도의 산상수훈과 다른 신약의 가르침이다. 특히 형제 사랑, 원수 사랑, 서로 섬김, 비폭력, 무장거부, 성적 순결, 결혼의 충실성 등을 강조한다. 그들은 개인이 재산을 소유하지 않는 대신 모든 것을 공동으로 나눠 쓴다. 사도행전 2장과 4장에 기록된 대로 사유재산을 갖지 않고 유무상통하는 공동체의 모습을 공동체의 생활양식으로 삼는다. 돈과 소유물은 자발적으로 한 곳에 모아지고 지체들이 번갈아가며 책임을 맡아 관리한다. 점심과 저녁 식사는 전체 공동체가 함께 모여 공동식사를 한다. 공동식사는 전체 회원들이 가족별로 식탁에 앉아 찬송을 2곡 부르고 식사기도 후 식사를 시작한다. 식사 중에는 공동체 지도자들의 간증과 역사 이야기, 아름다운 시나 수필의 낭송 또는 방문자들을 소개하고 얘기를 듣는 시간을 가지고 찬송을 한 곡 더 부르고 식사를 마친다.

주중의 저녁 시간에는 교제를 위한 모임, 찬양, 기도 혹은 의사결정을 위한 모임을 갖는다. 그들은 각기 문화가 다르고 고향과 생활방식이 다르지만 그리스도 안에서 한 형제와 자매라는 브루더호프의 생각을 철저하게 공동체적 삶으로 구현하고 있는데, 브루더호프의 영성적·신학적 확신은 바로 그들의 공동체적 열망으로 설명될 수 있다. 공동체에는 교회, 학교, 일터, 공동식당 등 모든 시설이 갖추어져 있다.

이들은 절대로 남을 험담하지 않는다. '사랑 안에서 직접 솔직하게 말하는 것' Straight Talking In Love을 가장 중요한 규칙으로 생각하여 세례 받을 때 서약까지 하는데, 이것이 없이는 함께 사는 공동체 생활이 불가능하다고 믿기 때문이다. 브루더호프 공동체는 집 없는 사람들을 위한 피난처 사역과 죄수와 마약 중독자들의 교화, 사형 폐지 운동, 쿠바 어린이들과의 교류 등 이웃을 위한 봉사활동에도 나서고 있다.

(3) 브루더호프 공동체의 교육

세계 최고의 교육환경을 자랑하는 영국에서도 브루더호프 공동체는 교육의 천국으로 손꼽히고 있다. 이곳 아이들은 공동체 자체적으로 운영하는 어린이집과 유치원, 초등학교, 중등학교에서 부모 같은 선생님들의 사랑과 신뢰 속에서 자란다. 교사들은 모두 공동체의 회원이며 교사 자격을 가지고 있다. 텔레비전이 없는 이곳 아이들은 부모나 공동체 가족과의 깊은 대화와 교제, 독서로 많은 시간을 보내기 때문에 사고력이 깊어져 공동체 밖의 고등학교에 진학할 때 두각을 나타내는 경우가 많고, 상당수가 영국의 명문대학에 진학하고 있다. 브루더호프의 아이들은 성장 시기를 이성에 대한 관심보다는 내적 성숙에 초점을 맞추며 결혼 전까지 순결을 지키는 것을 원칙으로 하고 있다. 이곳에서는 청년이 되면

2년 이상 바깥세상을 경험한 뒤 브루더호프에 남을 것인지 결정해야 하는데, 95% 가량이 브루더호프에 남는 길을 선택하고 있다.

(4) 브루더호프 공동체의 일상[39]

브루더호프 공동체에서 아침식사는 각 가정별로 모여서 한다. 방문객들은 매일 아침마다 번갈아 여러 가정으로 초대되어 식탁의 교제를 나눈다. 아침 식사 후 8시에 오전 작업이 시작되고 성인 남자들은 모두 공동 작업장과 이외 여러 분야에서 일을 한다. 자매들은 함께 아이들을 돌보며 가사 일에 참여하고, 아이들은 공동체 내에 있는 학교에서 교육을 받는다. 오전 작업 후 12시에 공동식사가 있고, 오후 1시부터 4시까지 오후 작업이 계속된다. 그 이후부터 저녁의 공동식사 후 취침 전까지는 즐거운 휴식이 이어지며 주일에는 풍성한 대 안식을 누린다.

브루더호프 공동체는 완벽한 생산라인을 갖춘 훌륭한 시설의 작업장을 갖추어 장애인용 전문가구와 일부 일반가구와 어린이용 놀이기구를 생산한다. 이 제품들은 세계적으로 정평이 나 있다. 이 제품들은 모두 나무 제품으로 플라스틱 제품이 어린이들에게 유해하다는 점을 들어 모두 목각제품으로 제작되며 공동체성을 불러일으키도록 고안되었다. 특히 뇌성마비인과 같은 장애인용 기구는 매우 우수한 제품인데 거의 외부로부터 주문받아 생산되며 수익성이 상당히 높다고 한다.

하루의 작업이 끝나는 4~5시경부터는 기쁨, 평화, 사랑, 안식 같은 말은 여기선 더 이상 추상적인 단어가 아니라 일상생활 속에서 실제로 누려지는 것들이다. 하루의 일이 끝나면 부모는 아이들을 작은 수레에 태우고 공동체 내에 잘 가꾸어진 자연을 감상하며 산책한다. 그리고 동료들끼리 모여 벤치와 잔디밭에 앉아서 함께 이야기를 나눈다. 백발이 성성한 노인들도 잔잔한 미소를 띠면서 도란도란 얘기를 나눈다. 아이들은 이집 저집 방문하며 놀러 다닌다. 저녁식사 후 그 집에 놀러온 아이들이 어른이 치는 기타 반주에 맞춰 즐겁게 노래 부르는 모습을 어디서나 볼 수 있다.

(5) 초대교회 같은 공동체

브루더호프 공동체는 하나님과 이웃, 자연과의 관계가 회복된 전인적인 삶을 누리는 초대교회 같은 공동체이다. 신학자들 가운데에는 초대교회 공동체가 이 시대에 재현되는 것에 대해 회의적인 입장이 많다. 그러나 교회 역사를 보면 위기가 있을 때마다 반동으로 새로운 초대교회적 공동체 운동을 통하여 교회는 오늘까지 갱신되어 왔다.

브루더호프 공동체가 우리에게 주는 가장 큰 도전은 사도행전적인 초대교회 공동체를 이 시대 우리 에게 보여주고 있다는 것이다. 이 공동체의 지도자 중 한 사람인 메릴 모우Merrill Mow는 우리의 원천은 예수님의 가르침대로 사도행전 2장에 나오는 초대교회 공동체를 오늘날 그대로 실천하며 사는 삶이라고 하였다.[40]

브루더호프 공동체는 위기 가운데 있는 한국교회의 갱신에 초대교회적인 대안 모델Alternative Model을 보여준다. 교회가 하나님 나라의 가치관보다 세상 문화에 중독되어 가는 이 시대에 작은 공동체를 통한 철저한 제자도를 훈련하여 하나님이 기뻐하시는 공동체로 세워져야 하는 큰 도전 앞에 한국교회가 서 있다.

2) 코이노니아 파트너 공동체^{Koinonia Partners Community}

미국의 KUMC 통일위원회 모임이 2002년 8월 애틀랜타 한인교회(김정호 목사)의 초청으로 코이노니아 농장에서 열렸다. 남부의 무더위 속에 에어컨도 없는 열악한 환경이었지만 참석자들은 초대교회적인 공동체 실현에 대한 클래런스 조단 목사의 비전과 삶에 큰 도전을 받았다. 한국 산업선교의 대부인 조지 오글 목사와 조화순 목사도 참여한 이 세미나에서 필자는 처음으로 한국교회의 대안 모델로서 세이비어 교회에 대한 강연을 하였다.

(1) 코이노니아 파트너 공동체의 기원

코이노니아 파트너 공동체는 1942년 클래런스 조단^{Clarence Jordan}과 마틴 잉글랜드^{Martin England}에 의해 시작되었다. 루이빌 켄터키의 남침례회 신학교에서 신약학 교수로 사역하던 클래런스 조단은 그의 신학적 이해를 삶에 적용하기 위해 주로 흑인들이 사는 농촌지역인 조지아의 아메리쿠스에서 몇몇 동료들과 함께 코이노니아 농장을 시작하였다. 현재 이곳 아메리쿠스 시내에는 '사랑의 집짓기 운동'^{Habitat for Humanity} 세계본부가 있으며 이곳에서 11마일을 더 가면 지미 카터^{Jimmy Carter} 대통령이 태어난 유명한 플레인스 조지아가 있다.

이곳에 공동체를 세운 목적은 두 가지였다. 하나는, 인종차별이 극심한 남부에 인종차별이 없는 초대교회적인 기독교 공동체를 통해 하나님의 나라를 이루는 것이었고, 다른 하나는, 억압받는 흑인들을 계몽하는 것이었다. 처음에는 400에이커의 땅을 사서 흑인들과 함께 생활하며 농장을 개간하고 함께 예배하며 일하는 공동체를 시작하였다.

1950년에는 코이노니아 농장에 대한 오해와 인종적 편견 때문에 많은 핍박을 받았다. 특히 백인우월주의자들의 단체인 KKK단과 지역 주민들로부터 여러 차례의 방화와 물리적인 공격을 받기도 하였다. 1960년대에는 여러 주변환경으로 인해 회원들이 농장을 떠나게 되었고 공동체는 존폐의 기로에 서서 결국 조단과 캠퍼, 두 가정만이 남는 위기를 경험하기도 하였다. 그러나 이런 어려움 속에서도 전 세계적으로 뜻을 같이하는 후원자들이 재정적, 정신적으로 후원하여 사역을 지속할 수 있었다.

(2) 코이노니아 파트너 공동체의 새로운 도약

코이노니아 파트너 공동체는 1965~68년에 새로운 방향을 모색하던 중 사랑의 집짓기 운동의 창시자인 밀라드 풀러Millard Fuller를 회원으로 받아들이며 새로운 도약의 기틀을 마련하게 되었다. 그리고 코이노니아 농장 공동체라는 이름을 '코이노니아 파트너'로 개명하고 하나님의 나라를 증거하는 대안이 되는 삶Alternative Lifestyle을 살기로 결단하였다. 그들은 이것을 구체적으로 자선을 베푸는 삶Compassionate Living이라고 표현한다.

밀라드 풀러는 앨라배마에서 성장하여 자수성가한 백만장자 변호사였다. 그는 결혼생활에 위기를 겪으면서 인생의 가치와 목적에 대해 새로운 평가를 내리게 되었고 영적 생활의 변화를 통해 아내와 극적으로 화해하며 기독교인으로서 새롭게 헌신하게 되었다. 변화된 후 그는 자신의 재산을 팔아 가난한 사람들에게 나누는 사역을 준비하게 되었는데 그에게 결정적인 영향을 준 것이 조단 목사의 코이노니아 농장 사역이었다. 그들은 예수님의 가르침을 실제적으로 적용하며 살려는 사람들이었고, 특히 집 없는 사람들에게 도움을 주는 주택 사역은 풀러에게 큰 도전이 되었다.

풀러 부부는 코이노니아 농장에 정착하고 1968년부터 시작해 42채의 집을 짓는 사역에 동참하였다. 그 후 가난한 나라에 이 일이 필요하다고 생각되어 1973년에는 자이레, 아프리카에 이주하여 3년을 살며 2,000여 명에게 집을 지어주었고, 1976년에 귀국하여 사랑의 집짓기 국제본부를 시작하였다. 옆 동네에서 자라며 코이노니아 공동체의 영향을 받은 지미 카터 대통령의 참여로 더욱 잘 알려진 이 운동은 한국을 비롯하여 세계 76개국에서 활동하고 있고, 그동안 30만 채에 이르는 집을 가난한 사람들을 위해 지어 주었다.[41]

코이노니아 농장의 하루는 아침기도회로 시작된다. 기도회는 자발적인 모임으로 아침 6~7시에 모인다. 오전 9시부터 11시 40분까지는 오전 작업을 하고 점심식사는 공동체 식구들 모두가 함께 공동식사를 한다. 회원, 자원봉사자, 유급 노동자 모두가 각자 다른 집에서 살기 때문에 함께 점심식사를 하고 식사 후 중보기도, 방문자 소개, 광고시간을 가진다. 설거지는 모든 사람이 당번제로 참여한다. 주중의 공식 모임으로는 목요일 저녁의 성경공부, 금요일의 친교 모임과 각종 소그룹 모임이 있다. 오후 2시 30분부터 4시까지는 오후 작업을 한다. 특히 토요일 오후에는 농장 주변의 쓰레기들을 수거하여 환경보존을 위한 정화작업을 하고, 저녁에는 친교모임을 통해 공동체의 일체감을 다진다. 식사는 자체적으로 생산한 재료로 건강한 식단을 준비하고 적당한 노동을 통해 건강한 삶을 유지하며 이웃을 도울 수 있는 마음의 평화와 여유를 가진다.

(3) 코이노니아 파트너 공동체의 구체적인 사역

코이노니아 파트너 공동체는 정회원, 수련회원, 장기수련회원, 단기수련자 등의 회원이 있다. 단기수련자는 3개월 간 공동체 생활과 농장 사역에 참여할 수 있다. 3개월 뒤 장기 지원자로 참여하며 소명에 대한 확신이 있으면 1~2년의 수련기간을 거쳐 회원으로 정착할 수 있다.

코이노니아 파트너 공동체는 공동재산제를 원칙으로 한다. 사도행전 2장의 생활원리에 따라 각 가정마다 필요한 만큼 생활비나 교육비 등을 청구해서 사용하고 남은 것은 되돌려 준다. 서로를 신뢰하는 가운데 진정한 나눔의 공동체를 이루고 있는 것이다. 공동체의 수입은 농장 경영으로 이루어진다. 현재 농장은 1,500에이커의 토지를 소유하고 있고 주요 농작물은 땅콩, 호두, 콩 등이다. 유기농법으로 재배한 이 작물들은 미국에서 건강식품으로 잘 알려져 있다. 연간 100만 달러의 수입은 공동체의 생활비와 운영비를 제외하면 주로 소외된 이웃을 위한 기금으로 사용된다. 공동체의 생활원칙은 단순한 삶, 화해와 섬김의 삶이다. 이들은 미국 빈곤층의 평균 생활비를 유지하며 사적인 재산을 소유하지 않는다. 그들은 남부의 높은 습도와 40도를 넘나드는 더위 속에서도 에어컨을 사용하지 않는다.

공동체는 자선을 위한 기금Fund for Humanity을 제정하였다. 이 기금의 목적은 "가지지 못한 자에게 가질 수 있도록 하며, 가진 자가 가지지 못한 자에게 나누어 주고 투자할 수 있는 통로를 제공해 주는" 것이다. 이 기금은 다음의 목적으로 사용된다. 저소득층을 위한 주택 사역, 인근 주민을 위한 취업 사역, 어린이 탁아소 사역, 청소년 방과 후 사역, 목화판 성경제작 사역(조단 목사가 신약성경을 남부 흑인들의 정황에 맞게 번역한 것으로 이를 목화판이라고 부른다.) 등이다. 그 외에 남미 난민들을 위한 사역, 죄수들을 돌보는 사역, 주민 상담 등 지역사회의 다양한 사역에 참여하는 기금으로 사용된다. 1976년 시작된 사랑의 집짓기 운동도 이 기금을 통해서 시작되었다.

공동체를 위해 일생 동안 헌신한 조단 목사는 사역의 열매를 보기도 전인 1969년에 갑자기 서거하였다. 그러나 그가 심은 씨앗은 마치 겨자 씨가 심겨 싹이 나고 큰 나무가 되는 것처럼 세계가 그 열매를 나누는 결실을 맺고 있다.

이기적이고 패역한 세대에 어떻게 이런 공동체가 가능할까? 그것을 가능케 한 것은 조단 목사의 헌신의 결실이었고, 본질적으로는 신약성경의 예루살렘 공동체가 조명하고 있는 공동체성이라고 할 수 있다. 공유할 만한 같은 비전을 가진 사람들이 함께 사역할 때 세상과는 상관이 없는 참된 공동체를 이룰 수 있다는 감동을 코이노니아 공동체를 통해 깨닫게 된다.

3) 떼제 공동체ᴱcumenical Community of Taize

(1) 떼제 공동체의 기원

떼제 공동체는 1940년 25살의 로제 슈츠 마르소슈Roger Louis Schütz ~Marsauche가 전쟁으로 폐허가 되다시피 한 프랑스의 작은 마을 떼제에 홀로 정착하며 시작된 공동체이다. 그는 스위스 로잔에서 신학공부를 마친 뒤 장래 사역의 방향에 대해 고민하던 중 다른 사람들과 함께 살면서 기독교인 생활의 본질적 차원을 실천하는 공동체를 꿈꾸게 되었다. 그는 분열된 기독교인들이 서로 화해와 일치Reconciliation and Unity의 길을 찾고, 이를 통해 인류의 갈등을 극복하고 평화를 증진하는 길을 모색하고자 했다. 로제 수사는 스위스 개신교 목사 집안에서 태어났고, 가톨릭 가정에서 하숙하며 학교를 다닌 덕분에 어린 시절부터 초교파적인 안목을 키울 수 있었다. 그의 부친은 개신교 목사임에도 종종 가까운 성당을 찾아 기도하면서 가톨릭과 우호적인 관계를 맺기도 하였다.

그는 어린 시절부터 같은 하나님을 섬기면서도 서로 다투며 자신들의 입장을 정당화하는 기독교인들을 보면서, 날마다 화해를 구체적으로 이루어가는 봉헌된 삶이야말로 최선의 길이라고 생각했다. 로제 수사는, 갈라진 기독교인의 화해는 초교파적 기구를 조직하는 것보다 '먼저 가서 화해하라'(마 5:24)는 말씀을 실천함으로써 가능하다고 강조하였다. 그는 2005년 8월 16일 기도회를 인도하던 중 정신질환을 앓고 있던 어느 루마니아 여인의 칼에 찔려 소천했다.

(2) 떼제 공동체의 철학

떼제 공동체는 교회 안에서 그리고 교회를 위해서 모든 성도들이 함께 교제하는 가운데 기독교인에게 부여된 보다 긴급하게 해결해야 될 문제들을 주시하고 참여하는 개신교 운동으로 시작되었다. 떼제의 처음 표어는 "기도하라. 그리고 일하라. 그리스도를 닮아가라."였다.

떼제 공동체의 세 가지 핵심적인 규율은 다음과 같다. 첫째, 열심히 일하며 하나님 말씀에 따라 매일의 삶에서 평안을 누리라. 둘째, 그리스도 안에 머물기 위해 내적 평안을 유지하라. 셋째, 성령에 의한 감사와 찬송, 기쁨, 긍휼 그리고 단순성을 유지하라. 그리고 떼제 공동체의 정회원에게 요구되는 것은 다음과 같다. 첫째, 하나님 말씀에 의해 공동체적인 삶의 부름에 확신이 있어야 한다. 둘째, 독신생활을 한다. 셋째, 모든 물질적, 영적 재산은 공유한다. 넷째, 영적 지도자의 권위를 인정한다.[42]

(3) 떼제 공동체의 사역[43]

로제 수사는 떼제 공동체를 시작한 처음 2년 동안은 혼자 지내며 독일 나치를 피해 나온 유대인들을 숨겨 주었고, 전쟁이 끝난 뒤에는 독일군 포로들을 맞아 주었다. 나중에 다른 형제들이 동참하면서 1949년에는 공동생활과 독신생활을 통해 일생을 하나님 앞에 봉헌할 것을 서약하였고, 1952년 겨울 동안 기도하면서 '공동체로 살아가는 데 필수적인 것들'을 담은 "떼제의 규칙"을 마련하였다. 일과는 매일의 삶의 중심이 되는 세 번의 예배(기도), 노동, 방문객 지도 및 상담 등이다.

이 공동체는 처음 10여 년 간 세상에 알려지지 않은 채 조용히 성장하다가 "교회와 신자들은 구체적인 인간 역사와 상황 속에 살면서 그리스도를 증거해야 한다."는 로제 수사와 이 공동체의 신념에 의해 1950년부터 가난하고 고통 받는 이들과 함께하기 위해 형제들을 파견하기 시작했다. 로제 수사 자신도 생전에 시련을 겪고 있는 사람들과 가깝게 지내기 위하여, 그리고 때로는 어떤 상황에 각별한 관심을 기울이기 위하여 특수한 어려움에 처해 있는 곳에 가서 일정 기간을 사역하였다.

첫 수사들은 모두 개신교인이었지만, 1969년부터는 가톨릭 신자들도 입회하였고, 오늘날에는 5대륙 25개국에서 온 100여 명의 수사들이 소속되어 있다. 그들 중에는 브라질과 방글라데시의 빈민가, 세네갈, 미국, 한국 등에서 사역하고 있다. 떼제 공동체는 전쟁과 불의의 희생자들을 맞이하는 장소가 되어 왔고, 또 초창기부터 기독교인들의 일치를 모색하다가 1960년, 1961년에 개신교 목사들과 가톨릭 주교들을 한자리에 초대하였는데 이것이 종교개혁 이후 신·구교 간 처음으로 이뤄진 모임이었다.

한편, 떼제 공동체는 사람들로 하여금 공동체 친교를 직접 체험할 수 있도록 '젊은이 모임'과 '신뢰의 순례'를 시작하였다. 1950년대 말부터 시작된 젊은이들의 모임에는 주일부터 주일까지 이어지는데 매주 수천 명씩 참가해서 기도와 성찰, 나눔을 갖는다. 또 떼제의 형제들은 아프리카, 남북미, 아시아, 유럽의 여러 지역을 방문하고 크고 작은 모임을 인도하는데 이것은 모두 '범세계적 신뢰의 순례'의 일환이다. 떼제 공동체는 어떤 기부금도 받지 않고 형제들이 노동을 해서 번 것으로만 단순 소박하게 생활하는 것은 물론이고 세계 선교, 특히 빈민 선교에 이바지하고 있다. 떼제에 찾아온 젊은이들은 매일 아침, 점심, 저녁으로 드리는 삼종기도회에 참여하고, 오전에는 성경공부, 오후에는 찬양연습과 노동을 한다. 인종, 언어, 교파가 다름에도 젊은이들은 함께 모여 자기 성찰과 나눔의 시간을 갖는다.

떼제에서는 어느 특정 교파의 예배 형식을 고집하지 않고 다양한 전통에서 중요한 부분들을 도입해 소박하면서도 아름다운 기도를 드린다. 이기도의 한복판에는 늘 긴 침묵의 시간이 있다. 또한 "떼제의 노래"로 잘 알려진 찬양도 독특하다. 이 노래는 짧고 단순해 누구나 쉽게 배워 함께 부를 수 있고 같은 노래를 여러 번 반복해 부르면서 묵상하는 것이 특징이다. 기도 시간에는 개인적인 문제뿐 아니라 사회와 세계의 문제들, 인류의 고통을 늘 기억한다. 여러 해 동안 수십만 명의 젊은이들이 자신의 삶의 의미를 발견하기 위해 떼제를 다녀가며 깨닫는 것은 어떻게 신앙과 삶을 연결시키고 내적인 영성과 세계의 문제를 하나로 연결시킬 수 있느냐 하는 것이다.

예배는 아침 8시 30분, 낮 12시 20분, 저녁 8시에 드리며 약 40분간 진행되는 예배순서는 다음과 같다. (1) 개회송 몇 곡과 시편송 몇 곡의 떼제 찬양을 반복해서 부른다. (2) 각 나라 말로 성경을 봉독한다. 약 10분간 성경묵상과 침묵기도를 드린다. (3) 세계 평화와 고통당하는 이들을 위해 중보기도를 한다. 매번 짤막한 기도와 후렴구의 응답송이 이어진다. (4) 주기도문 또는 원장의 기도로 예배를 마무리한다. 기도 후 찬양이 계속되고 자유롭게 기도한다.

(4) 떼제 공동체가 주는 도전

떼제의 형제들은 삶의 봉헌과 공동생활을 통해 분열된 교회와 세상 안에서의 화해의 표징이 되고자 노력한다. 로제 수사는 이를 '일치의 비유' 또는 '공동체의 비유'라고 말했다. 사실 이 공동체는 수사들의 수가 많지 않음에도 불구하고 70여 년이 흐르면서 기독교인들의 일치가 가능함을 실천으로 보여주고 있다. 이제 떼제는 평화와 화해, 일치 그리고 교회의 본질을 향한 간절한 열망을 상기시키는 이름이 되었다.

떼제 공동체가 보여주는 가장 중요한 본질은 교회의 공동체성이다. 그 공동체는 바로 예수 그리스도의 몸이다. 그 몸은 개신교, 천주교, 빈부귀천, 언어, 인종의 제한 없는 완전한 한 몸을 의미한다. 살아 있는 그리스도의 몸 된 교회를 보기 위하여 수많은 사람들이 떼제의 순례를 계속 걷고 있다. 위기 가운데 표류하는 한국교회가 떼제의 일치의 정신을 본받아 교회 안에 작은 교회 운동을 통하여 서로의 다양성을 수용하고, 자기 삶의 범주 밖에 있는 사람들과도 삶을 나누고 화해와 정의를 구현하는 공동체로 세워야 하는 도전을 받게 된다.

4) 아미쉬 공동체[44]

(1) 아미쉬 공동체의 기원

16~17세기 유럽의 종교개혁 당시 정치와 종교의 분리를 주장하고 영유아세례를 반대하던 집단으로 재세례파^{Anabaptist} 메노나이트^{Mennonite}가 있었다. 메노나이트는 16세기 개신교로 개종한 네덜란드 신부 메노 시몬즈$^{Menno \ Simeons}$의 이름을 따서 메노나이트로 불리게 되었다. 메노나이트는 미국에서 교단을 형성하고 있으며 선교와 사회봉사 그리고 단순한 삶을 강조하는 건강한 교단으로 자리 잡고 있다. 아미쉬$^{Old \ Order \ Amish}$는 현대 문명을 수용하는 메노나이트들과도 거리를 두고 있는 근본주의적인 재세례파 공동체다. 이들은 급진적인 개혁 운동에 의해 로마 가톨릭에서 분리된 개신교 집단 중 하나였으며 참된 교회의 회복이 목적이었고 제도화된 교회는 기독교의 적이라고 생각하였다. 이후 유럽에서 개신교도들에 대한 박해가 시작되면서 아미쉬 사람들 역시 종교의 자유를 찾아 미국으로 건너오게 되었다. 이들 종교의 뿌리인 유럽의 경우 1937년에 아미쉬 집단이 해체되어 사라진 반면, 미국 내 아미쉬 집단은 점점 늘어나 미국 25개 주와 캐나다 온타리오에 걸쳐 약 18만 명이 여전히 공동체 생활을 하고 있다. 미국 내에서 아미쉬 집단이 많은 곳으로는 최초의 이민자들이 정착한 펜실베이니아 주 랭카스터가 가장 유명하며 이 외에도 인디애나 주와 오하이오 주 역시 많은 사람들이 방문하고 있다.

펜실베이니아 주 랭카스터의 교외 농촌지역에는 1만 5,000명 이상의 아미쉬들이 집단적으로 거주하고 있다. 이곳 메노나이트 안내센터에는 한국에도 잘 알려진 강문호 목사의 성막 세미나의 모델이 된 성막

Tabernacle이 있고 랭카스터 시내에 있는 제일연합감리교회First UMC는 한국 초대 선교사인 아펜젤러를 파송한 교회이다. 아펜젤러 선교사는 펜실베이니아 주 서더튼에서 경건한 메노나이트 교도의 가정에서 태어나 철저한 성경교육을 받았다. 랭카스터에 있는 프랭클린 마샬 대학에 재학 중 감리교인이 되었고 드루 신학교를 거쳐 1885년 4월 5일 인천에 도착하여 한국교회의 초대 선교사로서 선교사역을 시작하였다.

랭카스터에는 뉴욕의 브로드웨이 극장들보다도 훨씬 규모가 크고 아름답기로 유명한 기독교 뮤지컬 극장인 새천년극장Millennium Theater이 있는 곳이기도 하다. 매 절기마다 예수의 생애, 노아, 아브라함, 다니엘 등을 무대에 올리는데 수백 명의 게스트가 등장하고 매년 수십 만 명의 관객들이 전국에서 방문한다.

(2) 아미쉬 공동체의 철학

아미쉬 사람들은 신자들끼리 서로 돕는 것이 기독교인의 가장 중요한 덕목이라고 생각한다. 개인 재산을 소유하긴 하지만 거의 대부분 공유하고 철저히 자신들의 종교지침서The Ordnung에 의거한 생활을 고집한다. 이 종교지침서는 신자들의 옷 색깔과 스타일, 언어, 유일한 교통수단인 말이 끄는 마차의 색깔까지 정해두고 있다. 신자들의 생활 전반에 관한 세세한 원칙을 정해둔 셈이다.

이 공동체는 미국이라는 현대 산업문명의 최첨단 사회에서 전기, 전화, 텔레비전, 라디오, 신문 등 모든 과학문명의 이기를 버리고 농사와 더불어 자연 속에서 그야말로 자연스럽게 살아가고 있다. 아미쉬 공동체는 개인주의보다 공동체 정신이, 경쟁보다 협동이, 물질적 소유보다 영성이, 능률적인 노동보다 건강한 일이 더 높이 평가되는 전형적인 농촌

공동체이다.

전통적인 검은 옷을 입고 말이 끄는 마차를 타고 다니는 아미쉬 사람들은 흔히 시대에 뒤떨어진 사람들로 여겨지고 있으나, 그럼에도 그들은 산업사회가 만들어낸 숱한 문제들을 겪지 않았을 뿐 아니라, 앞으로 인류가 살아남을 수 있는 대안적 삶$^{Alternative Lifestyle}$까지 제시하고 있다. 아미쉬 사람들은 보통 교회에서 행하는 선교활동을 하지 않는다. 자신의 신념으로 다른 사람들을 공동체에 끌어들이려 하기보다 자기 스스로 철저히 신념에 찬 생활을 하는 것만큼 의미 있는 선교활동이 없다고 보는 것이다. 자신의 육체와 자신의 삶이 바로 교회이고 하나님의 말씀이기에 몸과 가정을 올바르게 세우는 데 더 중요성을 둔다. 그래서 이들에게는 교회이기주의가 없다. 그들에게는 예배당도 없다. 집안의 벽을 자유롭게 움직여 예배장소로 쓸 수 있도록 독특한 자바라$^{Holding Door}$ 양식으로 집을 짓고 지역별로 각 가정에서 모여 예배드리며 공동식사를 한다. 집이 교회이고, 일하는 밭이 교회이며, 살아가는 삶의 현장이 바로 그들의 교회인 것이다.

아미쉬 공동체에서 성직자는 특별한 존재가 아니다. 보통의 종교집단에서 성직자는 특별한 존재이며 나아가 권력자이기까지 하다. 하지만 아미쉬에서 성직자는 한평생을 자비량으로 봉사하고 희생하며 살아가야 하는 고난의 삶으로 받아들여진다. 성직자가 되었다고 하면 축하할 일이지만 아미쉬에서는 성직자로 사역하는 당사자나 가족들은 그것을 결코 기쁜 일로 받아들이지 않는다. 그 삶이 얼마나 고난스러운지를 너무도 잘 알기 때문이다.

자녀교육에 대한 아미쉬들의 가치관도 보통의 미국 사람들과 판이하다. 학교 교육을 통해 성경과 함께 생활에 필요한 공부, 예를 들면 집짓기나 농사, 양재 등을 배우면 충분하다는 것이다. 그래서 아미쉬들의 학교는 중학교 졸업반인 8학년이 최고 학년이다. 8학년을 마치면 대부분 상급 학교에 진학하지 않고 농사를 짓는다. 결혼 연령이 상당히 빠른 것도 특이한 점이다. 대개 남자는 19세에서 25세, 여자는 17세에서 23세 사이에 결혼을 한다. 신혼부부를 위해 주민 전체가 나서서 집을 지어주는 공동체 문화가 특징이기도 하다.

(3) 아미쉬 공동체가 주는 도전

최근에 아미쉬 공동체를 주목하는 경향이 확산되고 있다. 일단 그들의 반문명주의적 삶이 많은 사람들에게 관심을 끌게 한다. 자동차 대신에 마차를 끌고 다니고, 전통적인 검은 색 옷차림에 남자는 구렛나루 수염을 기르고, 여자는 미사포 같은 두건을 항상 두르고 다닌다. 전기와 전자제품 등은 일체 쓰지 않는다. 예를 들어 자동차의 경우, 그들은 결코 편리한 도구라고 보지 않는데, 자동차 때문에 먼 곳에 편하게 다닐 수 있게 되었지만, 그들은 오히려 자동차 때문에 옛날에는 가지 않아도 될 쓸데없는 곳까지 다니게 되어 연료와 시간을 낭비한다고 본다. 그 밖의 다른 문명의 이기에 대한 견해도 마찬가지다. 더불어 별로 좋지도 않은 세상의 일과 소식에 관심을 갖다 보면 자신과 가정, 그리고 노동(농사)에 집중하기 더 힘들다는 것이다.

그들이 주목받는 더 중요한 이유는 자연 속의 삶을 누리고 있다는 사실이다. 그들은 이 세상에서 가장 참된 노동은 농사에 있다고 본다. 농사야말로 가장 생산적인 일이며 가장 주체적인 일이라는 것이다. 사람이 먹고사는 데 필요한 것을 자기 손으로 직접 생산하며 그것으로 다른 사람의 신세를 지지 않고도 충분히 살 수 있어 주체적인 것이다. 더불어 농사란 자신과 가정, 그리고 하나님께 가장 근접할 수 있는 가치 있는 노동이다. 따라서 그들이 농사를 무농약 유기농으로 짓는 것은 너무도 자연스러운 일이다.

마지막으로 그들이 주목받는 또 다른 이유는 높은 도덕적 삶에 있다. 이제는 아미쉬 공동체가 세상에 많이 알려져 아미쉬가 사는 지역엔 많은 관광객이 몰리고 있다. 그중엔 그들의 사생활을 침해하는 무례한 방문자들도 있지만 그들은 전혀 개의치 않고 묵묵히 자신의 삶에 전념하는 비폭력 평화주의자들이다. 오른쪽 뺨을 맞으면 왼쪽 뺨을 내놓으라는 성경의 말씀을 그대로 따르고 있는 모습을 보게 된다. 그들은 자기들이 살기 위해 남을 해치는 법이 절대 없다. 정당방위의 공격도 그들은 허용하지 않는다.

필자가 워싱턴디시 지역에서 목회하며 3시간 정도 운전하면 갈 수 있는 랭카스터의 아미쉬 공동체를 십여 차례 방문할 때마다 느낀 것은 세속에 물들지 않은 아미쉬 청소년들의 순수한 눈빛이다. 이 시대 나를 포함한 기독교인들이 예수가 말씀하시고 공생애 동안 삶과 사역을 통해 보여주신 산상수훈의 가치관보다 세상의 문화에 너무나 중독되어 있음을 깨닫는다. 웨슬리는 소그룹이 모일 때마다 서로의 삶을 고백하는 직고 Accountability를 강조하였다. 교회 안에 작은 공동체들이 활성화되어 서로에게 책임적인 존재가 되고 한국교회가 아미쉬들과 같은 순수성을 회복하는 공동체가 되어야겠다는 도전을 받는다.

5) 예수원 공동체

(1) 예수원 공동체의 기원

1965년 한국교회의 갱신과 세계 평화, 그리고 세계 복음화를 위한 중보기도의 집으로 강원도 태백의 산골짜기에 예수원 공동체가 시작되었다. 예수원은 "노동이 기도요, 기도가 노동이다."라는 정신으로 '십자가지기'를 배우고, '받기보다는 주기'를 배우는 공동체이다. 공동생활을 통하여 그리스도 안에서 초자연적으로 모든 사람들이 한 형제와 같이 진정으로 교통하는 코이노니아 공동체를 실현하는 것이 목적이다.

설립자인 대천덕^{Reuben Archer Torrey} 신부(성공회)는 1918년 중국 산동성 제남에서 선교사의 아들로 태어났다. 그는 중국의 산동성과 한국의 평양 외국인학교에서 고등학교를 졸업했으며, 중국 연경대학과 미국에서 무디 성경학교, 데이빗슨 대학교, 프린스턴 신학원, 남부대학교, 하버드 대학교, 영국의 성어거스틴 중앙신학원에서 수학했다. 선원생활, 목회, 정치참여 등 다양한 사회경험을 쌓은 그는 1957년 선교사로 부름받아 성공회 미카엘 신학교 교장으로 있다가 1965년에 예수원을 설립하였다.

(2) 예수원 공동체의 철학과 사역

대천덕 신부 부부가 하나님의 인도하심으로 서울을 떠나 강원도 깊은 산골짜기로 오게 된 것은 무엇보다도 노동과 기도의 삶을 영위하며 기도의 실제적인 능력 여부를 실험해 보기 위해서였다. 예수원은 '실험실'이었던 셈이다. 대천덕 신부는 "신앙은 과학과 같아서 그것이 사실인지 아닌지 실험해 보아야 한다."고 말했다.

예수원은 세 가지 실험을 의도하는데, 이 세 가지 실험이란 (1) 하나님과 개인의 인격적인 관계, 광야의 체험^{Solitude}, (2) 기독교 공동체 안에서 신자 상호간의 관계, 그리스도의 몸으로서의 팀 사역, 화해와 일치, 내적 치유와 경청 및 관계 훈련, (3) 기독교 공동체와 비기독교적 사회의 관계 Mission & Social Justice, 토착화, 다양한 예배, 성령에 대한 이해와 체험 등을 실험하고 검증, 연구하는 것이다. 이 세 가지 실험은 구체적으로 기도와 코이노니아 그리고 선교의 세 영역으로 이루어진다. 이 세 영역을 통해 훈련소, 연구소, 파송소, 부담소, 보급소, 발력소의 사역 기능을 한다. 이들은 자비량 선교사^{Tent Maker}가 되기 위해 기술교육을 함으로써 손수 생계를 유지할 것을 표방한다.

(3) 예수원 공동체의 핵심 사역

첫째, 중보기도 사역(딤전 2:1~8)으로 "예수원은 중보기도의 용사를 키우는 곳"이라고 한다. 기독교인들이 하나님의 뜻을 이루기 위해 가장 우선해야 할 일은 이 세계가 복음화되고, 한국교회가 순결해지도록 중보기도하는 것이다. 특별히 10/40 창에 속한 나라들의 많은 미전도 종족들, 강한 반기독교적 성향을 가진 나라들을 위해 중보기도하며 24시간 기도의 집 사역을 확산한다.

둘째, 북한 및 아시아 선교의 베이스로서 북한을 포함한 아시아의 가난한 지역에 복음 전하는 것을 비전으로 삼는다. 가난한 노동자, 농민, 교육받지 못한 사람들에게 복음을 전하기 위해서는 그들의 문화와 사고 방식을 이해해야 한다. 노동의 가치, 상한 마음을 싸매어 주는 상담과 내적 치유, 성령세례, 문맹자 퇴치, 토지정의, 이자 문제, 사회정의에 대한 가르침과 이해와 적용, 사랑의 집짓기 운동 등 구제 사역에 관심하며 교

사, 건축가, 의사, 간호사, 컴퓨터 전문가, 다양한 영역의 전문인 선교사 양성에 주력한다.[45]

(4) 예수원 공동체의 하루

예수원의 중보기도 사역은 구체적으로 두 가지 방법을 사용한다. 한 방법은 외향적 중보기도로 매일 낮 12시에 공동기도문과 요일별로 교회 및 국가의 제문제, 그리고 나라의 지도자들과 성직자들을 위하여 기도하고, 편지나 직접 기도를 부탁하는 분들의 요청에 따라 다양한 제목을 두고 함께 기도한다. 내향적인 중보기도는 금요일 오후 2~4시에 성령의 인도하심으로 몇 가지 기도제목을 정한 후 집중적으로 기도한다. 예수원은 정회원, 지원자, 수련자 모두가 기도에 전력하여 기도의 불을 일으키는 것과 그 기도의 불이 한국교회와 전 세계에 퍼져 나가는 것을 가장 중요한 목표로 보고 있다.

경제적인 문제는 하나님의 놀라운 공급하심으로 오늘에 이르렀다는 신앙고백 가운데, 사도 바울의 자립정신을 본받아 관목 숲을 쳐서 목초지를 만들고 젖소를 키우며, 나무를 깎아 공예품을 만들고, 한때는 양을 키워 옷도 짜고 치즈를 만들기도 하며 초대교회적인 공동체 생활을 하고 있다.

예수원은 손님, 지원자, 수련생, 정회원으로 구성되어 있는데, 누구나 2박 3일 동안 방문할 수 있다. 또 자의에 의해 3개월 지원자가 될 수 있고, 3개월이 지나면 1년 수련이 허용되며, 1년 수련이 끝나면 2년 수련 신청이 가능하고, 이것이 끝나면 정회원이 될 수 있다. 정회원은 평생회원으로 정회원모임은 예수원 공동체의 의결, 집행기구이다.

하루 일과는 매일 아침 6시부터 아침기도, 조식, 아침과 오후에 각자의 분야에서 노동, 매일 낮 12시에는 중보기도, 밤 9~10시엔 소침묵, 밤 10시부터 다음 날 아침기도회 전까지는 대침묵의 시간, 그리고 저녁에는 중보기도, 찬양예배, 강의, 은사예배, 구역예배, 감사예배가 매요일마다 각각 진행된다.

예수원의 손님 맞는 사역은 중요한 부분이다. "나그네 대접하기를 천사 대접하듯 하라."는 정신을 갖고 섬긴다. 방문객들은 개신교 신자들을 주축으로 성공회, 가톨릭, 심지어는 승려들도 찾아오고, 무의탁자들도 있다. 그들이 찾아오는 이유는 자기 자신을 위해서가 아니라 남을 위한 중보사역과 화해와 일치, 코이노니아의 현장을 통한 그리스도의 한 몸을 이루는 공동체의 실천 때문이며, 예수원이 이 시대에 희미해진 복음의 본질을 산골짜기에서 그동안 소리 없이 조용히 증언해 왔기 때문이다.

(5) 예수원 공동체가 주는 도전

필자가 예수원을 방문했을 때는 늦은 가을이었다. 공동체에는 70여 명의 정회원과 단기 방문자까지 포함하면 150명 정도가 공동생활을 하고 있었다. 일 년이면 8,000명 정도의 방문객이 이 산골 수도원을 찾는다. 토레이 신부의 아들인 벤 토레이 목사가 신혼방으로 썼다는 숙소에서 2박 3일을 보내며 세 끼 공동식사와 예배, 개인기도, 중보기도, 간단한 봉사, 삼수령 목장 방문 등 시간을 보내며 많은 도전을 받았다.

공동체 안에 유치원이 있고 초등학교는 산 아래 하사미리 초등학교에 보내고 고등학교는 태백까지 통학을 시킨다. 이 패역하고 이기적인 세대에 가족까지 함께 살며 무소유로 공동체 생활을 하는 것이 가능한 일인가? 그곳에서 기도하며 깨달은 것은 교회의 공동체성이었다. 공동체는 같은 목적과 비전을 가진 사람들이 모인 모임이다. 기독교 공동체는 예수님의 대계명The Great Commendment(마 22:36~40)대로 하나님 사랑과 이웃 사랑의 연결점이다. 서로 삶을 나누고 돌보고 사역하는 진정한 공동체만 있다면 세상과 상관없이 초대교회적인 공동체의 삶을 살 수 있다는 깨달음 말이다. 현대 교회에 이것을 가능케 하는, 함께 삶을 나누고 돌보고 세워서 증인 되게 하는 참된 공동체를 세우는 것이 한국교회 작은 공동체의 사명이 되어야 할 것이다.

제 2 장

작은 공동체 운동의 영성 훈련

작은 공동체 운동의 영성

1) 기독교 영성의 정의

  기독교 신앙의 가장 중요한 기초는 "마음을 다하고 목숨을 다하고 뜻을 다하여 네 하나님을 사랑하라 하였으니 이것이 가장 크고 첫째 되는 계명이요"(마 22:37~38)라는 예수님의 말씀처럼 하나님과의 사랑의 관계다. 이것은 우리 신앙노정의 내적인 여정Inward Journey이며 영성이다. 또한 예수께서 "둘째도 그와 같으니 네 이웃을 네 자신같이 사랑하라 하셨으니 이 두 계명이 온 율법과 선지자의 강령이니라"(마 22:39~40) 하신 말씀은 이웃과의 사랑의 관계다. 이것은 우리 신앙노정의 외적 여정Outward Journey이며 우리의 삶과 사역을 의미하며 영성의 실제적인 나타남이다.

  영성Spirituality의 사전적 의미는 '종교적 가치에 붙잡혀 사는 영적인 삶의 상태'를 가리킨다. 또한 영성은 우리가 우리 속에 그리고 주변에 계신 실제적 존재이신 하나님을 경험하고 그 경험에 응하여 우리의 삶을 형성하는 양식이다.[46] 고든 웨이크필드는 '영적'이란 단어를 정의하면서 이 단어는 사람들의 생활에 생명을 불어넣고 사람들로 하여금 초감각적인 실체에 도달할 수 있도록 도와주는 태도와 믿음과 실천을 묘사하는 데 사용된다고 했다.[47] 하나님의 임재에 대한 우리의 지각을 진지하게 취급하며 하나님의 임재가 모든 일의 중심이 되도록 살아가는 것이다. 하나님에 대한 이러한 지각은 그저 주어지는 것이 아니며 어떤 특정한 훈련을 통하여 이미 임재해 계시는 하나님께 우리 자신을 열어 보이는 것이다.[48]

그리스도의 영성의 참된 목적은 어떻게 우리 자신을 초월하고 하나님의 위엄과 사랑을 증거할 수 있는가이다. 하나님 중심의 영성은 하나님께 영광을 돌리는 것이다. 우리는 하나님과의 내적인 관계에서뿐 아니라 일상적인 생활에서 믿음의 삶을 삶으로써 하나님을 영화롭게 한다.[49] 복음주의 진영에서는 영성이란 하나님을 사랑하고 형제를 사랑하는 것(막 12:30~31)으로 정의한다.[50]

젠즌은 영성에 대해 신·구약성경 전체에 바탕을 두고 성경을 인용하여 정의한다. 신명기서의 신학적 중심인 쉐마shema의 말씀, "이스라엘아 들으라 우리 하나님 여호와는 오직 하나이신 여호와시니 너는 마음을 다하고 성품을 다하고 힘을 다하여 네 하나님 여호와를 사랑하라"(신 6:4~5)는 말씀처럼 토라 순종의 모든 행동은 이스라엘의 하나님을 사랑하는 동기와 목적과 특정한 표준에서 찾는다.[51]

영성은 자기가 판단할 때, 가장 이상적이요 최고의 덕과 가치를 가지고 있으며 분명한 인생의 목표를 제시해 주는 하나의 정신을 받아들여 그 정신을 실천하기 위해 살고 죽는 것을 의미한다. 모든 사람이 영성을 가지고 산다고는 말할 수 없다. 정신적인 가치보다는 물질적인 쾌락이나 육체적인 정욕을 따라서 사는 자들이 더 많기 때문이다.[52]

기독교 영성은 첫째, 역사적 예수의 삶과 인격과 정신을 본받아 살며 그의 성품을 기독교교육, 역사적 예수 연구 등을 통해 기독교인 속에 형성하는 것이다. 둘째, 기독교 영성은 예수 그리스도의 삶을 본받아 작은 예수가 되어 살려고 힘쓰는 것이다. 셋째, 일반 영성이 엄격한 자기 훈련을 쌓듯이 기독교 영성도 철저한 훈련을 강조한다.[53]

기독교 영성의 정의는 학자에 따라서 조금씩 다른데, 여러 가지 영성이 있는 게 아니라 각자의 시각에 따라서 기독교 영성의 다른 측면을 파악하고 있다고 볼 수 있다. 노만 샤우척Norman Sehawchuck은 하나님과 인간의 영적인 교제에 강조점을 두면서 기독교 영성은 예수 그리스도와 인격적으로 교제하는 가운데서 경험하는 삶의 변화인데 이것은 하나님이 주시는 선물이라고 정의한다.[54] 그는 세 가지를 강조한다. 첫째, 기독교 영성이 예수 그리스도와의 영적인 교제라는 사실을 강조하고, 둘째, 예수 그리스도와의 인격적인 교제는 삶의 변화를 가져온다는 사실을 강조하며, 셋째, 모든 것이 하나님의 은혜의 선물임을 강조한다.

존 매커리John Macquarrie는 영성을 한 인간이 진정한 인간이 되는 것과 관계되는 것으로 이해한다.[55] 그는 진정한 기독교 영성은 기독교인의 삶의 회복뿐 아니라 피조된 전 우주의 회복으로까지 확장시키고 성령 공동체인 교회가 다른 사람들의 유익을 위해 노력하는 것이라고 하였다.[56]

아이리스 컬리Iris V. Cully는 교육학적인 시각에서 기독교 영성을 이해하고 있다. 컬리는 "인간의 본성과 교육과 양육에 의한 의도적인 개발의 상호작용이 영적 성장을 가능케 한다."[57]고 하며 진정한 영성은 묵상과 기도와 예식과 성경공부를 통하여 영적 삶을 개발하는 것이요, 하나님의 사랑을 가지고 세상에 들어가 사람들에게 그 사랑을 전하며 실천하는 삶의 과정이라고 말한다.[58]

나아가 라이리스Lyries는 기독교 영성이란 첫째, 주 안에서 성령으로 거듭남, 둘째, 성령의 주관 하에 있는 새 생명의 활동, 셋째, 영성과 시간의

관계성을 들어 모든 것을 이해하고 통전할 수 있는 능력으로의 성숙임을 밝히고 있다.[59]

2) 기독교 역사에 나타난 영성

우리는 하나님과의 관계를 좀 더 든든히 하기 위해 시대적으로 변천해 온 영성에 대한 정의와 영성을 실천하는 다양한 방법을 통해 기독교 영성에 대해 명확히 이해할 수 있을 것이다.

(1) 초대교회의 영성

초대교회 영성의 특성은 공동체적인 성례전에 직접 참여하는 경험에 있었다고 볼 수 있다. 초대교회는 날마다 함께 모여 사도의 가르침과 기도, 섬김 및 구제를 통해 영성 훈련과 생활이 일치되어 있었다.

교부시대의 영성은 금욕, 자기통제를 강조하였으며, 자기의 거짓 자아 false self를 죽이는 등 철저한 헌신을 통해 하나님과의 직접적 경험을 추가하였다.

동방교회의 영성은 하나님께 대한 경외와 자신을 낮추는 자세에서 출발한다. 즉 하나님께 대한 무지를 인정하는 겸손한 신앙의 자세가 당시 영성의 길이다. 동방교회 영성의 특성은 그리스도 중심의 신비주의, 교회 중심의 헌신, 그리고 교회의 일원으로서 구원을 받을 수 있다는 개인주의에 반대하는 영성관을 들 수 있다.

(2) 중세시대의 영성

중세시대의 영성은 수도원 운동에서 그 특징을 찾을 수 있다. 수도원 운동은 기독교가 세속적으로 이교적 사고방식에 적응하려는 것에 대한 저항에서 출발하여 교회갱신운동으로 발전하였는데, 이 시대의 영성은 이를 반영하여 자기와 세속주의의 부정을 통해 참된 하나님의 뜻을 계승하고자 하였다.

종교개혁시대에는 루터의 중심사상에서 알 수 있듯이 성경이 영성의 근거가 되었다. 루터의 사상과 하나님의 주권과 그의 영광이 중심이 되는 칼뱅주의의 영성은 중세시대의 지나친 교권과 외형적 제도에 치우친 교회에 반대하여 예배, 순종, 그리고 섬김의 행위가 내재된, 하나님이 중심이 되는 영성을 나타낸다고 볼 수 있다.

(3) 근대와 현대의 영성

근대 교회는 기독교적인 삶의 실제성을 강조하는 경건주의의 영성과 하나님 말씀에 초점을 맞춘 청교도 영성, 그리고 성경에 최종적인 권위를 부여하고 실제적 행함을 강조하는 복음주의의 영성을 포함한다. 경건주의 영성은 성경 및 평신도 사역을 중시한 긍정적인 면이 있고, 청교도 영성은 사회혁신, 묵상과 성찰, 개인기도를 중시하였다. 복음주의 영성의 경우 개인적인 거룩함 및 하나님의 뜻에 순종할 것을 강조한 특성이 있는 반면, 사회에 대한 책임의식과 내면의 영적 발달의 불균형은 그 한계라고 할 수 있다.

시대별로 간단히 살펴본 바와 같이, 영성을 바라보고 추구하는 시각에는 시대적인 상황을 반영하고 있음을 알 수 있다. 기독교 영성은 삶의 모든 영역에 영향을 미친다. 우리의 일터, 놀이, 기도, 몸, 그리고 감정은 우리의 영적 생활을 구성하고 있는 부분이며, 우리는 이 영적 생활 속에서 우리 자신의 진정한 정체감을 발견할 수 있다. 또한 기독교 영성은 성령에 의해 인간의 영human spirit이 자라는 토대가 된다. 영성에 대한 성경적인 개념은 항상 성령에 사로잡힌, 성령 안에서의 삶을 의미한다. 따라서 성령에 토대를 두지 않는 영성은 기독교 영성과 동일시된다고 볼 수 없다.[60]

작은 공동체의 영성 훈련

1) 영성 훈련의 의미

갈라디아서 5:16~18에 "내가 이르노니 너희는 성령을 좇아 행하라 그리하면 육체의 욕심을 이루지 아니하리라… 너희가 만일 성령이 인도하시는 바가 되면 율법 아래 있지 아니하리라"고 한 바울의 가르침은 우리에게 시사하는 바가 크다. 즉 우리의 의지와 노력으로 하나님의 의를 이루고자 할 때 우리의 의지는 우상이 되지만, 우리의 의지로 성령을 좇아 행하면 이것은 하나님의 의를 이루는 것이다.

우리가 끊임없이 우리의 생각을 성령의 사역에 고정시키는 영적 훈련이 없이는 성령께서도 우리와 함께하실 수 없다. 만약 영적 훈련을 생활화하지 않는다면 우리의 삶은 성령에 의하여 인도받는 성령 충만한 삶이 아니라 세속에 얽매인 삶이 될 수밖에 없다. 기독교인에게 영성 훈련이란 "예수 그리스도의 지체로서 예수 그리스도의 삶을 살기 위해 주어진 모든 시간, 모든 여건을 조성해 나가는 것이다. 예수 그리스도의 삶을 닮고 그와 같이 살아가는 것"[61]이다. 그러므로 영성 훈련은 그 자체가 중요한 것이 아니라 그리스도와 교제하고 하나님과 동행하는 삶을 살기 위한 실제적인 배움의 길이다.

2) 영성 훈련의 필요성

인간은 하나님과 바른 관계를 유지할 때 참 인간다운 삶을 살 수 있다. 이러한 삶을 위한 하나님과의 바른 관계는 예수 그리스도를 믿는 믿음으로만 가능하고 이 믿음은 또한 성령의 감동으로만 가능하다.

사도행전에 나타난 초대교회는 영성 훈련이 잘 되어 있는 성령 충만한 공동체였다. 이들은 모이기를 힘쓰고, 말씀의 가르침을 받고, 힘써 기도하고, 필요한 것을 서로 공급해 주며, 복음을 전하였다. 초대교회 신자들은 이러한 영성 훈련을 생활화하며 성령께서 어떻게 그들을 변화시키시며, 어떠한 삶을 살기 원하시는지에 관심을 기울였다.

영성 훈련은 성령께서 우리를 변화시키는 훈련이지만 동시에 성령께서 우리를 변화시킬 수 있도록 우리 자신을 하나님께 내어 드리는 훈련이다. 예수 그리스도 안에서 구체화된 하나님의 형상을 이루어 나가는 삶의 과정에 오시도록 하나님과 인간 및 피조물과의 깊은 친교와 연대성을 성취할 수 있게 돕는 전인적인 훈련이다.

3) 영성 훈련의 목적

영성 훈련을 하는 목적은 '하나님의 창조 목적' 에 합당한 삶을 사는데 있다. 즉 하나님과 올바른 관계를 유지하기 위해서 영성 훈련이 필요하다. 다시 말하면, 우리는 인간이 무엇이며 어떻게 살아야 할지를 깨닫고 참 자유를 얻을 뿐 아니라 하나님의 뜻을 실현하는 기쁨을 얻기 위해서 영성 훈련을 한다. 영성 훈련을 통해서 성령과 동행하는 삶을 살고 성령의 열매를 맺게 된다. 또한 이 훈련을 통해 우리는 더욱더 예수님의 삶을 따르는 생활을 하게 된다. 훈련을 반복함으로써 사고구조의 틀을 만들고, 집중을 통해 훈련의 효과를 높이고, 이해를 통하여 분별력과 통찰력을 기르고, 수고를 통하여 점진적으로 하나님의 관점에서 모든 것을 보게 된다. 그리하여 하나님께 영광을 돌리고 성령의 인도함을 받으며 은사로 봉사하는 삶을 살게 된다. 그러므로 영성 훈련의 궁극적인 목적은 우리 속에 하나님의 영이 거하시게 하며, 그리스도의 사람으로 살게 하는 데 있다.

개인의 영성생활의 목적이 영성화에 있다면, 교회의 영성화는 교회로 하여금 교회 되게 하는 일이다. 이것은 교회갱신을 뜻하며 이를 통해 교회가 참된 교회로 갱신되어야 한다. 영성화의 목적을 다음과 같이 세 가지[62]로 강조할 수 있다. (1) 영성화는 교회로 하여금 그리스도가 그의 영이신 성령의 일깨우는 능력으로 힘써 모이게 함으로써 신앙 공동체가 되게 하는 일이다. (2) 영성화는 교회가 그리스도에 의하여 그리고 성령의 생동케 하는 능력으로 말미암아 세워지고 성장하는 신앙 공동체가 되는 일이다. (3) 영성화는 교회가 그리스도에 의하여 그리고 그의 영이신 성령의 조명하는 능력으로 세상에 파송되는 신앙 공동체가 되게 하는 일이다.

존 웨슬리의 영성 훈련

1) 존 웨슬리 영성의 특징과 경건 훈련의 규칙

존 웨슬리는 새로운 교파를 설립하기 위해 감리교 운동을 펼친 것이 아니다. 그의 영성은 청교도와 영국 성공회를 바탕으로 하여 루터교, 모바리안, 로마 가톨릭, 동방교회 등 다양한 영향을 받았다. 각 교파의 기독교 본질적 특징을 수용하고 조화한 통합적인 기독교 영성이 바로 메소디스트Methodist 영성으로 나타났다고 할 수 있다.

웨슬리의 영성 훈련의 초점은 당연히 그의 신학사상과 일치한다. 웨슬리 영성 생활의 확고한 기초는 성경이다. 그는 자신에 대하여 '한 책의 사람'homo unius libri이기를 고백했으며, 영성 생활의 목적도 성경에 기초하여 '온전한 구원'과 성경의 교훈과 그 실천을 바탕으로 했다. 또한 웨슬리 영성 생활의 목표는 '기독교인의 완전성'을 향한 추구이다. '완전성'이란 인간의 죄성을 소멸하고 하나님의 사랑과 선, 그 아름다움의 충만한 삶을 이루는 것으로 이해하였다. 웨슬리는 영성 수련의 구체적 프로그램을 제시하였다. 인간 내면의 영적 성장과 성숙을 위하여 '영성 훈련'과 '사회적 실천' 등의 구체적 훈련이 필요하다는 것이다.

웨슬리 영성 생활의 매우 중요한 특징은 공동체성을 지향한다는 것이다. 웨슬리는 인간의 구원을 이루는 영적 여정에서 고립적이고 개인적인 형태의 영성 생활은 바람직하지 않으며, 성경의 가르침과도 일치하지 않는다고 하였다. 그리하여 감리교도 간에 사회적 상호 작용을 통하여 영적 성장이 이루어지도록 다양한 소그룹 공동체를 운영하였다. 공동체적 교육의 장으로서 이 작은 공동체의 운영과 훈련은 연합신도회United Society, 조모임Band, 속회Class Meeting와 함께 다양한 크리스천 컨퍼런스, 즉 철야기도회, 애찬, 계약갱신 예배, 설교 예배 등의 경건 훈련과 영성 생활에 잘 반영되어 발전해 왔다.

웨슬리의 경건 훈련 실천에 관한 방법론은 규칙, 실천적인 삶, 훈련이라는 세 가지 면으로 고찰할 수 있다. 18세기의 영적으로 무능하고 부패했던 영국의 종교적 상황이 메소디스트들에 의해 치유받는 사례들을 접할 수 있다. 경건한 기독교인이 되기 위해서는 규칙이 필요하다. 웨슬리는 어린 시절부터 규칙적인 신앙생활을 훈련받았으며, 그가 평생 동안 추구하던 그리스도의 완전을 향한 삶도 경건 훈련을 위한 규칙의 바탕 위에 세워져 있다. 이 규칙은 성경적 규칙, 교리적 규칙, 실천적 규칙의 세 가지이다.

(1) 성경적 규칙

웨슬리에게 경건 훈련의 중요한 경험적 배경이 된 것으로 옥스퍼드 대학에서의 신성클럽holy club을 들 수 있는데, 이 신성클럽의 목적은 성경적 기독교인이 되기 위함이었다. 성경적 기독교인이란 성령이 충만했던 초대교회의 기독교인들을 지칭하는 말이다.[63] 이들과 같이 '마음과 삶이 성결한 자'가 되기 위해서는 그 시작이 '회개를 통한 죄사함'에 있다는 것을 웨슬리는 올더스게이트 회심을 통하여 체험하였다. 이러한 관점에서 존 웨슬리 경건 훈련의 성경적 규칙은 경건 훈련의 시작을 가능하게 하는 회중들의 회개와 경건 훈련 과정인 신자의 회개를 강조한 구원론적 관점에서 찾아볼 수 있다.

웨슬리는 성경적 구원을 이루기 위하여 하나님께 범죄한 인간이 예수 그리스도를 통하여 '값없이 모든 사람에게 주시는 하나님의 은총'을 강조하였지만 동시에 그의 회중들에게 회개와 믿음을 강조하였다. 회개를 강조하는 웨슬리의 설교 중 하나가 "신생의 표적"이다. 웨슬리는 경건 훈련의 시발점이기도 한 구원의 시작이 하나님의 은혜에 의한 죄의 자각과 함께 회중 개개인의 죄에 대한 뉘우침이라는 것을 알았기에 하나님의 은혜와 함께 회개를 강조한 것이다. 힐만Hilman은 "웨슬리가 복음선교를 할 때는 항상 청중이 죄인이라는 것을 입증하고 여기에 기초하여 그 다음으로 하나님의 은혜를 제시하곤 했다."고 말하였다.[64]

웨슬리는 사람이 의롭다 함을 받고 중생하는 순간 죄에서 용서받고 죄의 부패성에서 씻김을 받지만, 육신을 입은 인간은 지속적인 죄의 영향을 받는다고 보았다. 그래서 신자는 이 죄에서 의롭다 함을 받기 위하여 지속적인 회개가 필요하며, 이것이 성화의 과정에서 제거된다고 보았다. 신자가 되면 하나님의 은혜에 의해서 구원을 받기 때문에 지속적인 죄의 회개와 성화에 대한 추구가 필요하지 않다고 생각하는 자들에게 웨슬리의 주장은 커다란 도전이 아닐 수 없다.[65]

존 웨슬리의 경건 훈련의 성경적 규칙인 회개를 통한 죄 사함은 메소디스트 부흥운동의 성경적 기초가 되었을 뿐 아니라 현대 교회 갱신을 위하여도 성경적 모범을 제시해 주고 있다. 회중들의 회개 없이 온전한 신자를 세울 수 없고, 온전한 교회의 부흥을 기대할 수 없다. 한국교회는 경건 훈련을 위하여 웨슬리가 실천했던 성경적 규칙을 목회현장에 적용하여 첫째, 하나님의 진리가 온전히 선포되는 강단으로 회복하고, 둘째, 신자는 지속적인 성결된 삶을 추구하는 경건 훈련을 실천함으로써 웨슬리가 추구했던 사도행전적인 초대교회의 온전한 모습으로 회복되어야 한다.

(2) 교리적 규칙

웨슬리는 열심 있는 영국 국교도의 일원으로서 국교회와 다른 새로운 신조를 만드는 것을 전혀 의도하지 않았다. 웨슬리는 다른 신조를 만들려고 시도하지 않았기에 영국 국교회의 신조를 사용하여 메소디스트들이 교회와 사회에서 실행할 수 있는 영적 생활규범으로 만든 것이 1743년에 발표된 "연합신도회 일반규칙"이다. 그러나 올더스게이트 회심이 기폭제가 되어서 웨슬리의 부흥운동이 '믿음에 의한 의와 실천적 신앙'을 강조하게 되자 이러한 교리에 반대하는 자들이 생겨났고, 이에 대하여 메소디스트 운동의 순수함을 지키기 위한 교리적 규칙의 필요성이 제기되었다.[66]

메소디스트 부흥운동이 성장함에 따라, 1744년부터 매년 총회가 열렸으며, 이 총회의 가장 중요한 관심사도 "메소디스트들이 믿어야 하는 성경적이고 참된 기독교 교리는 무엇인가?"라는 교리적인 것에 집중되었다. 이러한 결과로 웨슬리는 1763년 모범시행령을 기초로 교리적 규칙을 발표하였다. 웨슬리의 신약성경 주해와 웨슬리가 처음 발행한 표준설교집에 포함된 교리나 생활에 맞지 않는 것을 가르치거나 공포하는 자에게는 하나님의 거룩한 말씀을 설교하거나 성경을 강해하는 것을 허락할 수 없다고 하였고, 그러한 사람이 메소디스트 집회를 인도하지 못하도록 금지하였다.[67] 웨슬리의 표준설교는 웨슬리가 진정한 종교의 본질적인 것들로서 가르치고 수용한, 성경적이고 체험적인 기독교 신앙에 대한 자료로서 원죄, 그리스도의 신성, 속죄, 성령의 역사 및 삼위일체 등 메소디스트들의 주요 교리적 규칙에 관한 내용이다.

웨슬리가 모범시행령에서 제시한 교리적 규칙을 통해 현대 교회에 두 가지 면에서 적용점을 찾을 수 있다. 첫째, 웨슬리는 성경의 본질적인 교리에 관하여는 보수주의자들과 같이 적극적이고 단호하게 지키려고 노력하였다. 표준설교는 메소디스트 설교자들이 성경적이고 진정한 기독교 교리를 설교하고 여기에 일치하지 않는 교리를 설교하지 않도록 보호하기 위하여 만들어진 것이고, 신약성경 주해도 성경해석을 바르게 하기 위하여 만들어진 것이다. 초기 메소디스트 설교자들이 메소디스트 교리를 왜곡하고 비난하는 반대자들과 만날 수밖에 없는 상황에서 웨슬리는 교리적 규칙에 대한 철저한 가르침을 통해 그의 설교자들을 적극적으로 보호하고 또한 양성하고자 노력하였다.[68] 둘째, 웨슬리는 성경의 비본질적인 것이나 단순한 견해에 대하여는 관용성과 융통성 있는 포용력을 보여주었다. 웨슬리는 마태복음 5장 47절 "또 너희가 너희 형제에게만 문안하면"에서 "우리 주님은 다른 분파들이 가지고 있는 편견을 바라보면서 자기의 추종자들이 그런 편협한 생각을 갖는 것을 원치 않으신다. 그러므로 우리는 최소한 그들의 분파나 편견에 개의치 말고 그리스도 안에서 우리의 형제들을 정중하게 포용하는 데까지 나아가야 할 것이다."라고 주해하고 있다.[69]

(3) 실천적 규칙

웨슬리는 새로운 교파를 설립하는 데에는 아무런 관심이 없었으며, 다만 국교회의 영적 생활을 갱신하는 신앙운동에만 관심이 있었다. 그래서 웨슬리는 교의학을 쓰거나 조직신학의 체계를 잡기 위해 노력하는 대신에 그의 설교나 찰스 웨슬리의 찬송을 통하여 메소디스트 교리를 가르쳤다. 1743년 출판된 연합신도회 규칙은 메소디스트에 대한 실천적 규칙을 나타내고 있다. 연합신도회 규칙은 신도회 가입을 위한 유일한 조건이 '다가올 진노로부터 도망하여 그들의 죄로부터 구원받으려는 소망'이지만 이러한 소망은 일반적인 악을 피하는 것과 함께 힘을 다해 이웃에게 선을 행함으로 열매를 맺어야 하는 실천적 규칙을 내포하고 있다.

웨슬리가 추구하던 '마음과 삶이 성결한 자'는 먼저 하나님을 사랑하고 그 하나님에 대한 사랑이 이웃을 통하여 실천적으로 증명되어야 함을 의도하였다. 웨슬리의 메소디스트들은 교리와 실천을 구분하지 않고 하나님에 대한 사랑을 실천적인 규칙을 통해 열매 맺는 진정한 기독교를 추구하였다. 한국교회도 이제까지 보여준 대로 목회와 봉사가 분리되고 교회와 사회가 분리되는 이원론적인 모습을 벗어나 이 두 가지의 통전적인 적용이 필요하다. 하나님에 대한 사랑을 이웃에게 적용하는 실천적 규칙을 통해 끊임없이 영적 갱신을 실천한 웨슬리의 모범은 한국교회의 미래 사역에 큰 도전을 준다.

웨슬리는 옥스퍼드 시절부터 경건 훈련의 하나로 가난한 자들을 방문하는 것을 실천하였고, 메소디스트들에게도 가난한 자, 병든 자, 갇힌 자들을 정기적으로 방문하도록 가르쳤다. 웨슬리는 '돈의 사용'에 관한 설교에서 "가난한 자들에게 필요한 것을 공급하는 것은 하나님께 속한 것을 하나님께 돌려드리는 것"[70]이라고 말하였으며 노년의 삶에서도 실직자들과 어려움에 처한 사람들을 위한 기금을 마련하려고 자신의 건강과 편안한 삶을 위협하면서까지 실천적인 삶을 살았다. 웨슬리가 실천한 가난한 이웃에 대한 운동은 예수께서 가르쳐 주신 복음의 본질적인 면으로서 전 세계에 유례없는 교회성장의 축복을 경험한 한국교회가 하나님의 뜻을 이루기 위해서라도 회복해야 할 실천적인 규칙이다.

> ▶ TIP
> **감리교회의 유래와 신학[71]**
>
>   감리교회는 어떤 신앙과 신학을 특징으로 가지고 있을까? 감리교회는 어떻게 시작되었고, 그 신앙과 신학, 영성과 교리의 특징은 무엇일까?
>
>   일찍이 존 웨슬리는 옥스퍼드대학교 학생 시절에 거룩한 삶을 살려는 헌신을 하였다. 후에 그 대학의 교수가 된 웨슬리의 지도력을 중심으로 모였던 소그룹이 메소디스트란 이름으로 지칭되면서 현재까지 그 이름을 사용하게 되었다. 우리가 쓰는 감리교회란 명칭은 감리사, 감독의 치리를 뜻하는 한자에서 유래된 것이다. 반면에 메소디스트란 원어는 규칙 혹은 규율이 잘 갖추어진 신앙공동체를 추구했음을 주목할 수 있다.
>
>   웨슬리의 부흥운동은 당시 가장 낮은 평민 계층에서 불이 붙었다. 처음 감리교회는 초대교회의 생동적인 신앙을 추구했다. 주님의 보혈로 죄 사함 받고 성령으로 거듭나는 사도행전적인 교회를 참된 모형으로 했다. 감리교회는 처음부터 거룩한 생활에 힘썼다. 타락한 옛 사람의 삶을 벗고 예수 그리스도의 새 사람을 입은 거룩한 마음과 삶을 목표로 했다. 물론 그것은 쉽게 저절로 된 것은 아니었다. 영적 성장과 성숙을 위한 훈련과 양육이 감리교회의 조직과 실천에서 철저히 이루어짐으로 그것이 가능했다.
>
>   웨슬리 생전에 감리교회는 영국 국교회와의 관계에서 부흥운동의 결과인 영

적 신도회로 남아 있으면서 갱신과 회복의 공동체로서 누룩의 역할을 하였다. 그러다가 결국에는 국교회에서 분리되어 하나의 교파로 발전해 오늘에 이른 것이다. 미국에 건너간 감리교회는 나름대로 크게 성장했으며, 19세기 말에 한국에도 선교사들이 파송되어 한국감리교회가 시작되었다.

그렇다면 감리교회는 어떤 신앙과 신학을 특징으로 가지고 있을까? 그것은 우선적으로 실천적인 경건, 즉 참된 기독교의 구원의 진리를 신자들이 생활 속에서 실천하는 데 강조점을 둔다. 오늘날 많이 쓰는 영성 혹은 영성생활이 감리교회의 특성이라고 할 수 있겠다. 따라서 감리교회의 신학은 이론적인 교리보다는 구원의 영적 체험을 중심으로 하여 어떻게 기독교인으로서 성숙한 삶을 살아갈 것인가에 대한 관심에 더 집중된다. 이것은 하나님의 은혜 안에서 "성경적인 구원의 길"을 충만하게 살아가는 것이다. 그래서 웨슬리의 신학을 은혜의 신학이라고 부를 수 있다. 은혜 안에서 성장하는 신자는 "사랑으로 역사하는 믿음"을 통하여 점점 더 거룩하게 변화된다. 그 목표는 사랑으로 완전에 이르는 것이다. 이를 위해 물론 제자도와 순종의 실천이 구체적으로 요청된다.

감리교회 영성의 가장 위대한 유산은 성화와 완전의 교리다. 성화는 영적 변화, 성장, 성숙의 과정을 전제한다. 하나님의 거룩하신 형상으로 창조된 우리는 그 거룩하심을 닮고 그것에 참여하여 성화된다. 웨슬리에게는 무엇보다도 신앙의 장성한 분량에 대한 관심이 지대하였다. 그리스도의 형상에까지 자라가는 것이 성화요 완전인 것이다. 동시에 그것은 그리스도의 마음과 삶의 길을 본받고 닮아서, 그와 같이 순결하고 축복되고 거룩하게 변화되어 가는 것으로서, 그 목표는 완전한 사랑으로 해명되었다. 하나님의 최상의 계명인 하나님과 이웃에 대한 완전한 사랑의 성취가 바로 그것이다. 그 사랑이 증가하고 지배하는 곳에서 죄와 정욕의 권세는 점점 더 정복되고 감소하여 결국 뿌리 뽑히게 된다.

웨슬리는 영적으로 성숙하여 기독교인의 완전에 이르기 위해 은혜의 수단의 사용을 감리교 신자들에게 독려했다. 은혜의 수단은 말씀과 기도, 예배와 기도회, 금식과 성찬, 소그룹 영성훈련의 삶 등을 통해 복음적인 신앙생활을 하는 공동체의 책임적인 삶이 실현되는 통로다. 감리교 운동의 시초부터 복음적인 규범 아래 생활을 지도하는 규칙이 있어, 신자들이 구체적인 행동을 통한 윤리적인 삶과 제자의 길을 실천하도록 강조하였다. 훈련된 사랑의 삶을 통해 감리교회는 그리스도의 몸된 공동체로 세워진다.

이런 점에서 감리교회는 선교와 섬김(봉사)을 중요시 한다. 특히 웨슬리는 경건의 행위와 더불어 자비의 행위를 실천하는 데서 진정한 영성을 발견하였다. 영성은 이 두 차원을 통전적으로 온전케 하는 데 있다. 사회적 성결을 이야기할 때 감리교회는 참된 교회, 성도의 삶이 결코 이기적인 것이 아니라 사랑과 자비를 베푸는 타자를 위한 교회, 곧 세상의 빛과 소금이 되는 것임을 보여 주었다.

오늘날 감리교회가 그 사명을 온전히, 충만히 감당하는 길은 무엇일까? 원래 웨슬리는 성경과 초대교회로 돌아가기를 열망하였다. 그것은 성령으로 충만한 거룩한 삶을 사는 교회를 뜻한다. 그것은 동시에 십자가의 복음에서 계시되는 부활의 영원한 생명을 온 누리에 전하여 세상을 새롭게 변화시키는 것이다. 우리 웨슬리의 후예들도 그러한 위대한 전통을 이어받아야 할 것이다.

2) 경건 훈련을 통한 실천적 삶

웨슬리는 신자의 실천적인 삶을 추구하는 실천적인 목회자였다. 웨슬리는 신자가 하나님 사랑과 이웃 사랑을 실천하여 온전한 기독교인의 삶을 살도록 당시 종교개혁자들의 주요 교리인 '믿음'과 가톨릭의 주요 교리인 '실천'을 양극화하지 않고 창의적으로 종합하였을 뿐 아니라, 그의 회심 체험을 바탕으로 하여 체험과 신자의 경건 훈련을 위한 도구인 소그룹을 통합하였다.

(1) 교리와 체험

웨슬리가 칭의의 교리[72]와 성화의 교리를 각각 강조한 것과 같이 성화의 교리에 있어서 내적 성결과 외적 성결을 같은 비중을 가지고 강조한 것은 교리와 체험의 균형을 보여주는 것이다. 하나님을 체험한 자가 신앙생활에 변화가 없고 이웃에 대한 사랑을 실천하지 않는다면 그 체험은 의심스러운 것이다. 성도는 중생에서 시작하여 내적 변화와 외적 변화를 통하여 계속 성장해야 한다는 웨슬리의 교리와 체험에 대한 균형 잡힌 가르침은 한국교회에 성화의 과정으로서 경건 훈련에 대한 두 가지 면을 일깨워 주고 있다.

첫째, 경건 훈련의 시작인 중생, 즉 회심 체험이 매우 중요하다. 그가 구원에 대한 확신을 가진 것은 올더스게이트의 회심 체험이다. 웨슬리는 그의 설교를 통해 "거듭나지 않고는 결코 하나님 나라를 볼 수 없다."[73]며 중생 체험의 중요성을 강조하였다. 한국교회가 신앙의 역동성을 잃어버리고 명목상 신자를 배출하게 된 중요한 원인도 거듭남에 대한 강조가 줄고 하나님과의 인격적 만남이 희미해져 가는 데 있다. 한국교회가 초대교회와 같이 역동성 있는 교회의 사명을 감당하기 위해서는, 웨슬리가 지속적으로 강조한 것처럼, 거듭남에 대한 중요성과 함께 새로 입교한 신자들이 예수와 인격적 만남을 갖도록 하는 신앙교육이 필요하다.

둘째, 경건 훈련의 결과로 얻게 되는 신앙의 열매의 중요성이다. 웨슬리가 하나님께서 메소디스트들에게 원하는 것은 "믿음과 사랑, 의로움과 참된 거룩함이 증대되는 것과 성령의 열매가 모든 교회를 통하여 증대되는 것"[74]이라고 설교한 대로 경건 훈련을 통한 신앙의 열매는 내적인 성결과 함께 외적인 성결로도 균형 잡힌 열매를 맺어야 한다. 웨슬리가 그의 삶을 통하여 '사랑으로 역사하는 믿음'을 실천함으로써 성령의 열매를 맺는 모범을 보인 것처럼 오늘의 교회 지도자들도 내적인 성결이 실천을 통하여 외적인 열매를 맺는 참된 교회의 모습을 회복해야 한다.

(2) 체험과 조직

웨슬리는 자신의 회심 체험에 만족하지 않고 메소디스트들의 지속적인 신앙 훈련을 위한 도구로서 신도회, 속회, 반회와 같은 소그룹 조직을 만들었다.

웨슬리가 회심 체험 후 1739년 4월 2일부터 시작한 옥외 설교는 영국 국교회의 전통적인 예배에 참석할 수 없었던 광산이나 농촌 그리고 도시 지역의 가난한 사람들을 대상으로 삼았기 때문에 당시 영국 국교회와는 확연히 구별된 전도방법이었다. 조직가로서 웨슬리는 탁월성을 가지고 있었다. 가난한 대중을 위해 어느 지역에서 옥외 설교를 하였다면 일회성 전도운동에 멈추어 그 지역을 그냥 지나쳐 버리는 것이 아니라, 이들을 위해 신앙 소그룹 조직을 만들고 공동체 안에서 서로 격려하고 신앙 훈련을 할 수 있도록 연결망을 갖추어 준 것이다. 웨슬리는 메소디스트들의 신앙 훈련을 위해 신도회, 속회, 반회와 같은 조직을 만들고 이웃에 대한 사랑을 실천하기 위하여 가난한 사람에게 돈을 빌려주는 제도인 대출금고 그리고 자선병원이나 자선학교 등을 운영하였다.

소그룹 속회는 세상을 향해 증언하는 기독교인들이 하나님께서 그들에게 할당한 특별한 사역을 수행하는 데서 서로 격려하고 동질성을 확인할 수 있는 소그룹이었다. 즉 성결된 삶을 추구하는 자들이 서로 은혜 안에서 성장하기에 필요한 것들을 도와주고 훈련하는 기능을 한 친밀한 동역자들의 소그룹이었다.

이렇듯 웨슬리는 신자들의 경건 훈련을 위하여 소그룹을 만드는 데에 그치지 않고 신자들의 신앙 성숙을 위하여서도 상호 보완적인 기능을 하도록 긴밀한 연결망을 갖춘 것이다. 신도회의 주요 기능이 메소디즘의 교리를 전하는 교육적인 통로였다면, 속회는 성도의 교제와 교육 중심의 신앙 훈련을 위한 모임이었고, 반회는 내면에 대한 철저한 신앙적 성찰과 죄의 상호고백을 위한 핵심 그룹의 영성훈련 모임이었다. 웨슬리가 신자들의 완전한 성화를 돕기 위하여 각기 상이한 소그룹을 상호 보완적 기능을 하도록 종합하여 활용한 것은 경건 훈련을 위한 조직의 활용에 대하여 한국교회에 커다란 통찰력을 주고 있다. 웨슬리의 사역이 한국교회에 주는 교훈은 성결된 삶을 추구하기 위하여 신자들이 서로 삶을 나누고[Sharing] 돌보고 세워서[Caring and Building] 함께 사역하는[Ministering] 헌신된 소그룹을 재건하는 일이다.

3) 경건 훈련의 실제

메소디스트가 된다는 것은 메소디스트의 규칙과 훈련을 받아들이는 것을 의미한다. 웨슬리는 마음과 삶의 성결을 이루기 위한 수단으로서 거룩한 삶의 규칙을 정하고 그것을 훈련함으로써 자신뿐 아니라 메소디스트들의 성화의 삶을 이루고자 노력하였다.

(1) 지도력 훈련

메소디스트 부흥 운동의 가장 핵심적인 역할을 담당한 신도회, 속회, 반회의 조직은 평신도 지도자들이 없었다면 지속되지 못하였을 것이다.[75] 웨슬리의 경건 훈련은 같은 마음을 가진 동역자들이 메소디스트 조직에 참여하는 것으로 시작되었고, 함께한 이들은 이 조직들이 확장되자 자연스럽게 평신도 지도자로 훈련되어서 메소디스트 부흥 운동에 핵심적인 역할을 담당하게 되었다.

평신도 설교자들은 대부분 세속 직업에 종사하면서 저녁시간이나 주일에 자신의 이웃들에게 설교하였기 때문에 이들 중 많은 사람들이 지역 설교자로 남았으며, 소수만이 순회 설교자가 되었다. 순회 설교자들은 교구를 순회하면서 웨슬리 조직의 어려운 일들을 치리하며, 보수를 안 받고 살아갈 수 있도록 가르침을 받았고, 새벽 4시에 일어나 5시에 설교한 뒤 책과 소책자를 전해 주러 다니며, 규칙에 따라 살도록 가르침을 받고 그 가르침대로 실행하였다. 그들의 직무는 목사와 같았다. 그들은 목사가 자리를 비웠을 때 양떼를 먹이고 인도하였다.

웨슬리는 평신도 설교자들에게 엄격한 규율을 주어 그들로 하여금 설교하고 연구하고 순회하며 반회, 속회, 신도회를 이끌 지도력을 훈련시키고 초기 메소디즘이 성장하는 데 핵심적인 역할을 담당케 하였다. 더욱이 평신도 설교자들을 그에게 협력하는 목회자들로 훈련시킨 것뿐 아니라, 속회나 반회의 지도를 위한 평신도 지도자들도 훈련하였다.

1791년 웨슬리가 사망할 당시 영국과 아일랜드에는 메소디즘 회원이 7만 2,000명, 미국의 메소디즘은 5만 7,000여 명의 신도를 가지고 있었다.[76] 이 부흥 운동 뒤에는 1만 명 정도의 속회와 반회 지도자들이 있었다.

메소디스트 부흥 운동에 참여했던 사람들은 교육받은 사람들이 아니라 대다수가 광부, 노동자 등의 가난한 자 혹은 그 가족들이었다. 그러나 웨슬리는 이들을 웨슬리의 소그룹에 참여케 하여 10명 중 1명, 아니면 5명 중 1명을 훈련시켜서 복음 사역자와 지도자의 사역을 감당케 하였다. 웨슬리의 소그룹은 영적인 은사와 섬기고자 하는 열심이 있는 이들을 위한 영적인 모판과 같은 역할을 하였고, 웨슬리는 각 소그룹을 통해 훈련받은 지도자들에게 지속적으로 은사를 활용할 수 있는 사역현장을 만들어 준 것이다.

한국교회는 소그룹을 단지 교회성장이나 조직을 위한 도구로 사용하여 신앙의 역동성을 잃어가고 있는 것이 현실이다. 이러한 한국교회에 웨슬리가 주는 교훈은 첫째, 성도를 온전케 하여(엡 4:12) 목회자와 평신도가 함께하는 목회로 방향을 조성하는 것이고, 둘째, 소그룹을 통해 신앙과 삶이 일치할 수 있도록 평신도 지도자들을 훈련시키는 사역 현장을 만들어 주는 것이다.

(2) 신앙 공동체를 통한 경건 훈련

웨슬리는 '메소디스트의 성격'에서 메소디스트는 "하나님의 은혜에 의해 하나님의 사랑을 지닌 자이고, 마음과 몸과 힘을 다하여 주님을 사랑하는 자"라고 정의하고 있다. 웨슬리는 하나님의 은혜로부터 기인한 성결의 삶을 살아가는 것은 신앙 공동체를 통한 경건 훈련에 의한 것임을 알고 있었다.

웨슬리는 경건 훈련에 대하여 두 가지 면을 강조한다. 첫째, 경건 훈련은 우리의 삶을 새롭게 하며 지속적으로 공급하시는 하나님의 은혜 없이는 불가능하다는 것이다. 하나님께서는 그의 은혜를 신자들이 사용할 수 있도록 하셨는데 그것이 바로 은혜의 수단^{Means of Grace}이다. 웨슬리는 신자가 은혜 안에서 성장하는 데 도움을 주는 수단으로 기도, 금식기도, 성경탐구, 주의 만찬과 소그룹 모임에 참여하고, 긍휼을 베푸는 사역에 참여하는 것을 강조하였다. 둘째, 신앙 공동체 안에서의 경건 훈련이다. 초기 메소디스트의 신도회나 반회나 속회는 웨슬리의 지도하에 각 소그룹과 신자들 사이에 상호 연결망을 구축하고 있었다. 그리고 이 연결망은 메소디스트들의 정체성을 일깨워 줌과 동시에 영적 성장을 위한 공동체를 제공하였다.

신앙 공동체 안에서의 경건 훈련은 하나님과 신자 상호 간의 연결망을 통한 경건 훈련의 중요성을 일깨워 준다. 초기 메소디스트 속회와 같이 삶의 모범을 보여주고 영적인 삶에 함께 책임을 나누는 동역자 소그룹이 없이 효과적인 경건 훈련은 기대할 수 없다. 이 신앙의 소그룹은 신자의 영적 성숙을 돕기 위하여 각 개별 신자와 다른 신앙의 소그룹, 그리고 교회와의 유기적인 연결망을 갖추고 있어야 한다.

(3) 이웃을 통한 자비 훈련

웨슬리는 그의 설교인 "여섯 번째 산상수훈"에서 자비의 사역이 일반적으로 가난한 이웃에 대한 자선 혹은 구제와 연관되어 있으나 웨슬리가 성경의 명령에 기초하여 실천했던 핵심적인 사역을 언급하고 있다.⁷⁷⁾ 그것은 바로 굶주린 자를 공궤하는 일, 헐벗은 자에게 옷을 주는 일, 나그

네를 대접하는 일, 병자나 감옥에 갇혀 있는 사람을 방문하는 일, 고난받는 자를 위로하는 일, 무식한 자를 교도하는 일, 악인을 견책하는 일, 선행자를 격려하고 고무하는 일 등이다. 이러한 자비의 사역은 기독교인의 삶에서 중요한 은혜의 수단으로서 웨슬리는 이 사역을 통하여 메소디스트들에게 하나님의 사랑을 이웃에게 전하는 자비의 훈련을 실천하였다. 그래서 웨슬리와 메소디스트들은 병자들과 감옥에 갇힌 죄수들을 방문하였고, 학교와 의료시설을 세우고, 가난한 자들을 돕는 역할을 자원하였다.

이웃에 대한 자비의 사역은 영생을 추구하는 기독교인들에게 선택적인 것이 아니라 필수적인 것이다. 왜냐하면 사랑 안에서 자비의 사역을 실천할 때에 메소디스트들의 사랑이 커지고 그들의 거룩한 성격이 훈련되고 증진될 뿐 아니라, 그들이 은혜 안에서 성장하기 때문이다. 즉 웨슬리는 메소디스트들에게 이웃에 대한 자비의 사역을 통해 자비의 훈련을 실시한 것이다.

웨슬리의 자비의 훈련은 한국교회에 세 가지 점을 시사하고 있다. 첫째, 경건의 훈련Works of Piety과 자비의 훈련Works of Mercy은 진정한 기독교인의 삶을 위해 분리할 수 없다는 것이다. 진정한 개인적인 성결은 사회적인 성결을 의미한다. 경건의 훈련이 기독교인의 거룩한 삶을 가능하게 한다면, 거룩한 삶은 기독교인이 이웃에 대한 자비의 훈련에 동참하지 않고는 불가능하다. 하나님의 은혜는 우리를 선한 일을 위해 준비시키고, 인도하시고, 역사하시므로 우리가 이웃을 통한 자비를 훈련함으로 그 열매를 맺어야 함을 교훈한다.

둘째, 웨슬리는 자비의 훈련을 설교하고 가르쳤을 뿐 아니라 본인 스스로가 자비의 훈련을 실천하는 삶을 살았다. 웨슬리는 자신이 행하기 원치 않는 것을 메소디스트들이 대신 실천해 주기를 바라지 않았다. 웨슬리는 그가 실천했던 것을 메소디스트들도 실천하라고 자비의 훈련과 설교로써 권면하였다. 이것은 한국교회 목회자들에게 크나큰 도전이다.

셋째, 웨슬리는 사회를 변화시키는 가장 큰 은혜의 수단이란 바로 신자 각 개인이 하나님 앞에서 변화되는 것이라고 생각하였다. 그래서 웨슬리는 노동문제나 노예문제와 같은 사회적인 문제들에 대한 해결방법으로 정치적 참여 대신에 각 개인의 변화를 통한 사회적 변화를 기대하였다. 우리 각 개인은 하나님의 은혜에 의하여 철저하게 변화되어서 악을 피하고 선을 행하는 자비의 훈련을 통해 사회를 변화시키기 위하여 웨슬리가 실천했던 경건훈련과 삶과 사역을 한국교회에 적용하는 지혜가 필요하다.

관상기도를 통한 영성 훈련

    필자가 관상기도를 처음 접한 것은 1999년 세이비어 교회의 관상기도 수련회에 필자 부부가 참석하면서부터다. 세이비어 교회의 각 사역공동체는 1년에 한 번 3박 4일 간 진행되는 대침묵Great Silence수련회에 의무적으로 참여한다. 그리고 수시로 에큐메니칼 전통의 샬렘Shalem Institute과 연관하여 관상기도의 전통과 실제에 대한 교육을 실시한다. 샬렘은 에큐메니칼 전통의 영성훈련원으로 한국에서도 2009년부터 한국샬렘영성훈련원이 시작되어 성공회, 장로교, 감리교, 침례교 등의 목회자들이 초교파적으로 참여하고 있다.

    지난 2000년 봄에는 세이비어 교회의 서번트 리더십 학교에서 사막교부들의 영성과 관상기도에 대해 공부하였고, 2008년 7월 17~24일에는 리처드 포스터Richard Foster와 함께하는 콜로라도의 한 프로그램에 몇몇 목사님들과 함께 참여한 적이 있다. 또한 지구촌교회 이동원 목사의 초청으로 감리교신학대학교, 장로회신학대학교, 한신대학교, 협성대학교의 영성신학자들이 모여 '관상기도의 한국교회 적용'에 대한 모임을 갖기도 하였다.

    관상기도를 처음 대할 때 한국교회의 전통에서는 한번도 본격적인 침묵기도를 드려본 경험이 없었기 때문에 낯설기도 하였지만, 고요한 가운데 말씀을 묵상하며 주님과 대면하며 가졌던 침묵기도의 시간은 통성기도에 익숙해져 있는 우리에게 또 다른 영적 경험이었고, 한국 개신교 미래의 영성에 크게 공헌할 수 있는 중요한 기도의 방법임을 깨달았다.

1) 관상기도의 이해

오늘날 한국교회에 새롭게 조명되는 관상기도Contemplative Prayer는 헬라어 테오리아theoria에서 비롯되었다. 테오리아라는 말은 본다는 뜻이다. 이 말은 관상기도가 하나님을 보는 기도라는 뜻이다. 예수의 산상수훈 중 "마음이 청결한 자는 복이 있나니 저희가 하나님을 볼 것임이요"라는 말씀에서 유래하였음을 알 수 있다. 요한복음에서는 주께서 "하나님 아버지를 볼 수 없지만 나를 본 자가 곧 아버지를 본" 것이라는 말씀으로 하나님을 보는 길을 가르쳐 주었다.

관상기도는 이처럼 성경에서 시작되어 초대교회에 발전하였는데 동방교회에서는 관상을 신비와 깊이 연관시켰다. 이미 사막교부 시대로부터 기도는 단순, 소박한 한 마디 말을 집중 반복함으로써 마음 깊은 곳에 중심을 회복하는 형태로 나아갔다. 그 중심에 현존하시는 하나님의 신비를 성령 안에서 체험하는 것을 관상기도로 본 것이다. 하나님의 신비한 현존을 접하여 그 사랑에 의해 사로잡히고 경이롭게 변형됨으로써 하나님의 생명 본성과 일치하는 것이 관상기도의 진정한 목표이다.

관상기도는 다른 말로 마음의 기도라고도 한다. 예수기도로 발전된 동방교회의 관상기도는 예수 그리스도의 이름을 부르면서 기도하는 동안 점차로 의식, 생각, 감정으로부터 더 깊이 마음의 중심에 도달하게 된다.

그때 인간의 정신nous은 마음kardia으로 하강하여 거기서 집중, 통합되는 것을 기도의 목표로 삼았다. 하지만 진정한 목표는 인간의 존재 깊은 곳에 거하시게 변형되어 하나님의 생명, 본성과 일치하는 것이 관상기도의 목표이다.[78]

이러한 관상기도는 서방교회, 중세를 지나면서 다소 약화되지만, 중세의 신비주의 저자들에 의해 계승되었다. 클레르보의 성 버나드는 하나님을 사랑으로 향유, 음미하면서 그를 주목하는 입맞춤의 신학을 통해 관상기도를 신비주의적으로 발전시켰다. 사랑은 지식을 초월하면서, 영혼은 하나님과 합일하게 된다. 이러한 엑스타시(탈아)는 실상 동방교부들인 오리게네스, 닛사의 그레고리, 디오니시우스의 전통을 이어받은 것으로서, 관상기도가 변모와 신비적 합일을 목표하는 중요한 요소가 되었다. 중세를 마치고 종교개혁 시대의 위대한 스페인 신비가, 영성가인 십자가의 성 요한은 관상기도의 길을 갈멜산에 등정하는 기도로 묘사하였다. 그는 인간의 모든 지성, 감성, 의지를 정화시켜 개념, 형상을 벗는 무nada, 밤에 이르는 사랑의 합일을 관상기도로 보았다.[79]

2) 센터링 중심기도

한편 오늘날 센터링 중심기도centering prayer, 향심, 구심 기도라고 불리는 관상기도의 방식은 중세 영국의 신비주의 문헌인 〈무지의 구름〉에 상당히 의존하고 있다.[80] 이 책에서 동방교회의 신비적인 관상기도가 발전하였는데, 모든 지식과 상상을 초월하여 존재, 마음의 근저, 근원으로 향하는 믿음, 사랑의 기도의 차원을 말해 주고 있다. 오늘날 센터링 중심기도는 현대 기독교인들이 쉽게 관상기도에 이르는 길을 제시하려고 한다. 그것은 우리의 몸과 마음을 편안히 풀고 수련을 통해 하나님께 모든 것을 맡기며 안식하는 기도이다. 고요한 침묵 속에서 하나님의 창조적 사랑 안에 거하며 그의 현존에 집중하면서 오직 단순, 순수한 신앙만으로 하나님께 몰입하는 것이다.

충만한 사랑과 신앙을 표현하기 위해 센터링 기도는 한마디 사랑의 언어love word를 선택하여 그 거룩한 단어를 계속 반복하면서 집중하는 방법을 제안한다. 우리 안에 거하시고 활동하시는 하나님의 현존에 동의하는 의지, 의도(지향)의 상징으로서 사용하는 것이다. 고요히 하나님의 사랑의 현존에 머물러서 하나님을 사랑으로 그저 바라보는(관상) 동안 하나님의 사랑의 눈길이 우리 모두를 감싸며 우리를 변화시키는 것이다. 이러한 현대적 관상기도는 오늘날 많은 기독교인들의 영성생활에 큰 도움이 되고 있다.

3) 관상기도의 실제

관상기도의 기원은 동방교회의 사막교부들에 의해 시작되었지만 이것을 체계화한 것은 12세기 수도사인 귀고Guigo, 1115~1188AD로 그의 "수도사의 기도의 사다리"Monk's Ladder of Prayer를 관상기도의 기본 틀로 사용한다.

- 관상기도의 4단계
(1) 렉시오 디비나Lectio Divina, Divine Reading : 거룩한 독서
(2) 메디타시오Meditatio, Meditation : 묵상하기
(3) 오라시오Oratio, Oral Prayer : 기도하기
(4) 컨템프라시오Contemplatio, Contemplation : 관상하기

• 관상기도의 실제적인 적용

(1) **거룩한 독서** : 정해진 성경 본문을 반복해서 읽는다. 적어도 두 번은 소리 내서 읽는다. 그리고 다시 한 번 본문이 말씀하고 있는 핵심 줄거리를 생각하며 읽는다.^{Main Idea}

(2) **묵상하기** : 기도언어, 어구^{Prayer Word, Sentence}, 사랑의 언어^{Love Word}, 거룩한 언어^{Sacred Word}를 묵상한다. 본문에서 하나님과 관련된 핵심적인 단어를 찾는다.

(3) **기도하기** : 묵상을 통해 발견한 기도어구나 단어를 사용하여 반복적으로 기도한다.(삶의 상황, 당면한 기도제목 등을 연관시켜 그 하나님과 관련된 핵심단어를 중심으로 구체적으로 기도한다.)

(4) **관상기도** : 조용히 침묵하며 하나님의 임재 안으로 들어간다.

(5) **침묵기도 시 분심(잡념)을 다스리는 방법** : 기도 단어를 떠올리거나 호흡법(들숨, 날숨)을 사용한다. 호흡기도는 가장 오래된 수도사들의 영성수련 방법이다. 성경적인 호흡기도는 영성생활에 강력한 능력이 될 수 있을 것이다.

> TIP
영성의 어원적 이해

루아흐^{ruach}

'성령'은 구약성경의 창세기 시작부터 말라기의 마지막까지 나타난다. 창세기 1:2에서는 태초부터 하나님과 성령이 창조의 신으로 역사하고, 말라기 3:1~10에서는 크고 두려운 "여호와의 날"에 "언약의 사자"로 임하실 것을 아주 적절하게 밝혀 주고 있다. 구약성경의 저자들은 이 세상에서 활동하시는 하나님을 하나님의 영^{ruach}으로 표시한다. 루아흐는 성령을 표기하는 구약성경의 히브리어이다. 볼트$^{H.W.Wolff}$는 루아흐의 어의를 '바람, 숨, 생명력, 영^{Spirit}, 정서, 의지력' 등으로 구분한다. 루아흐라는 단어는 구약에 389회 나타나는데 이중에 378회는 히브리어, 11회는 아람어로 기술되었다. 이것들을 분석해 보면 세 가지 중요한 의미가 있다. 첫째, '바람을 일으키다'의 뜻으로 113회, 둘째는 사람과 우상의 '정신이나 영들'이라는 말로 129회, 셋째는 하나님과 관계된 '성령'으로 136회 사용되고 있다.

퓨뉴마

퓨뉴마는 헬라어의 동사 퓨마에서 나온 말로 '바람이 불다, 숨을 쉬다'라는 뜻을 가지고 있다. 퓨뉴마의 의미는 바람이 임의로 불어 공기가 흐르는 것과 같이 숨을 들이마시고 내쉬는 생명력을 의미한다. 이것은 자연의 바람, 인간의 숨결, 생명의 원인과 함께 사람이나 짐승, 그리고 사탄의 영이나 영들, 정신 등을 나타낸다. 신약성경에서 '퓨뉴마'는 복음서에 105회, 사도행전에 69회, 바울서신에 161회, 공동서신에 27회, 요한계시록에 23회 등 모두 385회 사용되었다. 신약성경에서 다양하게 나타난 영성의 구심점은 항상 예수 그리스도라고 할 수 있는데, 그런 의미에서 신약의 영성의 근거는 예수 그리스도의 하나님 체험 그리고 제자들의 부활 체험과 초대교회의 성령강림 사건에 있다고 볼 수 있다.

4) 관상기도의 목표

　관상기도는 하나님과의 사랑의 연합(주객이 일치되는 단계), 하나님의 성전인 몸을 다스림, 하나님의 평화와 내적 회복을 목표로 한다.

　한국 초기 교회의 핵심적인 영성이며 한국 개신교의 대표적인 기도 형태는 통성기도이다. 통성기도가 한국교회의 영성에 미친 영향은 지대하다. 통성기도와 더불어 마음 깊은 곳에서 하나님께 부르짖고 앙모하고 탄식하는 기도가 한국 개신교 영성에 필요하다고 생각된다. 이러한 통성기도의 유익이 많지만 때로는 침묵과 묵상이 필요하다. 필자는 개인적으로 새벽기도 시 통성기도를 한 후 하나님의 세미한 음성을 듣는 침묵기도의 시간이 좋다. 학교에서도 자투리 시간에 20분씩 시간 날 때마다 침묵기도를 하고 있는데 내 영적 생활에 큰 활력을 경험하게 된다.

　엘리야의 기도와 같이 하나님의 세미한 음성에 귀를 기울이는 것은 통성기도와는 또 다른 기도 전통이라고 할 수 있다. 세미한 음성을 듣는 기도Silent Voice는 언어나 음성을 초월한 언어이다. 관상의 어원인 헬라어 테오리아Theoria는 이론이 아닌 보는 것, 언어가 아닌 하나님의 존재 속에 들어가 하나님의 임재에 집중하는 기도이다. 처음에는 입기도로 시작하고 다음에는 언어를 포함하여 모든 것에서 벗어나는 것이다. 그 핵심은 하나님의 경이로운 사랑의 충만함에 사로잡히는 것이다.

　나아가서 관상기도의 궁극적인 목표는 관상적인 삶Contemplative Life과 연결되어야 한다. 현대인의 삶의 구조인 실용주의적 세계관은 생산적이지 못한 시간 사용을 낭비로 생각하고 바쁘게 경쟁의 삶을 살아가고 있다. 그러나 창세기의 세계관은 심미주의적이어서 우리의 시간 사용에 뒤돌아봄Reflection을 요구한다. 특히 안식일의 제정은 뒤돌아봄에서 한걸음 더 나아가 쉼Rest, 새로워짐Refreshment, 새로 지음Recreation의 라이프스타일을 지향한다.[81] 우리가 무슨 일을 하든 주님을 기쁘시게 하는 삶의 동기를 가지고 하면 그 일이 주님의 일이다. 주님 안에서 일상을 사는 삶이 관상 적인 삶이다.

제 **3** 장

작은 공동체 운동의 **훈련**과
사역

작은 공동체 사역의 영역과 단계[82]

기독교 공동체는 두 개의 길을 걷는다. 그리스도를 발견함으로써 하나님의 임재를 경험하는 영성으로서의 내적인 여정과, 그것이 삶과 사역을 통해 표현되는 외적인 여정이다. 그리스도처럼 일하는 것이 이 땅에 하나님의 나라를 실현하는, 바로 하나님의 선교이다. 이 선교의 사명을 온전히 감당하기 위해 교회는 공동체로 연합되었으며 이 선교는 절대로 홀로 존재하여 사역하는 것이 아니라 연합하여 이뤄내는 것이다. 이 책에서 제시하는 소그룹 사역공동체의 훈련과 사역 원칙은 각 공동체의 상황에 맞게 적용해야 할 것이다.

1) 교회 내 소그룹 사역 공동체의 네 가지 영역

사역공동체란 세이비어 교회의 각 신앙공동체Faith Community에 속한 소그룹인 사역공동체Mission Group에서 통찰력을 얻은 모델로서 기존의 소그룹들의 삶을 나누고Sharing, 돌보는Caring 기능에 사역Ministering까지도 위임하여 감당케 하는 혁신적인 소그룹 모델이다.

사역 공동체가 온전히 헌신하기 위해서는 '변화, 증거, 양육, 활동'에 대한 이해가 우선되어야 한다. 이 네 가지 영역이 포함된 사역공동체는 기존 교회의 셀, 속회, 구역, 순 모임, 목장, 가정교회 등이 보다 체계적으로 발전된 모습이라고 할 수 있다.

(1) 변화

하나님이 베푸시는 초자연적인 은혜를 통해 내 안의 자아는 무릎을 꿇고, 내 안에서 근본적인 변화가 일어나야 한다. 예수 그리스도가 주인이신 교회에 속한다는 것은 예수 그리스도가 중심이 되는 공동체의 일원이 된다는 의미이다. 이 공동체의 가장 중요한 목적은 그 구성원들의 삶에 영적인 변화를 가져오도록 그들을 양육하는 데 있다.

(2) 증거

진정한 기독교인이 되기 원한다면 우리는 그리스도의 증인이 되어야 한다. 교회란 변화를 가져오는 하나님의 능력을 증거하는 증인들의 모임이다. 이 능력은 결국 우리 사회를 변화시키는 능력인데 오늘을 사는 기독교인이 이 능력에 의지할 때 회복이 간절히 필요한 이 세상에 새로운 변화를 가져올 수 있다.

(3) 양육

교회는 기독교 공동체에 관심을 가진 탐구자들의 길잡이가 되어야 한다. 그러나 실제로 많은 사람들이 이러한 돌봄과 안내를 받기 위하여 방황하지만 교회가 그들을 제대로 인도하지 못하는 경우가 많다.

(4) 활동

고통 받는 이들이 치유받을 수 있도록 기독교인으로서 행하는 모든 활동을 뜻한다. 말하자면 일반적인 봉사활동이 아닌 기독교인으로서의 활동을 말한다.

이 네 가지 영역을 교회와 사역공동체의 본질로 삼아 철저한 헌신을 요구하는 모임에 소속된다면 부담을 느끼게 되겠지만, 주님 앞에 진실한 그룹이라면 이 네 영역 모두에 충실하게 될 것이다.

2) 소그룹 사역공동체는 어떻게 만들어지는가

사역공동체는 특별한 부르심에 응답한 한 명 혹은 소수의 핵심적인 사람들에 의해 시작된다. 사역공동체는 둘 혹은 셋부터 열두 명까지로 구성된 소그룹으로 어떤 특정한 사역(도움)에 공통의 관심을 가진 사람들의 모임이다. 가장 우선된 사역은 특정 도움이 필요한 사람들과 함께 삶을 나누고 필요한 곳에 우선적으로 도움을 주는 일이다.

새로운 그룹이 만들어지면 내적으로 온전히 헌신된 후에 그것을 바탕으로 외적인 사역을 시작한다. 이 원칙을 분명히 하여 각 모임마다 하나의 공통된 사역 또는 명확한 훈련과정을 갖는다. 기본적인 훈련과정은 처음 그 그룹을 시작한 사람들에 의해서 세워지고, 다시 그룹 전체를 통해 더욱 체계 있게 세워진다. 이러한 과정을 통해 동일한 비전을 가지고 그 그룹에 관심 있는 사람들에게 보다 분명한 사역을 선택하도록 할 수 있을 것이다.

(1) 기존의 사역공동체 안에 새롭게 공동체를 세우는 일

누군가에게 하나님의 말씀이 임하면 그는 여러 가지 방법으로 그 부르심을 함께 나누기 위해 증거하기 시작할 것이다. 그리고 그 부르심을 함께 나누기 위해 기도하며 노력한다. 만약 다른 누군가가 그 부르심에 응하면 그들은 서로의 은사를 개발하면서, 그들의 사역이 잘 수행되도록 하나님의 뜻을 구하며 함께 기도할 것이다. 한 사람이 부르심에 순종할 때 그곳에는 새로운 빛이 임하면서 조직적으로 연합된 모습으로 바뀌며 무한한 지평이 열리게 된다.

모세의 소명은 하나님의 부르심을 경험하는 좋은 본보기이다. 모세의 소명을 통해 깨닫는 것은, 부르심은 인간의 생각으로는 도저히 불가능한 능력을 가지고 있다는 것이다. 소명Calling은 다음과 같은 사역으로 나타나며 이것은 이미 세이비어 교회나 한국의 다른 교회들의 사역을 통해 나타난 것이기도 하다. (1) 복잡하고 일손이 없어 돌봄을 받지 못하는 아이들을 구원하라. (2) 도시의 영적 문맹을 퇴치하라. (3) 정치적인 영향력이 있는 사람들을 위해 기도하고, 가능하다면 그 사람들을 개인적으로 연결하라. (4) 배고픈 자를 먹이고, 노숙자에게 집을 주고, 아픈 자를 고쳐주라. (5) 인종차별을 극복하기 위해 노력하라. (6) 무엇인가에 중독된 사람들이 다시 회복될 수 있도록 방법을 제공하라.

한 사람이 하나님의 부르심에 순종하면 그곳에 부르심의 의미가 분명해지고 그 뜻이 구체적으로 보이게 된다. 그리고 몇 사람의 연합된 부르심에 대한 헌신은 지역 전체 혹은 인류에 영향을 주는 수십 개의 기구로 발전할 것이다.

(2) 중요 원칙

모임에서 큰 책임이 따르는 일을 할 때는 하나님께서 모임을 부르신 원칙을 따라 행해야 한다. 그리고 각 구성원은 받은 은사에 따라 사역할 때 모든 일이 가능해진다. 또한 하나님의 부르심을 받은 사람들은 두 명만으로도 교회를 세울 수 있으며, 소그룹 공동체는 그런 의미에서 각자 독립성을 가진 교회 내의 작은 교회라고 할 수 있다. 소그룹 모임 자체적으로 예배를 준비하여 드릴 수 있으며, 이 소모임 안에 리더십이 있는 사람을 발견하여 키워 나가며, 그 모임이 인증된 교회로 발전하기 위한 과정을 밟게 된다. 이로써 더 많은 소그룹이 필요하게 되고 사람들을 돕기 위한 구체적인 사역이 소그룹별로 만들어지게 될 것이다. 믿음, 소망, 사랑, 현명, 인내, 절제, 정의로 예수 그리스도를 향한 온전한 헌신을 드리는 것이다. 교회의 본질은 예수 그리스도를 향한 온전한 헌신에 있다.

우리는 하나님을 사랑하고 따르기 위해 성경이 말하는 믿음과 소망과 사랑에 충실하도록 노력해야 한다.

- 믿음 : 진정한 믿음은 이해를 추구하는 것이다.
- 소망 : 소망은 기억과 밀접하게 연관되어 있다. 참 소망은 예수 그리스도의 삶과 죽음 그리고 부활에 관한 기억에서 비롯된다.
- 사랑 : 사랑은 의지와 밀접하게 연관되어 있다.

이웃을 사랑하고 섬기기 위해 네 가지 덕목, 즉 현명, 인내, 절제, 정의에 충실해야 한다.

- 현명 : 뱀같이 지혜롭고 비둘기같이 순결해야 하는 것이다.
- 인내 : 용기를 통해 얻어지는 힘이다. 용기는 다시 확신을 통해 얻어진다.

- 절제 : 모든 것에 온화한 것이며 폭력을 거부하는 것이다.
- 정의 : 가난하고 억압받는 사람에게 정의로운 것이다.

이와 같은 교회 내 작은 공동체 운동은 담임자의 영적인 결단과 신뢰가 있을 때 가능하다. 먼저 세워진 사역자와 교회 내 지도자들을 직접 훈련하고 독려하여 소그룹 영적 리더십을 강화시켜 나갈 때 비로소 헌신과 비전이 있는 교회 공동체로 그 소임을 다하게 되는 것이다.

3) 헌신과 비전이 담긴 작은 공동체 훈련 모델

(1) 비전과 사명감을 안고 헌신하는 삶

교회의 본질이란 믿음, 소망, 사랑을 바탕으로 예수 그리스도에게 온전히 헌신하는 것이다. 또한 예수 그리스도의 제자로서 이웃을 사랑하고 섬기기 위해 현명, 인내, 절제, 정의의 덕목을 갖추는 것이다. 이와 같은 교회의 본질을 실천하는 방안으로는 다음의 것이 있다.
- 헌신 : 나의 삶을 온전히 그분 손에 맡긴다.
- 비전 : 용서, 화해, 그리고 소망을 가지고 이 세상 속으로 나아간다.
- 사명 : 불의에 맞서 억압받는 사람들의 편에 선다.
- 훈련 : 영적 일기를 기록하고 공동체와 함께 주기적으로 영적 수련의 기회를 갖는다.

(2) 구성원의 '은사' 발견

교회의 존재 목적 가운데 중요한 것 하나는 우리 안에 있는 은사를 발견하여 사역하도록 돕는 것이다. 교회 공동체는 예수 그리스도의 삶과 죽음, 그리고 부활을 체험한 사람들이 모인 공동체이다. 이러한 체험을 단기간에 경험한 이들도 있지만 오랜 시간에 걸쳐 체험한 이들도 있어 결국엔 자신들의 삶에 근본적인 변화를 가져와 "오늘 내가 해야 할 일은 무엇인가?"가 아닌, "오늘 나에게 베푸신 하나님의 은사는 무엇인가?"를 묻는 삶으로 바뀐다.

하나님께서는 우리를 동일하게 만들지 않으셨다. 인간 한 사람 한 사람에게 독특한 개성을 부여하셨다. 이 특별한 개성은 놀랍고 경탄할 만하고 고유하여 그리스도의 몸 된 교회에서 반드시 필요한 존재로 세움을 받는다. 성령께서는 그리스도의 몸을 세우기 위해 우리에게 다양한 은사를 한 개 또는 여러 개로 주셨는데, 이것은 교회를 세우는 데 그치지 않고 교회를 통하여 이 땅에서 고통 받는 이들을 치유하기 위한 목적도 가지고 있다. 그러므로 교회는 개인이 은사를 발견하고 개발하는 일을 돕는 것이 매우 중요하고, 개인은 자신의 은사가 무엇인지 발견하고 개발하려는 노력이 필요하다.

교회가 몇 명의 카리스마를 지닌 소수에 의해 움직여진다면 그 교회는 전체적으로 성숙될 수 없다. 그러므로 중요한 것은 공동체 안의 다양한 은사들을 발견하는 일이다. 바울은 은사의 다양성에 대해 이야기하고 있다. "각 사람에게 성령을 나타내심은 유익하게 하려 하심이라." "이 모든 일은 같은 한 성령이 행하사 그의 뜻대로 각 사람에게 나누어 주시는 것이니라"(고전 12:7, 11). 이것은 성령께서 주시는 은사가 애매모호하거나 일반적인 성향의 것이 아니라 개인에게 맞는 특별한 능력이고, 이 능력은 공동체의 선을 이루기 위해 사용된다는 것이다. 교회 사역에서 개인별 은사를 발견하게 해주는 일은 매우 중요하다. 교회는 화분에 심은 식물이나 완성된 설계도를 얻는 것이 아니라, 단지 씨앗 하나 혹은 스케치

된 밑그림을 얻을 뿐이기 때문이다.

각 사역공동체마다 목적을 이루기 위해 필요한 은사를 가진 사람들을 찾아내 모든 회원이 구체적인 역할을 감당할 수 있어야 한다. 다음의 말은 각 교회의 상황에 따라 역할과 이름을 달리 사용할 수 있을 것이다.

대표자 : 그룹의 비전을 구체화하고 은사를 발견하며 사역을 조율하는 역할을 한다. 이는 단순히 중재자가 아닌, 양떼를 돌보는 목자의 역할을 담당하는 것이다.

영적 인도자 : 성령과 교통할 때 옆에서 도와주는 역할을 한다. 믿을 수 있는 사람이어야 하며, 우리가 성령과 교통하기 위해 손을 뻗을 때 뒤에서 우리를 돕고 힘을 주는 역할을 한다. 하지만 기억해야 할 것은 진정한 인도자는 오직 성령뿐이다. 영적인 인도자는 그 그룹이 훈련받고, 성경을 연구하며, 개인의 영성을 개발하기에 가장 좋은 환경을 만들려고 노력하는 것이다.

목자 : 매일매일 삶 속에서 사람들을 양육하는 역할을 감당한다. 항상 사람들 곁에 머물면서 누군가 그들을 돌보고 있다는 것을 사람들로 하여금 느끼게 하며 기쁨의 순간뿐 아니라 위기의 순간에도 그들과 함께한다. 목자는 선한 그리스도의 성품을 가지고 권면하며, 반성하고 회개하도록 돕는 선지자 역할도 감당한다. 그래서 때로는 사람들을 엄격하게 다루기도 한다. 선지자 역할을 감당하는 목자는 자신 안에 이율배반적인 모습이 나타나지 않도록 특히 조심해야 한다.

양육 담당자 : 그룹 밖의 사람들을 인도하고 가르치는 역할을 감당한다. 그들은 믿음에 관해 전혀 모르고 있는 초신자일 경우가 많은데, 양육 담당자는 이들을 헌신적으로 상담하고 돌봄으로 그 영혼 안에 뜨거운 열정이 생기고 그 그룹의 사역과 연결되며 나아가 그리스도를 체험함으로

온전한 헌신에 이르게 하는 역할을 담당한다.

봉사 담당자 : 그룹 사역 시 반드시 두세 명의 봉사 담당자가 필요한데, 이들은 성령께 이끌려 그룹으로 하여금 이 세상의 고통 받고 상처받은 사람들을 향해 보다 많은 책임감을 가지도록 하는 역할을 한다. 이들은 그룹 안에서 그룹 멤버들이 끊임없이 사역을 넓혀 나갈 수 있도록 비전을 심어 주는 역할을 한다.

그 외에 연합사업 담당자(다른 소그룹 또는 기독교 연합체들과 계속해서 연결되도록 기여하는 일을 한다.), 전도자(소그룹의 대리인으로서 새 지역에서 복음을 증거하여 소외된 사람들을 인도하는 사역을 담당한다.), 행정, 음악 담당 등 각자의 은사에 따라 모든 구성원이 한 가지씩 사역에 참여하도록 독려한다.

소그룹 사역공동체
훈련의 준비와 자세

　본 장에 소개하는 소그룹 사역공동체의 모델에 대한 연구는 2002년 봄 세이비어 교회의 서번트 리더십 학교에서 고든 코스비 목사가 혁신적인 소그룹 사역을 위한 '참된 교회의 원리와 실제' Toward the Authentic Church 과정에 필자를 포함한 15명의 지역교회 목회자들을 초청하여 함께 연구한 내용을 함축한 것이다.

　소그룹 사역공동체를 통한 가장 큰 도전은 단순한 방법으로 더 깊은 영성에 들어가는 것이다. 예수께서 양이 들어오고 나가며 목장을 찾는 하나의 문이 되시듯(요 10:7~9), 우리들 또한 사람들이 쉽게 오고 갈 수 있는 하나의 문이 되는 것이다. 우리는 예수께서 말씀하신 '땅에 숨겨져 아직 찾지 아니한 보석' 과 같이 사람들에게 열려 있고, 누구나 포용하는 예수의 방식을 우리 가운데 구체화하기 원한다. 참된 교회는 쉬우면서도 어렵고, 넓으면서도 좁은 길이어야 하는 그 사이의 긴장을 유지해야 할 것이다.

　새롭게 시작되는 이 작은 사역공동체 모델은 누구나 쉽게 들어갈 수 있을 만큼 간단한 과정을 거친다. 그러나 아직 알지 못하는 그리스도의 더 깊은 곳으로 우리를 인도할 수 있는 잠재력을 가지고 있어야 한다. 성령이 자유롭게 역사하시도록 유연성 있게 대처하면서도 필연적으로 오게 될 부담을 견딜 만큼 강하게 세워져야 한다.

1) 다섯 단계 프로그램

먼저 이 소그룹 사역공동체는 다섯 단계의 단순한 프로그램으로 시작한다. 각자의 그룹의 과정은 그룹의 상황에 따라 다를 수도 있다. 각각의 그룹은 지도받은 것에 맞추어 나름 자유롭게 프로그램을 구성할 수 있지만, 될 수 있으면 더욱 간단하게 만들 것을 제안한다. 소그룹의 목적과 소망을 가능한 한 단순명료하게 나누는 것이 중요하다.

다음은 세이비어 교회의 몇몇 소그룹이 그룹 모임 시 다 함께 읽는 글의 일부분인데, 우리의 의도에 관해서 모든 사람들에게 이야기하고 싶은 내용을 담고 있다.[83]

함께Together : 우리들 중에 누구도 혼자 자유하게 될 수 없다. 우리는 우리의 고통과 기쁨을 함께 나누면서 매주 한 시간을 보낼 것이다.

시간Time : 개인기도와 성경 읽기를 위해 매일 최소한 15분 이상 시간을 따로 정할 것이다. 이것은 예수를 알아가고, 하나님이 나를 사랑하시는 것을 깨닫기 위해서다. 또한 서로를 위해 기도하는 일에 헌신할 것이다.

일Task : 예수께서는 우리를 깊이 그리고 열정적으로 사랑하시고 우리가 다른 사람들에게 다시금 그 사랑을 돌려주기를 원하신다. 우리는 하나님께서 우리로 하여금 하게 하시는 일을 찾도록 노력할 것이다. 우리는 고통 받고 있는 사람들과 함께하기를 원하며 그 고통을 일으키는 불의한 구조를 바꾸도록 소그룹을 통해서 함께 노력할 것이다.

붙들기Take : 우리는 우리를 눈멀게 하는 세상적인 가치와 구조로부터 우리의 눈물을 거두어내시는 해방자 예수를 붙잡을 것이다. 비폭력적인 사랑과 자유를 향한 새로운 삶을 사는 데 방해하는 것들이 무엇인지 발견하고 그것을 치유받을 수 있도록 하나님께 우리 자신을 드릴 것이다.

말하기Tell : 우리가 해방되고 자유를 얻게 된 것처럼, 우리도 다른 사람들에게 우리가 받은 새로운 자유의 원천에 대해서 말해 줄 것이다.

2) 소그룹의 기본적인 규칙

- 우리는 일주일에 한 번 한 시간 동안 만난다.
- 그룹의 리더는 구성원들이 돌아가면서 맡기 때문에 누구든지 인도자가 될 수 있다. 인도자는 정시에 모임을 시작하고, 서로의 삶을 나누는 일이 원활히 진행되도록 한다. 대개 '도전과 희망'에 나오는 원칙을 소개함으로 모임을 시작하곤 한다.
- 말씀 묵상은 대개는 인도자가 맡는데, 그룹 멤버 중 한 사람이 다섯 단계 프로그램 중 하나와 성경의 한 구절에 초점을 맞추어서 5~10분 정도 가르치고 이야기한다.
- 약 45분 동안 개인적인 나눔의 시간을 갖는다. 소그룹 모임의 핵심적인 부분인 이 나눔에서는 사역이나 삶의 아이디어가 아닌 각자의 삶의 경험을 구체적으로 나눈다.
- 이 시간에 그룹 안에서 이야기한 것은 바깥으로 나가지 않도록 한다.
- 상대방이 이야기할 때 내 의견을 내거나 대답하는 형식은 피한다.
- 인도자의 기도로 모임을 마친다. 어떤 경우 그룹 안에서 성찬식을

갖기도 한다.

- 모임과 관련된 사무적인 일은 필요할 경우 따로 논의한다.

3) 소그룹 공동체에 참여하기

새 구성원이 참여하는 것은 매우 간단하다. 우리 한 사람 한 사람은 모두에게 매우 소중하고 필요한 사람들이다. 모두가 참여하는 일이 전체에 굉장히 큰 유익을 가져다 준다. 누구나 소그룹 모임에 참석할 수 있지만 모임의 정식 구성원이 되기 위해서는 다음의 세 단계를 거쳐야 한다.

- 기존의 소그룹 구성원들이 모임에 초대하여 두 번 이상 연속으로 참여한 뒤 그룹에 참여하기 원한다는 의사를 밝힌다.
- '도전과 희망'에 나오는 원칙을 기꺼이 받아들인다.
- 다섯 단계의 원리와 실천에 충실히 따르며 개인적인 경험과 느낌을 마음을 열고 정직하게 서로 나눈다. 그룹 안에서 나눈 이야기에 대해서 비밀을 지킨다.

▶ TIP

도전과 희망[84]

도전 : 우리의 삶은 많은 도전과 투쟁 그리고 상처로 가득 차 있다. 이 문제들은 하나님이 우리에게 원하시는 참 자유함을 어렵게 만든다. 우리는 다른 사람들로부터 단절되어 있다고 느끼며 그것은 서로 간에 신뢰를 더욱 어렵게 만든다.

희망 : 우리는 우리의 삶의 도전에 대한 새로운 가능성이 있음을 믿는다. 우리는 하나님의 사람들이 함께할 때 새로운 일을 시작할 수 있다고 믿는다. 70년 전에는 아무도 상상할 수 없었지만 알코올 중독자들을 위한 단주 모임이 좋은 예이다. 단주 모임의 12단계 치유 프로그램은 전 세계적으로 사용되고 있으며 수백만 명의 사람들을 알코올 중독으로부터 구하고 있다. 이것은 우리에게도 새로운 희망을 준다. 우리의 작은 공동체가 서로 기도하며 삶을 나눌 때 전체 그리스도 공동체에 하나님이 우리에게 원하시는 뜻을 깨닫게 할 수 있으며 우리를 구원에 이르게 할 수 있다. 우리의 소망은 우리의 공동체가 하나님의 자녀들로서 우리의 권리를 요구하는 공동체가 되는 것이다. 우리는 우리 한 사람 한 사람이 우리의 공동체와 나아가 이 세계에 필요한 축복된 존재라는 좀 더 깊은 이해를 갖기 원한다.

우리의 더 큰 힘은 예수 그리스도이다 : 예수님은 모든 사람을 사랑하신다. 예수님은 예수님 당시의 사람들을 억압하는 구조에 대해 도전하셨다. 우리는 이 시대에 우리의 삶을 통해 예수님의 사랑의 삶을 따르기 원한다. 세상은 우리와 다른 사람을 사랑하거나 돌보지 않는다. 세상은 우리와 다른 종족이나 다른 배경을 가진 사람과 친구가 되지 말라고 한다. 세상은 우리의 가치가, 무엇을 소유했느냐, 얼마나 많은 돈을 가졌느냐, 누가 우리의 친구이냐, 우리가 어떻게 생겼느냐에 따라 결정된다고 말한다. 우리는 세상의 판단은 거짓된 것이라고 믿는다. 우리의 소망은 이 증오와 불신과 소외의 벽을 허물고 하나님이 우리를 창조하신 참 하나님의 형상을 회복하는 것이다.

소속의 선언 : 세상의 소속에서 하나님의 소속으로 부름받은 우리는 다음과 같이 선언한다.

- 우리는 세상의 구조의 불의를 인정한다.
- 우리는 이 세상의 구조에 중독되어 있음을 인정한다.
- 우리는 우리의 중독을 스스로 치유할 수 있는 능력이 없음을 인정한다.
- 우리는 우리의 구세주이신 주님과 우리의 공동체의 도움을 간절히 원한다.
- 우리는 문화의 중독으로부터 회복되는 일에 헌신한다.
- 우리는 삶의 모든 부분을 주님의 부르심인 섬김의 리더십을 실천하는 데 헌신한다.

4) 다양성을 강조하는 사역공동체 훈련

(1) 다양성의 인정과 유지

성별과 연령, 문화적 · 경제적으로 혹은 그 밖의 다른 여러 가지 면으로 볼 때, 우리는 서로 다르며, 이러한 상이함 때문에 서로 나누어져 있다. 그렇지만 모임에 참여하여 우리와 다르게 보이는 사람들과 삶을 나누다 보면 서로를 알아가게 되고, 서로 다르다는 사실이 오히려 모두를 치유해 주는 수단이 되는 것을 경험하게 된다.

다양성을 강조하는 것은 예수께서 하나님 안에서 한 가족이 된 모든 자들 가운데 자신을 나타내셨고, 서로 분리되었던 자녀들을 화해시키신 그 본성을 우리가 본받고 따르기 위해서다. 그것은 바로 예수가 누구신 가와 관련되어 있다. 만일 분리되었던 것으로부터 치유되고 다시 하나가 되기 원한다면, 분리되었던 모든 사람들과 다시 연합해야 할 것이다. 그러므로 소위 정반대라고 여겼던 사람들과 상호 관계를 맺도록 노력해야 한다. 그것은 다른 사람을 위해 내가 무언가를 한다^{to do for}는 의미라기보다, 단순히 내가 다른 사람들과 함께한다^{to be with}는 의미이다. 우리는 우리 사이에 깨어져 왔던 것을 하나님 안에서 치유하고 회복해야 한다.

깊이 있는 나눔을 위한 하나의 소그룹(아마도 10~12명이 최대 인원이 될 것이며, 그 이상은 다른 그룹으로 다시 나뉘게 된다.) 안에서 모든 다양한 모습이 나타나는 것은 거의 불가능하지만 우리는 가능한 한 최대한의 다양성을 갖기 위해 함께 노력하며 헌신해야 한다. 참된 교회가 되기 원한다면, 다양성을 유지하는 것은 필수이다. 그렇지만 그것은 대부분 자연스럽게 이루어지는 것이 아니다. 우리는 본성적으로 서로 비슷한 동종의 사람들끼리 모이려는 경향이 있다. 깊이 뿌리내려 있는 이 경향을 우리는 의도적으로 깨뜨려야 한다. 예수가 당시 시대의 문화적인 장벽을 허물고 분열과 불의의 벽을 허물기를 원하셨듯이 우리 또한 그러해야 한다. 그러한 소망을 가질 때, 간디가 말했듯이, 우리가 이 세상에서 보기를 원했던 변화의 모습이 바로 우리의 모습이 될 것이다.

우리는 나 자신을 숨기면서 고립시켜 왔고 그로 인해 우리 자신이 상처를 입었다. 우리는 자신을 보호하고 안전하게 지키기 위해, 또한 최대한 남에게 의존하지 않고 독립적으로 살기 위해 거룩한 방법을 택하는 대신에 여러 가지 다른 태도와 방법을 받아들였다. 하지만 우리는 서로를 필요로 한다. 특별히 상처를 치유받기 원한다면, 내가 상처를 준 그 사람, 내게 상처를 준 그 사람이 필요하다. 상처를 치유받기 위해서는 우리 가운데 있는 벽을 허물고 서로를 보살펴 주는 방법을 배워야 한다.

(2) 누구든지 환영하라

작은 공동체는 언제나 다양성에 대해서 열려 있어야 한다. 그동안도

예배와 기도, 그리고 함께 공부하고 일함으로 모두를 환영하기 위해 노력하지만, 다양함을 충분히 실현하지 못했다. 우리는 서로 다른 배경과 다른 경제적인 계층의 사람들과 의미 있는 관계를 가져왔는데, 예를 들어 다양한 교인들과의 모임이 그것이다.

만일 우리가 예수의 본성을 닮고, 하나님의 구원 계획에 참여하는, 진정한 예수 그리스도의 공동체를 이루기 원한다면, 우리는 서로 함께 존재하는 새로운 방법을 찾아야만 한다. 그 방법이란 다음과 같이 분명히 말하는 것이다. "그렇다. 우리는 서로 다르다. 우리는 서로 환경도 다르고, 다른 문화를 가지고 있다. 어떤 사람은 많은 것을 가지고 있고, 어떤 사람은 그렇지 못하다. 우리는 서로 다른 삶의 기회를 붙잡고 있다. 어떤 면에서 우리는 서로를 이해하거나 신뢰하기 어려운 부분이 있다. 그렇지만 우리는 하나님께서 하나가 되도록 부르신 한 가족이다."

우리는 더 이상 서로 다른 삶의 환경, 경제적인 문제, 혹은 권력의 문제를 납득할 수 있을 때까지 기다리지 않을 것이다. 우리는 서로를 충분히 이해하기가 전혀 어렵지 않다고 느낄 때까지 기다리고만 있지는 않을 것이다. 우리가 서로 다르다는 것이 우리의 출발점이 될 것이다.

(3) 동역자 발견하기

다양성과 화해를 이끌어내고 정의를 위해 행동하는 것, 이것이 바로 다른 사람들과 진정으로 함께 존재하는 길이다. 사람들과 새로운 관계를 맺기 원하는 열망은 우리가 그 열망을 함께 나눌 누군가를 찾기도 전에 이미 우리 안에 밀려들어 오게 된다. 그렇기 때문에 우리는 혼자라고 느낄 수도 있다. 우리는 새로운 구조에서 새로운 길을 함께할 사람들을 어떻게 찾아야 하는지 모른다. 나 자신도 아직 나의 것으로 만들지 못한 어떤 것을 다른 사람들이 갖기를 기대하기는 어렵다.

우리가 첫 번째로 화해해야 할 '상대방'은 바로 우리 자신이다. 예수 그리스도 안에 있는 진실한 우리 자신은 우리의 모습을 스스로 발견하기 원한다. 우리는 지금 사랑스러우면서도 한편으로는 깨어진 하나님의 자녀들의 모습을 보면서 그들을 사랑하고 있는가? 우리는 세상 문화에 중독된 행동으로부터 자유를 향해 가고 있는가? 우리는 우리들 자신의 깨어진 관계를 회복하려고 노력하고 있는가? 우리가 하나님께 다른 사람들의 잘못된 모습을 보고 그들이 깨닫게 해달라고 하면서 과연 나 자신이 변해야 하는 필요성에 대해서는 솔직한가? 우리가 첫 번째로 해야 할 것은 우리 스스로를 사랑하는 마음 가운데, 우리를 붙잡고 우리가 주님과 함께 있지 못하게 방해하는 것들을 포기하는 것이다.

우리 중 많은 사람들은 기독교의 형식적인 사교성에 사로잡힌 관계를 경험했을 것이다. 우리는 그런 기독교인으로 보이기를 원하지 않는다고 하겠지만, 그런 모습에 대해 아무런 변명도 할 수 없을 것이다. 우리는 진정한 사귐과 서로를 위하는 관계를 갖기 위해서 우리 자신을 솔직히 드러내는 위험을 감수할 수 있어야 한다. 이러한 진실한 나눔을 통해 우리는 우리와 뜻을 같이하는 동역자를 발견하는 계기가 될 것이다.

(4) 우리의 적대자 찾기

사람들은 자신과 다른 또는 반대되는 소위 '적대자들'을 찾는 것을 두려워한다. 우리가 살고 있는 주변을 돌아보라. 사람들은 좀 더 나은 삶을 살기 위해 투쟁하고 있고, 소외되고 버림받은 사람들도 있으며, 교회의 손이 닿지 않는 곳에 고통 가운데 살고 있는 사람들도 많이 있다. 이러한 곳을 발견하고 찾아가 보라.

누구를 섬기기 위해 그곳에 가는 것이 아니다. 그곳에서 전화를 받아 주기 위해서, 필요한 옷을 모아 주기 위해서, 혹은 글자를 가르쳐 주거나 음식을 만들어 주기 위해 자원봉사 하러 가는 것이 아니다. 그곳에 가서 아무것도 하려고 하지 마라. 단지 그곳에 가 있는 것이다. 그것이 전부이다. 당신을 좋아하지 않는 다른 사람들하고 어울려 지내는 것을 배우라. 그 사람들이 하는 이야기를 듣고, 당신의 이야기를 함께 나누라. 무엇을 어떻게 해야 하는지, 무슨 말을 해야 하는지 모르는 긴장 속에 지내보라. 편안한 마음으로 무엇이든지 하나님께서 주시고 싶어 하시는 것을 받아 보라. 그 자리에 있는 것을 배우라.

하나님께서 우리 안에 사람들을 향한 뜨거운 마음을 심어 주시지 않는다면, 우리는 하나님께서 의도하신 참된 교회가 되지 못할 것이다. 사람들을 향한 뜨거운 마음이란 억지로 하는 것이 아니라, 서로의 필요에 의해 이루어지는 진심 없는 사랑이 아니라, 다른 것을 바라지 않고 그저 참된 애정을 갖고 진실한 모습으로 그 자리에 함께 있는 것이다. 예수 당시에 무리들이 예수 주위로 모여들었던 것은 예수께서 언제든지 그들을 만나 주시고 진실한 모습을 보여 주셨기 때문이다. 무리들과 함께 계실 때 보였던 예수의 모습은 그분 안에 있는 진실함 바로 그것이었다.

우리는 내면에 있는 우리 자신에게 진실한 삶을 살고 있는가? 주위에 사람들이 모여드는 것을 좋아하는가? 우리는 사람들과 어울릴 시간이 있는가? 우리는 주변에 가난하고 외로운 사람들이 지내는 곳에서 그들과 시간을 보내고 있는가?

(5) 적절한 대화 찾기

주변 사람들과 대화를 시작할 때, 상대방에 대해 배려하지 않고 영적인 문제를 부적절하게 이야기하면 올바른 관계를 유지하기 어려운 경우가 있다. 대부분의 사람들은 자기 자신에 대해서나 자신이 관심하는 일에 대해서 이야기하는 것을 좋아한다. 우리가 처음 만나는 사람과 대화할 때 중요한 것은 "당신에 대해서 말해 주십시오." 또는 "당신이 진짜 어떤 사람인지 말해 주십시오." 또는 "당신에게 가장 중요한 것은 무엇입니까?" 하고 단순하게 부담 없이 말하는 것이다. 만약에 그들이 자신의 삶의 이야기를 나눈다면 우리는 단순히 들으면 된다.

그 다음에 우리가 누구인지 그들과 나누는 것이 중요하다. 예를 들자면, "이것이 당신에게도 적용되는지 모르겠지만, 내 삶을 돌아볼 때 내가 이상적으로 생각하는 사람이 되고 그러한 삶을 사는 데 문제가 있다는 것을 때때로 발견하곤 합니다. 내 삶에는 많은 굴곡이 있었고 누군가에게 사랑받는 느낌을 가지는 것에 어려움을 겪었죠. 이 일에 누군가의 도움이 필요했습니다. 나에게 도움이 된 것은 지금 내가 속해 있는 교회의 소그룹 모임을 통해서 어떻게 사랑하고 사랑받는지를 배우는 것입니다. 이러한 일에 당신도 관심이 있으신가요?" 이러한 초청에 많은 사람들이 기쁨으로 응답하는 놀라운 경험을 하게 될 것이다. 그때 우리가 얘기하는 것과 상관없이 기쁨으로 우리의 초청에 응답하는 놀라운 일을 경험하게 될 것이다.

그것은 우리가 단순히 그들과 함께하는 것이고, 진실되게 우리 자신을 나타내며 그들의 이야기를 경청할 때 얻게 되는 경험이다. 우리의 마음을 여는 수용이 하나님의 수용으로 그들에게 전해지게 된다. 그 다음은 우리가 할 수 있는 일이 아니라 하나님께서 역사하실 일이다. 우리가 할 수 있는 일을 그저 함께 할 뿐이다. 그리고 하나님께서 우리를 보시는 것처럼 그런 마음으로 서로 바라보는 것이다. 이러한 돌봄을 통해서 진실된 관계가 이루어진다. 누가 주변에 이런 사람들이 함께하는 것을 원치 않겠는가!

(6) 서로를 진정으로 알아가기

다른 사람들과 이야기할 때 느끼는 유혹 가운데 하나는, 마음속 깊은 대화를 나눌 때 따르는 위험을 피하기 위해 피상적인 관념이나 이론에 머무는 것이다. 그래서 우리는 우리의 소그룹 공동체 안에서 점진적으로 그리고 반복적으로 서로를 마음속 깊은 곳으로 끌어들인다. 우리는 피상적인 만남이 아닌 우리가 가지고 있는 고통과 즐거움을 함께 나누는 깊은 바다로 뛰어들어 서로를 진정으로 알 수 있도록 도전한다.

우리의 상처가 매우 개인적이고 심각한 것이라고 느껴지거나, 반면에 다른 사람들과 비교하여 하찮은 것으로 보이기도 한다. 그리고 아주 깊게 다른 사람에게 상처를 주었던 똑같은 문화적인 구조를 함께 나눌 때 그것이 다른 이들의 삶을 더 쉽게 만들기도 한다. 그러므로 우리가 공동체 안에서 서로 진심으로 말하고 들을 수 있을 때 우리 모두에게 치료가 얼마나 많이 필요한지 깨닫기 시작한다. 그리고 성령께서 우리의 마음 한가운데 들어와서 우리 사이를 깊게 묶는 것을 경험하게 된다.

우리는 다른 사람으로부터 비판이나 판단, 심지어 조언 없이 하나님의 임재와 부재의 경험을 자신 있게 말할 수 있는 신앙생활을 하기를 원한다. 그러나 소그룹 공동체를 통해서 우리는 우리의 부끄러움, 기쁨, 분노, 열망 등을 표현하고, 아마도 처음으로 삶의 경험을 서로 고백할 수 있을 것이고, 우리가 누구인지 완전하게 받아들여질 수 있을 것이다. 그리고 그룹 안에서의 세심하고 애정 어린 삶의 나눔을 통해서 생의 무거운 짐이 해결되는 경험을 하게 될 것이다.

(7) 더 필요한 것들

공동체 안에 다양한 구성원들과 함께 노력하여 우리의 욕구를 조절하며 두려움과 고립 속에서 문화의 중독과 같은 문제에 정면으로 맞서야 한다. 진심을 나누고 서로의 이야기를 들을 수 있는 것으로부터 얻는 유익은 매우 많다. 우리의 삶을 깨어서 열 때, 그리스도가 거기에 있다는 것을 지속적으로 발견한다. 이 근본적인 작업을 영원히 계속하여야 할 것이다.

작은 공동체 안에서 삶을 나누며 서로를 알고 신뢰하게 될 때, 그리고 우리를 붙잡고 있던 것으로부터 자유함을 경험하게 될 때, 비로소 우리는 세상의 필요에 우리 스스로를 내어줄 수 있는 힘을 가진 존재라는 것을 발견하게 된다. 그리고 이것을 깨달을 때 이렇게 질문하게 된다. 우리가 함께 삶을 나누는 것을 통해서 우리 공동체에 주시는 하나님의 소명은 무엇인가? 소그룹 공동체를 통해 진정한 자유와 기쁨을 경험하면서, 어떻게 우리가 다른 이들의 자유와 기쁨을 위한 촉매가 될 수 있을까? 어떻게 이 세상의 부조리한 구조에서 자유하지 못한 이들에게 도움을 줄 수 있을까?

새로운 소그룹 공동체 운동을 통해 소그룹이 함께 모여 삶을 나누고 돌보는 것뿐 아니라 그룹 안에서 실제적인 이슈가 생겼을 때 그것이 개인적이든, 구조적인 문제이든 함께 해결하기 위해 노력하는 단계로까지 나아가야 한다. 공동체 안의 동역자들이 열심히 일해도 가난하게 살 수밖에 없는 문제, 빈민지역의 재개발, 직업, 노인, 아동 문제 등 무엇이든지 간에 구체적으로 소그룹 안에서 몇몇 사람들이 직면하고 있는 현실적인 불의한 문제들과 서로의 필요에 대해 함께 힘을 실어 주고 사역하는 공동체가 되는 것이다.

TIP

소그룹 공동체에 통찰력을 주는 12단계 단주^{Alcoholic Anonymous} 치유 프로그램

1. 단주 모임의 소그룹 적용

소그룹을 통해 영적 협력과 성장을 추구하는 사역공동체의 새로운 시도에 대해서는 알코올 중독자들을 위한 단주모임 12단계 치유 프로그램이 깊은 통찰력을 준다. 알코올 중독자들을 위한 단주 12단계는 중독자만이 유익을 얻는 것이 아니다. 12단계에 담겨 있는 영적 지혜는 삶과 사역에 변화를 원하는 어느 개인이나 공동체에도 적용할 수 있다.

12단계는 네 부분으로 나누어 생각할 수 있다. 처음 세 단계는 하나님과 우리의 관계를 평화롭게 해줄 기초를 쌓는 데 초점을 둔다. 그 다음 네 단계는 우리가 우리 자신과 평화하기 위한 기초를 쌓는 데 초점을 둔다. 8~10단계에서는 타인과 우리의 관계에서 더 큰 평화를 누릴 수 있는 방법을 보여준다. 마지막 두 단계인 11~12단계에서는 앞서 실천한 단계들의 결과로 경험하게 된 평화를 유지하는 것에 집중한다.[85]

위기 가운데 있는 한국교회가 12단계를 실제적인 사역에 적용할 때 영적 갱신의 중요한 도구가 될 것으로 믿는다. 헨리 나우웬은 교회 지도자들이 세속화되어 권세욕이나 명예욕에 빠지는 유혹을 극복하기 위해서는 단주모임 1단계에서 강조하는 시인과 수용, 다른 말로 하면 고백과 용서의 훈련이 필요하다고 제안한다. 죄의 고백과 용서는 형식적인 영성화와 세상 정욕을 피하고 진정한 성육신의 삶을 살게 하는 훈련이다. 죄를 고백할 때 어둠의 세력이 축출되고 육체와 영혼의 새로운 통합이 가능해진다.[86] 오늘날 영적 지도자들이나 교회의 문제는 자신과 대면하는 진실한 죄의 고백과 용서가 없기 때문이다.

알코올 중독자들이 단주 12단계 치유과정을 심각하게 받아들이고 적용할 때 영적으로 전환되어 봉사의 단계로까지 나아갈 수 있다면 이 원리는 한국교회 지도자들과 특별히 삶의 나눔이 가능한 어느 소그룹 공동체에든지 적용할 수 있는 통찰력을 줄 것이다.

2. 단주모임 12단계

1단계 : 시인 및 수용

"우리는 알코올에 무력했으며, 우리의 삶을 수습할 수 없게 되었다는 것을 시인했다."

단주를 위한 첫 번째 단계는 자신의 상태를 인정하고 수용하는 것이다. 깊숙이 뿌리내린 음주에 대한 의존성을 벗어날 수 없게끔 의존적인 생각에서 해방되어야 한다. 그러기 위해서는 스스로 술을 독약으로 인식해야 한다. 그동안 내가 저질렀던 수치스러운 일들과 악화된 상황을 하나도 빠짐없이 검토하여 나의 왜곡된 생각을 바로잡아야 한다. 검토를 마쳤다면 그 내용을 입으로 수없이 시인해야 한다.

2단계 : 확신

"우리보다 위대하신 힘이 우리를 본정신으로 돌아오게 해주실 수 있다는 것을 믿게 되었다."

2단계에서는 나의 의지력에는 한계가 있음을 깨닫고 전지전능하신 하나님을 받아들이고 하나님께서 고쳐 주실 것이라는 확신을 가지고 모든 것을 맡기겠다고 결심해야 한다. 하나님을 부정하는 무신론적 자세에서 벗어나 마음 깊숙이 하나님을 받아들이고 진심으로 회복되기를 믿어야 한다. 지금 바로 내 마음속에 하나님을 받아들이겠다는 결심을 하고 하나님께서 회복시켜 주신다는 확신을 갖는 것이 필요하다.

3단계 : 하나님께 기꺼이 맡김

"우리가 이해하게 된 대로, 하나님의 돌보심에 우리의 의지와 생명을 맡기기로 결정했다."

3단계에서는 나의 모든 것을 하나님께 맡겨야 한다. 즐거운 일, 슬픈 일, 좋은 일, 나쁜 일, 행복한 일, 불행한 일 등등 나에게 일어나는 매일매일의 모든 일을 하나님께 맡기며 기도해야 한다. 이젠 나의 생각과 판단으로 하려던 모든 것을 멈추고 하나님께 맡기도록 노력해야 한다. 나의 생명까지도 기꺼이 맡길 확고한 결정을 내려야 한다.

4단계 : 마음의 상처를 검토함

"두려움 없이 우리 자신에 대해 도덕적으로 검토했다."

4단계에서는 그동안 마음속에 억눌려왔거나 숨겨온 감정을 정직하고 두려움 없이 검토하는 단계이다. 그리고 그때그때 마음속에 일어나는 감정을 건전한 방법으로 해결하지 못하고 술로 해결하려 했거나 도피해 버렸던 것을 앞으로는 건전한 방법으로 조금씩 바꾸어 가는 단계이다. 우리 속에 억눌려진 감정(분노, 증오심, 원한, 죄의식, 두려움, 자기연민, 열등감 등)을 진실하고 두려움 없이 검토한다는 것은 대단한 용기가 필요하다.

5단계 : 고백

"우리의 잘못에 대한 정확한 본질을 하나님과 자신에게, 그리고 다른 사람 앞에서 시인했다."

5단계는 검토한 감정을 고백하는 단계이다. 먼저 자신에게 정직해야 한다. 자신의 상태를 인식하고 자기가 드러내고 싶지 않은 수치스러운 부분까지도 용기 있게 자신과 동료들에게 드러내야 한다. 믿고 이야기할 수 있는 전문 상담인과 상담한다면 회복하는 데 큰 도움을 얻을 수 있다. 그리고 하나님께 다시 한 번 자신의 잘못을 고백하며 도우심을 구한다. 한두 번 한다고 마음의 상처가 다 치유되고 마음의 그릇이 커지는 것은 아니다. 할 수 있는 한 계속해야 한다.

6단계 : 성격 검토

"하나님께서 이러한 모든 성격상 결점을 제거해 주시도록 완전히 준비했다."

성격적 결함을 찾아내어 하나님께 맡기고 구습에서 벗어나 새롭게 태어나기를 간절히 구하는 단계이다. 이 단계에서 많은 사람들이 주춤거리며 변할 수 없다고 부정해 왔다. 물론 이미 굳어진 성격이 완전히 바뀌기는 힘들다. 그러나 분명한 것은 우리가 믿음으로 하나님께 맡기고 간절히 기도하면 대부분 서서히 변화된다는 것이다. 그러기에 변화를 두려워하지 말고 하나님께 맡기며 위의 단계들에서 발견된 결점을 보완하도록 준비하는 과정이 필요하다.

7단계 : 단점 없애기

"겸손하게 하나님께서 우리의 단점을 없애 주시기를 간청했다."

6단계에서 파악한 성격상의 장단점 중에서 많이 나타났던 단점을 제거하는 과정이다. 중독자들은 알코올 중독이 진행되면서 장점은 잘 드러나지 않고 단점만 나타나기 때문에 성격상 결함만 보이게 된다. 이제 우리는 자신의 단점을 두려움 없이 내어놓고 겸손하게 자신을 받아들이고 하나님께 고쳐 달라고 간원해야 한다. 자신을 용기 있게 받아들이고 인정하여 단점은 하나하나 제거하고 자신의 독특한 장점은 다시 살려 더 많은 장점을 계발해야 한다.

8단계 : 보상 목록 작성

"내가 해를 끼친 모든 사람의 명단을 만들어서 그들 모두에게 기꺼이 보상할 용의를 갖게 되었다."

알코올 중독자는 음주 기간 동안에 육체적, 정신적, 영적으로 많은 피해를 입는다. 물론 1단계에서 이러한 피해를 알았지만 8단계에서 다시 상세하게 검토해야 한다. 나의 부모님께, 배우자에게, 자식들에게, 형제들에게 어떠한 피해를 주었으며 얼마나 많은 상처를 입혔는지 상세히 검토해야 한다. 철저히, 용기를 갖고 검토하고 수용해야 한다. 우리의 가족들이 얼마나 많은 상처를 안고 있는지 현실을 직시해 보라.

9단계 : 보상

"어느 누구에게도 해가 되지 않는 한, 할 수 있는 데까지 어디서나 그들에게 직접 보상했다."

8단계에서 보상할 목록을 상세히 검토하고 작성하였다면 진심으로 보상할 마음을 가지고 임해야 하고 상대방의 감정을 상하지 않는 한에서 보상해야 한다. 첫 번째 출발점은 자신이다. 자신을 지극히 사랑하라. 그리하여 자신의 자존감을 높이라. 그리고 자신의 건강을 보상해 주고, 상처받아 딱딱해진 마음 밭을 부드럽게 만들고, 왜곡된 사고방식을 바로잡아 지금까지 외부의 조그마한 자극에도 예민하게 반응하던 나 자신을 여유 있게 받아들일 수 있는 그릇으로 만들어가야 한다.

둘째, 가족에게 보상하는 것은 너무 조급하게 서두르지 말고 서서히 해나가라. 그동안 못 해준 것을 한꺼번에 하려다가는 더 큰 실망만 안겨 줄 뿐이다. 보상의 첫 단계는 단주이다. 술을 마시지 않고 술 때문에 그들에게 끼쳤던 손실을 멈추는 것이 최상의 보상이다. 물질로 일시적으로 보상하려는 것은 위선이고 자기기만일 뿐이다.

셋째, 다른 사람들에게 빚진 것이 있다면 갚고, 갚을 능력이 안 된다면 솔직히 자신의 상황을 정확하게 말하여 이해시키고, 용서받아야 할 부분이 있다면 용서를 빌어야 한다. 그렇지 못하면 이런 상황에서 도망가기 위해 다시 술을 마시게 될 것이다.

10단계 : 매일 평가 목록 작성

"인격적인 검토를 계속하여 잘못이 있을 때마다 즉시 시인했다."

10단계는 지속 단계 중 하나이다. 이 단계의 목적은 이기심, 부정직, 원한, 두려움에서 인식되었던 도덕적 결점이 아직도 매일매일 다가와 우리의 또렷한 정신에 심각한 위협으로 작용하고 있다는 것을 인식하고 즉시 중단시키는 것이다. 그리고 4단계에서 검토되지 못한 부분을 보완하는 단계이다. 매일 평가 목록을 작성하고, 자기 잘못을 즉시 시인하여 언제, 어디서, 어떤 방법으로 우리에게 다가올지 모르는 음주 충동에서 벗어나야 한다.

11단계 : 기도와 명상

"기도와 명상을 통해서 우리가 이해하게 된 하나님과 의식적인 접촉을 증진하려고 노력했다. 그리고 우리를 위한 그의 뜻을 알도록 해주시며, 그것을 이행할 수 있는 힘을 주시도록 간청했다."

이 단계는 아직까지 하나님과의 관계가 미숙하고 정립되지 않은 마음을 확고하게 하나님과 일치시켜 하나님의 뜻이 무엇인지를 깨닫고 하나님과 영적인 관계를 발전시켜 나가는 것이다.

첫째, 하나님께서 우리에게 강력하게 바라시는 것은 단주이다. 둘째, 기도를 생활화하라. 셋째, 이타적인 기도를 많이 하라. 넷째, 깊은 묵상(명상)을 하라. 묵상을 통해 내 마음속에 꿈틀거리고 있는 것이 무엇인지 알아내고 어떤 감정의 찌꺼기가 아직도 작용하고 있는지 찾아내어 하나님께 맡기고 기도를 통해 치유를 받아야 한다. 다섯째, 잠깐 가벼운 묵상을 많이 하라. 일하는 중에도 잠깐 심호흡을 하며 가볍게 묵상하라. 가벼운 묵상은 우리에게 휴식을 주며, 마음을 안정시켜 준다. 그리고 묵상을 더 발전시켜 하나님과 더 많은 대화를 나누고 하나님의 깊은 뜻을 깨닫도록 하라.

12단계 : 실천과 봉사

"이런 단계를 따른 결과, 우리는 영적으로 각성되었고, 알코올 중독자들에게 이 메시지를 전하려고 노력했으며, 일상의 모든 면에서도 이러한 원칙을 실천하려고 했다."

마지막 단계에서는 단주의 각 단계를 생활화하기를 권고한다. 단주 12단계는 행동철학이다. 12단계 첫째는 단주 전 단계들을 매일 생활화하여 우리의 성격적 결함을 제거하고 영적 각성을 얻는 것이다. 12단계는 영적 원리가 없다면 아무런 의미가 없다. 단주를 위해서는 영적 각성 속에서 성격이 변화되어야 한다. 아직도 하나님을 받아들이기를 거부하며 영적 각성을 인정하지 못한다면 영원히 중독에서 벗어날 수 없을 것이다.

둘째, 봉사와 메시지 전달이다. 우리는 자신이 처음 단주를 시작할 때 어려웠던 상황을 생각하고 겸손한 마음으로 봉사하고 메시지를 전해야 한다. 봉사는 이기심을 없애 주고 자신이 처음 단주할 때의 어려웠던 마음을 잊지 않게 해주며 더 강한 의지를 실어 준다.

영성과 사역의 균형을 위한 훈련

1) 정의로움의 이해를 위한 훈련

서로 다른 배경을 가진 사람들이 서로에게 헌신하며 친밀하게 교제하며 서로를 치유해 나갈 때 우리는 이러한 소그룹 공동체를 통해 얻어지는 힘으로 세상의 구조나 문화를 변화시키는 존재가 될 수 있다. 나아가 우리가 살고 있는 문화 안에서 정의와 화해를 위한 전도자가 되어 더 넓은 범위에서 예수의 사역 원리를 구체적으로 삶에 적용하는 것을 추구할 수 있다. 심지어 예수가 그 당시 유대 사회의 문화에 위협적인 존재였던 것처럼 똑같은 방법으로 우리 공동체의 삶을 통해서 이 시대의 세속 문화에 영향을 줄 수 있을 것이다.

우리는 예수를 중심에 놓음으로써 이 일을 할 수 있다. 우리의 머릿속에 만들어진 예수가 아닌 참된 예수는 "너희 원수를 사랑하며 너희를 미워하는 자를 선대하며 너희를 저주하는 자를 위하여 축복하며 너희를 모욕하는 자를 위하여 기도하라"(눅 6:27~28), "어찌하여 형제의 눈 속에 있는 티는 보고 네 눈 속에 있는 들보는 깨닫지 못하느냐"(마 7:3), "이 백성이 입술로는 나를 존경하되 마음은 내게서 멀도다 사람의 계명으로 교훈을 삼아 가르치니 나를 헛되이 경배하는도다"(막 7:6~7)라고 말했다. 당시 예수는 놀랄 만큼 자비롭고 정의로운 행동으로 권력 있는 종교 정치 지도자들에게 큰 자극을 주었다. 예수의 이러한 행동은 공동체 안에서 함께 나누는 삶의 모범이 된다.

소그룹 공동체를 통해서 우리를 분열시키는 무거운 짐이 가벼워지고 성령께서 우리가 서로 화해하도록 허락할 때, 우리는 무엇이 우리를 분리시켰는지, 무엇이 우리를 '가진 자'와 '못 가진 자', '권력자'와 '소외자'의 구조에 가두어 놓았는지를 질문할 것이다. 또한 우리가 이러한 구조를 어떻게 변화시킬 수 있는가를 생각할 것이다. 교회 역사를 통해 볼 때 교회는 이러한 외부로부터 오는 조직적인 억압에 충분히 대응하지 못했다. 일반적으로 교회는 공동체를 긴장시킬 만한 문제에 대해 언급하지 않았으며 이러한 문제의 심각성을 깨달은 몇몇 개인만이 구조를 바꾸는 일에 헌신해 왔다. 우리의 삶과 사역이 예수께서 보여주신 삶의 좀 더 진정한 표현이 되기를 원한다면, 교회가 우리 사회가 직면하고 있는 구조적인 문제들에 관심을 가지고 참여하여 이 세상에 완전한 창조를 위한 회복과 비폭력적인 정의와 사랑의 구조를 세우는 일에 더욱 신실한 하나님의 파트너가 되어야 할 것이다.

2) 소그룹 운영에 관한 원칙

(1) 예배를 통한 공동 실천사항

새로운 소그룹 사역공동체에서의 예배는 다양한 형태로 드릴 수 있다. 그리고 함께 기도하고 성경을 연구하여 나눔을 위해 주제별로 성경을 묵상한다. 세이비어 교회의 경우 공동체 가운데 두 그룹은 모일 때마다 성찬식을 거행하고, 한 그룹은 모임에 현대적인 악기를 사용한다. 소그룹 예배를 통한 공동 실험을 통해 하나님과 우리를 좀 더 깊은 연합 안으로 이끌며 온전함을 향해 서로를 사랑하는 실천 방향을 발견함으로써 서로 간에 화해하고 자유함으로 공동체를 섬기는 일에 자연스럽게 동참하게 된다.

(2) 돈, 물질에 대한 기본 원칙

참된 교회가 되기 위한 노력 가운데 우선적인 것 중 하나가 돈의 사용이다. 교회가 교회의 예산을 지원하기 위해서 어떻게 헌금을 받고 교인들에게 십일조나 다른 헌금을 요구하는지 생각해 봐야 한다. 헌금이 잘못 사용될 때 일어날 수 있는 더 큰 손실에 대해서 성령이 우리를 인도해 주시기를 기도해야 한다. 우리는 헌금 사용에 대해서 많은 것을 배울 수 있다. 초대교회 기독교인들과 같이 물질을 포함한 우리의 모든 것을 하나님께 드리기를 원한다. 우리는 이 소그룹 공동체 안에서 물질적인 부를 많이 가진 사람들과 또한 적게 가진 사람들, 돈과 다른 종류의 특권이 어떻게 공동체 구성원들을 분리시키는 뿌리가 되는지 간과할 수 없다. 물질이 더 이상 공동체에 해악을 끼쳐서는 안 된다.

그래서 우리는 공동체 안에서 초대 기독교인들이 모든 재산을 공동 소유했던 것과 자신의 재산을 팔아 누구든지 필요한 사람에게 나누어 주었던 것이 무엇을 의미했는지를 물어야 한다. 그렇다면 어떤 구조에서 이러한 일을 자유롭게 할 수 있는가? 우리는 참된 교회가 되기 위해서는 돈을 소유하고 있는가, 또는 그렇지 않은가의 힘에 대한 문제에 직면하도록 요청받게 될 것이다. 그러나 물질을 나누는 것도 그것이 규칙이기 때문에 따르는 것이 아니라, 사랑하고 사랑받는 삶의 결과이기 때문에 따라야 할 것이다.

우리는 필요한 것보다 더 많이 가진 사람들과 필요한 것보다 더 적게 가진 사람들 사이에 있는 그림자에 대해 부끄러워하고 두려워하며 종종 고통을 겪는다. 우리는 이 새로운 소그룹 공동체의 경험 안에서, 돈에 대한 공포의 원인과 그것이 우리를 고립시키고 상처를 주는 방법을 공개적으로 보기 원한다. 우리는 우리 삶의 모든 부분에서 그리스도의 주권Lordship of Christ을 경험하기를 원한다. 그 열망 안에서 우리는 사도 바울이 "각각 그 마음에 정한 대로 할 것이요 인색함으로나 억지로 하지 말지니 하나님은 즐겨 내는 자를 사랑하시느니라"(고후 9:7)고 하신 말씀처럼 '즐거운 관대함'과 재분배의 원리에 헌신한다.

소그룹 공동체가 함께 삶을 나누는 데서 가장 근본적인 질문은, "나의 자유가 얼마만큼 너의 자유에 함께 연결되어 있는가?" 하는 것이다. 창조적인 방법으로 돈을 사용하는 문제는 이러한 질문에 포함되어 있다. 물론 많은 시행착오를 겪게 될 것이다. 그러나 우리는 관대하게 물질을 사용할 수 있는 방법을 가능한 한 많이 만들기를 희망한다.

(3) 더 깊이 들어가기

우리가 공동체 안에서 성장하도록 도전을 주는 제자도의 실천 방안이 물질에 관한 사용만은 아니다. 상상할 수 없이 많은 방법과 깊은 내용이 있고, 참된 교회에 대한 탐구를 통해 계속적인 성장과 배움을 격려받게 될 것이다. 우리가 그리스도와 함께 진지한 여정으로 더 깊이 들어가고 우리를 둘러싸고 있는 문화의 중독으로부터 치유받기를 갈구하며 서로 화해하기를 갈구한다면, 우리는 참된 교회를 향한 더 많은 실천 항목을 찾게 될 것이다. 소그룹에서 '추천도서'를 함께 읽고, 개인적으로 그리고 공동체가 함께 기도하는 시간을 늘려가고, 영적인 보고서를 준비하고, 내적인 발견을 기록한 일기를 쓰고, 함께 수련회를 가고, 함께 교제하는 모임을 갖고, 수업을 듣고, 영화를 보러 가거나 함께 자선 행위를 하는 등의 일을 할 수 있을 것이다. 그리스도의 공동체 안에서 공동의 삶을 세워가는 것에 대해 배우고 발견하고 즐기는 모든 일은 우리를 결코 지치지 않게 할 것이다.

소그룹 공동체의 사람들 가운데에는 분명 내적인 갈망에 응답하면서 이 시대에 우리의 삶 속에 그리스도의 부르심에 대해 더욱 헌신하기를 배우기 위해 더욱 집중적으로 연구하고 성장하기를 원하는 이들이 있을 것이다. 우리 중에 누구든지 적어도 몇 달 동안 소그룹에 소속되었던 사람이 하나님께서 우리를 좀 더 깊은 곳으로 부르신다는 것을 깨닫게 될 때, 우리는 소그룹 공동체 안에서 수년 동안 믿음의 원리를 갖고 실천해 온 사람을 후원자^{Sponsor}로 선정하여 1 대 1로 만나, 다음 단계를 어떻게 하는 것이 좋을지에 대해 분별하는 과정을 시작한다.

3) 공동체에서 하나 되는 훈련

(1) 영혼을 성장시키는 리더를 위한 훈련 프로그램

참된 교회는 우리가 이 세상에서 서번트 리더로 헌신하기 위해 부르심을 받았다는 것을 중요하게 생각한다. 교회는 그러한 리더들을 양성하기 위해 소그룹 리더 훈련 프로그램(평신도 신학교)을 만들 수 있다. 진지하고 깊이 있는 '전인적인 교육과정'을 활용하면서, 성경과정뿐 아니라 고전과 현대의 신학적, 심리학적, 사회정치적인 주제에 대해 읽고 응답하고 연구하며 실천함에 따라 우리의 마음과 영혼을 더욱 성장시킬 수 있다.

할 수 있는 한 의식적으로 그리고 의도적으로 그리스도를 닮아가기를 갈망하면서 온 정성과 영혼과 마음, 그리고 힘을 다하여 하나님을 사랑하는 것이 무엇을 의미하는지 탐구하는 것이 중요하다. 훈련 프로그램은 각 교회의 상황에 따라 정해야 할 것이다. 가능하다면 신학기초, 성경, 기도, 공동체, 소명, 영성, 서번트 리더십 등의 과정을 포함하여 하나님이 의도하시는 자유롭고 사랑스러운 사람이 되는 데 걸림돌이 되는 재정관리, 중독, 감정적인 상처, 가정폭력과 같은 인생 경영에 대한 교육과정도 필요할 것이다.

소그룹 공동체 안에서 6개월 혹은 1년 동안 멘토 역할을 할 수 있는 개인적인 후원자Sponsor를 정해 주고, 신앙적인 문제뿐 아니라 삶의 문제를 나누며 함께 교제할 수 있다. 예를 들어, 만일 많은 빚을 지고 있어 고민한다면 후원자는 그에게 재정 상담 전문가 혹은 직업이나 재정 문제 프로그램을 소개해 주고 재정적인 삶에 관해 올바른 선택을 할 수 있도록 도움을 줄 것이다. 때로 후원자는 우리를 절망 속에 가두는 방종, 근친상간, 혹은 폭력의 감정적인 문제들을 담당해 줄 상담 전문가를 만나 보기를 제안할 것이다. 우리가 하나님의 친밀한 사랑을 받고 세상에서 구원에 대한 촉매 역할로 사용되는 것을 가로막는 문제들은 물질적인 것이든, 정신적인 것이든, 혹은 영적인 문제이든 간에 후원자와의 관계 안에서 다루어질 것이다.

후원자의 인도를 받아 함께 '프로그램'에 참여하면서 사역에 대해 준비되고 이 일에 소명을 받았다고 판단될 때, 삶의 지나온 여정과 인생 계획이 포함된 영적인 자서전을 자신이 속한 소그룹에 제출한다. 이 과정을 거치고 나면 이제 다른 사람들을 위해 후원자로서 봉사할 수 있다. 또는 준비된 두세 명의 다른 사람들과 함께, 우리와 다른 배경을 가지고 있지만 개인적인 그리고 문화적인 변혁에 갈급한 사람들을 환영하는 새로운 소그룹 공동체를 시작할 수 있다.

그리하여 물속에 던져진 돌멩이가 잔물결을 그리는 것처럼, 인생을 깊이 있게 하는 잔물결들은 다른 사람들에게로 점점 퍼져 나가게 될 것이다. 소그룹 공동체 안에서 후원자와 후원받는 사람의 관계는, 교인이 비교인을 교인 되도록 가르치고 준비시키는 것이 아니다. 그것은 단순히 한 명의 교인을 만들기 위해 필요한 사항들을 충족시키기 위한 것만을 목적으로 하지 않는다. 후원자와 후원받는 사람의 진실한 관계는 서로가 서로에게 속하는 것이 무엇을 의미하는지에 대한 충만함을 경험하도록 해준다. 삶에서 오랫동안 치유받지 못한 문화적인 중독의 남아 있는 상처에 직면하기 위해서 후원자로부터 인도를 받고 우리의 상처받은 부분들에 대해 구체적으로 도움을 받게 될 때, 우리는 우리가 누구인가에 대한 더 충만한 은사를 표현하게 된다.

사랑하고 섬기고 새로운 꿈을 꿀 수 있는 자유가 주어졌을 때, 우리의 진정한 자아가 나타나고 우리는 지역 공동체와 세계 공동체에 대해 더 충만한 소속감을 찾게 된다. 이러한 것이 기독교인의 믿음의 기초적인 기능이며 그것은 더욱 깊은 믿음으로 들어간다는 것을 의미한다.

(2) 하나님의 이야기를 펼치는 삶

교회가 된다는 것은 하나님의 이야기를 세상에 펼치는 삶을 의미한다. 그것은 하나님이 쓰시고자 하는 모든 희로애락에 우리 자신을 맡기는 것이다. 우리 공동체의 작은 이야기는 훨씬 더 큰 이야기의 한 부분이며, 하나님을 따르는 작은 무리의 계속되는 이야기이다. 그리고 우리는 이 작은 이야기의 한 부분이거나 나아가 더 큰 세상 이야기의 한 부분이기도 하다.

하나님의 뜻 안에서 우리의 이야기는 계속된다. 다음 장의 이야기들이 씌어지고 지금도 우리는 그 이야기 안에서 살고 있다. 우리를 통해 하나님이 새로운 일을 하시도록 하는 우리의 의지 안에서, 우리의 과거를 거부하지 않으며 그것을 최대한 수용하면서 그 힘과 비전을 최대한 이용한다. 우리는 더 진실되게 우리가 사는 지역사회와 도시와 세상에서 예수의 현존이 되도록 우리를 부르시는 주님의 첫사랑으로 돌아가는 길을 찾아야 한다.

교회를 향한 하나님의 비전은 변하지 않지만, 시대에 맞는 적절한 방법으로 비전을 이야기하기 위해서는 교회의 구조가 변해야 한다. 우리는 이 시대의 사람들에게 공감을 줄 수 있는 새로운 방법을 찾기 위해서 때로는 종교적인 전통에 대한 충성심을 뛰어넘을 준비가 되어 있어야 한다. 세상을 위해 진정으로 그리스도의 몸이 되기를 갈구하는 교회의 모습이 어떠해야 하는지는 아무도 알지 못한다. 거기에는 어떤 한 가지 정답은 없으며, 또 우리가 어디로 가는지 확실히 알지 못하지만 단지 성령의 동행하심을 따라 새로움을 향해 가는 의지만이 있을 뿐이다.

그러나 한 가지 사실만은 분명하다. 우리 모두는 의미 있는 존재가 되기 위해 필사적으로 노력한다는 사실이다. 우리는 소속감과 신뢰를 얻을 수 있는 장소, 중독과 강요가 없는 삶, 의미 있는 일과 가치 있는 일로 사회에 공헌하는 방법, 나에게 관심을 가지는 사람들을 아는 것에 필사적이다. 우리가 필사적임을 느낄 때 교회는 들을 만한 가치가 있는 메시지를 가지고 있는가? 만일 우리가 우리의 절망의 현존에서 아무런 할 말이 없을 때, 우리는 전혀 할 말이 없는 것이다.

우리가 참된 교회가 될 때, 우리는 정직과 책임감에 기초를 두고 세상을 치유하는 것을 돕기 위해 손을 뻗는 회복의 공동체 안으로 들어가는 것이다. 다른 어떤 중독과도 같이, 우리는 우리의 남은 생애 동안 그 안에 있게 될 것이다.

>) TIP
> ## 작은 공동체 안에서 하나 되는 원칙
>
> • **우리는 공동체 안에 있어야 한다.** 소그룹 안에서 우리는 친근하게 서로에 대해 알고 나 자신에 대해서도 알리게 된다. 마치 다른 사람인 척하면서 자신이 누구인가를 더 이상 숨길 수 없다. 우리는 하나님의 사랑을 주고받으며 실제적으로 삶을 바꾸는 방법들을 배워가면서 세상을 위해 그 사랑을 구체화하기 시작한다.
>
> • **이 공동체에는 극도의 다양성이 존재해야 한다.** 가난한 사람과 특권을 가진 사람, 모든 인종의 남자와 여자와 그들의 생활 경험을 함께 나누면서, 우리는 그리스도의 전 가족을 존경하고 경의를 표하는 것을 배운다. 참된 교회는 특별히, 예수께서 함께하셨던, 종교적 사회적 조직의 바깥에 있던 사람들과 함께하기를 갈구한다. 우리는 소그룹 안에서 다양성이 재능이 되는 하나의 다양한 회원 자격을 만들기 위해서 일할 것이다.
>
> • **우리는 반드시 화해에 관여해야 한다.** 예수 그리스도의 우선적인 사역은 하나님과 서로에 대한 분리인 우리의 죄를 치유하는 것이며 이것은 참된 교회의 우선적인 사역이 될 것이다. 우리는 계속적으로, 깨어진 관계를 회복하는 일과 우리가 사랑스럽게 되기 이전에 어떻게 서로 사랑하고 사랑받을 수 있는가에 대한 의미 있는 방법을 찾을 것이다.

• 우리는 반드시 정의를 추구해야 한다. 참된 교회는 우리가 하나님의 사랑받는 자로서 다른 사람을 사랑하는 창조적인 방법을 찾는다. 우리는 하나님의 사랑의 흐름을 차단하는 이 시대의 문화적인 조직들을 규명하고 그것을 향상시키는 새로운 구조들을 창조하기 위해 노력한다. 우리는 하나님의 자비와 정의를 함께 실천하며, 곤고한 이들을 향해 손을 뻗고 변화를 갈구하는 이들과 함께 사역한다.

4) 몇 가지 구체적인 조언

만일 당신이 이와 같은 방법으로 다른 이들과 함께하는 일에 대해 깨닫고 부르심을 받았다면 반드시 명심해야 할 것이 있다. 첫째, 당신은 혼자가 아니라는 사실과, 둘째, 그 방법은 결코 단순하지 않다는 사실이다. 다양성, 화해 그리고 정의가 함께하는 그리스도가 중심이 된 소그룹을 만드는 것은, 우리 중에 누구도 하기 어려운 가장 어렵고 반문화적인 것이 될 것이다. 소그룹 모임을 시작할 때부터 이것을 알고 시작한다면 우리는 그것을 진지하게 그러나 부담가지 않게 여기며 자유롭게 될 것이다. 다음은 몇 가지 도움이 될 만한 구체적인 사항이다.

(1) 혼자 하지 마라

여기서 말하는 원리와 실천이 내면화되어 있고 긴 여정 동안 일을 맡을 준비가 되어 있는 두세 명의 사람들과 함께 시작하라. 그리고 서로 돕고 격려하라. 하나님의 인도하심에 귀를 기울이고 위험을 감수하라. 이것은 큰 모험이다. 자신이 하나님에 의해 서번트 리더로 부름을 받았다는 내면의 권위를 주장하라. 모든 구성원이 그룹 안에서 의견을 나눌 때 당신과 부름을 받은 다른 사람들은 계속적으로 그룹의 기본적인 방향을 제공해야 한다.

(2) 항상 핵심이 되는 비전으로 돌아가라

당신은 당신의 문화적인 중독에 정직하게 직면하고 있으며 그룹 안의 다른 사람과 터놓고 이야기를 나누고 있는가? 당신은 급진적인 다양성을 추구하고 있는가? 당신은 화해의 더 깊은 곳을 향해 움직이고 있는가? 당신은 억눌리고 소외된 이들을 위해 정의를 추구하고 있는가?

(3) 정의를 향한 부르심에 계속 초점을 맞추라

우리는 종종 이러한 부르심에 대한 저항이 깊이 뿌리 박혀 있는 것을 발견한다. 과연 우리가 누구이기에 세상의 조직을 개혁시킬 수 있는가에 대해서 궁금해한다. 이 문제에 대한 진실된 대답은 하나님이 그렇게 하도록 우리를 부르셨다는 것이다.

(4) 성패를 두려워하지 마라

실패를 두려워하지 마라. 성공을 두려워하지 마라. 오히려 그 둘 중 하나에 관해서 너무 많이 생각하는 경향은 없는지 의식하라. 어떤 일이 일어나든지 잠잠히 그 과정에 충실하라. 그리고 만일 당신이 성공의 가능성을 방해하거나 즐기고 있는지를 감지한다면 그것을 고백하고 지도를 받으라.

(5) 원칙을 고수하라

이러한 과정은 단순하기도 하고 복잡하기도 하다. 진정 이것을 수행해 내고 싶다면, 가능한 한 모든 것을 구체적으로 행하라. 초기에 헌신한 원칙을 끝까지 고수하라. 하나의 일치하는 모임 체계를 따르라. 모두에게 회원 자격 명부를 제공하고 사람들이 화합할 수 있도록 권면하며 그들이 소속할 수 있도록 선택의 여지를 남겨 놓으라. 그 선택을 소그룹이 함께 축하할 수 있는 의미 있는 방법을 찾으라. 다른 말로 표현하면 이 선택을 즐길 수 있어야 한다.

(6) 더 깊이 들어가라

만일 당신이 그것을 하기로 시작했다면 더 깊이 있게 하라. 가장 흔하게 저지르는 실수는 기본적인 것들을 내면화하고 더 깊이 하는 것을 멈추는 것이다. 기도하고 말씀을 읽고 듣고 배우고 그것을 실천하라. 새로운 삶을 찾기 위해 이전의 삶을 버릴 준비를 하라. 공동체 안에서 예수를 따른다는 것이 무엇인지 그 모든 것을 아는 사람은 없다는 것을 명심하라. 당신이 이해할 수 있는 한계에까지 시도하라. 서로에게서 배우라.

5) 영성을 키워 주는 일기 쓰기

(1) 일기 쓰기를 위한 도움말

① 일기장을 고를 때는 한 권으로 된 것보다 낱장의 용지를 자유롭게 쓰고 바꿔 끼울 수 있는 공책이 좋다.

② 일기 첫머리에 날짜를 기록한다.

③ 무엇이든 쓰고 싶은 내용을 생각 나는 대로 기록한다.

- 중요한 일, 결정 사항, 깨달은 것
- 하루 중 어떤 순간, 당신이 느꼈던 기분을 묘사해 본다.
- 오늘 당신의 하루를 평가해 본다.
- 소망 혹은 두려움, 걱정과 즐거움 등에 관하여 적어 본다.
- 자기 자신과의 관계, 다른 사람과의 관계, 하나님과의 관계 그리고 어떤 사물과의 관계 혹은 어떤 사건, 상황과의 관계에 대하여 평가해 본다.
- 당신을 향한 하나님의 뜻이라고 믿었던 일에 실패했거나 성공했던 일, 그와 관련된 최고의 경험을 적어 본다.(이것은 당신의 일기이다. 당신의 경험과 느낌이 중요하다. 그렇지만 당신 자신을 위해, 또 다른 사람들을 위해 일기의 한 부분을 당신이 신뢰하는 사람과 나누는 것을 고려해 볼 수도 있다.)

④ 명상과 기도 시간에 얻은 깨달음 혹은 계시 등을 적어 본다.

⑤ 당신이 꾸었던 꿈을 기록하라. 전체 혹은 부분이라도 기억나는 대로 적어 본다.

- 잠에서 반쯤 깨어나 나른한 상태일 때 지난밤에 꾼 꿈을 떠올리기 시작한다. 이때 고요한 상태를 유지하며 꿈 전체를 기억하도록 자신을 훈련하라. 아주 조그만 움직여도 꿈을 모두 잊어버릴 수 있다. 꿈꾼 것을 본격적으로 기록하기 전에, 꿈을 떠올리면서 그와 관련된 몇 개의 단어 혹은 몇 구절을 적어 놓도록 한다. 이러한 과정은 두세 가지 혹은 더 많은 꿈을 한 번에 꾸었을 때 도움이 된다. 가능한 꿈꾼 내용을 빨리 기록하는 것이 좋다. 쉽게 손에 닿을 수 있는 곳에 일기장을 보관하도록 한다.
- 꿈을 기록할 때는 구체적으로 기록한다. 비록 중요하지 않아 보

일지라도 모두 기록한다.

- 당신 안에서 당신에게 이야기하고 싶은 것이 무엇인지를 파악하며 꿈을 생각해 본다. 당신이 잠든 사이 분주했던 모든 것들로부터 쉬고 있을 때, 당신 안에서 당신에게 말하려고 했던 것이 무엇인지를 생각해 본다.
- 꿈속의 배경이나 장면을 그림으로 그려보는 것도 도움이 된다. 당신이 그리고 싶은 대로 그릴 뿐 예술가가 될 필요는 없다. 꿈속의 어떤 장면이나 활동을 생생히 기억하기 위한 것이다.
- 당신의 꿈꾼 내용을 다른 공책에 따로 기록하는 것보다 일기장에 날짜대로 기록하는 것이 더 좋다. 그것은 꿈 내용이 지금 당신이 하고 있는 어떤 활동과 관련이 있을 수 있기 때문이다. 당신이 꾼 꿈이 당신의 영적 성장 혹은 퇴보를 반영하고 있을지 모른다.

⑥ 가끔 일기장에 기도를 적어 보는 것도 도움이 된다. 마치 하늘에 계신 아버지 혹은 어머니에게 편지를 보내는 것과 같다. 속의 감정 그대로를 드러낼 수도, 당신이 원하는 표현을 찾기 위해 고민할 수도, 혹은 당신의 깊은 곳으로부터 조금씩 끌어낼 수도 있다. 이것은 다음과 같은 다양한 상황에서 기록하는 것이 좋다.

- 실망하고 좌절할 때
- 받은 은혜가 너무 감사할 때
- 절망 가운데 낙심할 때
- 고백이 필요할 때
- 당신의 삶 가운데 하나님의 뜻을 이루고자 하는 강한 소원이 일어날 때, 그분의 뜻을 따르고자 하는 불 같은 열심이 일어날 때

⑦ 일기장이 늘어날수록 날짜에 맞추어 관주와 함께 색인을 만드는
것이 쉽게 내용을 찾는 데 도움이 된다. 색인에는 다음의 항목을
포함하는 것이 좋다.
- 사람들의 이름(일기장에 기록되었거나, 꿈 혹은 기도에 포함된 이름들)
- 다시 찾아보기 원하는 생각과 경험, 주제 등
⑧ 일기장에 참고목록을 위한 구별된 섹션을 만드는 것이 도움이
될 것이다. 혹은 따로 다른 공책에 기록할 수도 있다. 이 참고목
록에는 일기에 포함된 주제와 관련하여 만들어 놓은 관주, 일기
에 기록된 인용문을 포함하는 것이 좋다.

(2) 일기 쓰기의 유익

① 일기 쓰기는 당신의 마음, 즉 당신의 기분, 느낌, 동기, 소망, 두
려움, 애정, 미움, 야망, 고통, 기쁨 등 당신 삶의 모든 부분을 체
계적으로 정리하고 분명히 할 수 있는 한 가지 방법이다. 당신의
삶을 분명히 이해하는 것은 당신이 원하는 근본적인 삶의 목적
이 무엇인지를 결정하는 데 도움을 주며, 그 목적을 향해 가는
길 혹은 그 목적에서 멀어지는 길이 무엇인지 파악하는 데도 도
움이 된다.
② 무엇보다 중요한 것은 당신이 삶의 목적으로부터 얼마나 멀리
떨어져 있는가 하는 것이 아니라, 당신이 어떤 방향으로 가고 있
는가 하는 것이다. 당신 자신을 다른 사람들과 비교하는 것은 중
요하지 않다. 그렇지만 지금의 당신을 한 달 전, 1년 전, 혹은 5
년 전의 당신과 비교하는 것은 매우 중요하며 타당하다. 당신은
이때 다음과 같은 질문을 할 수 있다.

- 나는 아직도 이전의 문제들로 인해 전과 같이 고민하고 있는 가?
- 나의 방향은 예전과 같은가?
- 참을성은 어떤가? 좋아지고 있는가, 아니면 오히려 줄어들고 있는가?
- 나는 쉬지 말고 기도하는 것이 무엇을 의미하는지 이제 분명히 이해하고 있는가?

③ 당신의 일기장은 당신 자신의 기도로 이루어진 기도 모음집이 될 것이다. 침체될 때^{down}에는, 당신이 좋았을 때^{up} 적어두었던 기도를 읽어 보라. 그 기도문을 읽다 보면 영적 여정이라는 것이 어느 한 곳에 머물러 있는 것이 아니라 때로는 평지 혹은 산 정상 때로는 깊은 골짜기를 걷는 여정의 연속이라는 것을 알게 될 것이다.

소그룹 사역공동체 운영의 실제[87)]

1) 소그룹 사역공동체의 목적

(1) 전통적인 교회 구조의 문제와 해소방안

전통적인 교회 구조의 문제점은 참된 사귐(영적 코이노니아)이 적고 공동체를 형성하기가 어렵다는 점과 모든 교인을 그리스도의 지체가 되게 하기가 어렵다는 점이다. 그것은 교회의 사역과 직책의 한정과 불신자의 완전한 전도가 어렵기 때문이다. 이러한 교회의 구조적인 문제점을 해결하기 위해서는 다음의 세 가지 핵심 요소를 반드시 갖추어야 한다. 첫째, 평신도가 참여하는 평신도 사역을 준비할 것, 둘째, 참된 삶을 나누는 공동체로 형성시켜 갈 것, 셋째, 전 교인이 실제적으로 참여하는 기도 생활을 권면하고 지속할 것 등이다.

(2) 소그룹 사역공동체의 핵심 사역과 장점

교회의 핵심 사역은 한 영혼의 구원을 기점으로 개인전도는 물론 사회선교, 세계선교를 지향하는 것이다. 이를 위해 교회는 교회의 본질인 예배, 교육, 친교, 봉사를 실천해야 한다. 이러한 교회 사역의 본질은 작은 사역공동체를 통해서 더욱 가시적이고 통전적으로 이룰 수 있다.

작은 사역공동체의 장점은 다음과 같다. 첫째, 성도간의 구체적인 공동체 형성이 가능하다. 서로의 삶을 나눌 수 있다. 둘째, 내적 치유가 가능하다. 신뢰관계가 형성될 때 자기 노출이 가능하다. 셋째, 지역사회의 불신자를 전도하기가 쉽다. 넷째, 교회의 존재 목적인 성도의 제자화가 가능하다. 회원 모두가 평신도 사역자가 된다. 다섯째, 누구든지 구체적인 공동체의 사역에 동참할 수 있다.

2) 소그룹 사역공동체의 내용

(1) 사역공동체를 형성하기 위한 준비

목회자의 확신

① 마태복음 22:36~40, 마태복음 28:18~20, 에베소서 4:11~12에 기록된 헌신이 필요하다.

② 소그룹 사역공동체의 절대적인 필요성을 보아야 한다.

③ 평신도 사역자에게 사역을 위임할 자세가 되어 있어야 한다.

평신도의 헌신

① 평신도 사역자로서 모범이 되어야 한다.

② 참된 헌신은 하나님께서만이 가능케 하신다.

훈련 프로그램

① 일반 교우들을 위한 훈련이 있어야 한다.

② 지도자를 위한 훈련이 있어야 한다.

③ 교회의 조직과 모임은 소그룹 사역공동체 중심으로 조정되어야 한다.

(2) 소그룹 사역공동체 조직의 원칙

① 구성원은 5~12명으로 서로의 삶을 나눌 수 있는 인원이 적당하다.

② 의도적으로 다양한 배경을 가진 사람들로 구성한다.

③ 소그룹에 참여하는 모두가 각자의 은사에 따라 직무를 가진다.

3) 소그룹 사역공동체 리더의 임무

(1) 리더의 준비

① 사역 공동체의 책임자로 구성원들의 영적 성장과 모임의 전반적 운영을 책임진다.

② 매주일 있는 정기 훈련에 참석한다.

③ 새로운 사람이 자신의 소그룹에 들어오면 후원교인을 정하고 정식 교인으로 등록할 때까지 책임지고 돌본다.

④ 일주일에 닷새 이상 매일 30분 이상 기도한다.

⑤ 일주일에 닷새 이상 매일 성경을 3장 이상 읽는다.

⑥ 일주일에 두 번 이상 회원들의 이름을 불러가며 기도한다.

(2) 리더의 사역

– 사역자의 주된 사역은 회원들이 사역하도록 돕는 것이다.

– 회원들이 자신의 은사를 발견하도록 돕는다.

– 남을 섬기는 본을 보인다.

– 회원들을 예비 사역자로 훈련시킨다.

① 모임을 같이 계획한다.

② 모임을 같이 평가한다.

③ 심방에 동행한다.

④ 가능한 한 점진적으로 많은 일을 맡긴다.

⑤ 예비 사역자의 약점과 강점을 발견하고 보강해 준다.

4) 소그룹 사역공동체의 모임

(1) 소그룹 사역공동체의 진행 원칙
– 기준이 될 만한 진행안을 제시한다.

– 사역자와 회원들의 필요와 취향에 따라 시간과 순서를 조절한다.

– 특별히 각자의 삶을 나누도록 권장한다.

– 성경공부가 되지 않도록 유의한다.

– 궁극적인 목적을 전도와 선교에 둔다.

(2) 소그룹 사역공동체의 목표
– 회원 간에 삶을 나누고 서로 돌보는 기회(히 3:12~13, 10:24~25)

– 성경 공부

– 전도와 선교의 역할(마 28:18~20)

(3) 구체적인 모임 진행
– 식사와 다과 : 사역공동체 사정에 따라 모임 전후에 식사 또는 다과 를 자유롭게 조정한다.

– 생활을 나눔 : 한 주간에 있었던 삶을 간증한다(약 15분).

– 지난 주중에 있었던 일 중 가장 중요한 일을 한 가지씩 소개한다.

– 첫 모임에서는 서로를 잘 알 수 있는 질문이나 자기소개를 한다.

- 찬양(약 10분) : 찬양 4~5곡을 부르고 기도한다.
- 말씀(약 10분) : 공과 또는 준비된 자료를 이용한다.
- 삶을 나누는 시간(약 30분) : 인도자가 창조적으로 적용한다.
  • 오늘 배운 말씀을 구체적으로 어떻게 적용할 것인가?
  • 각자의 다짐
  • 지난주에 했던 다짐에 대한 확인
  • 신앙생활 또는 영적 성숙에 방해되는 요소
  • 영적 성숙을 위한 결단
  • 위의 생활 나눔에서 나눈 문제들과 연결해서 결단
  • 개인기도 제목
- 나눔 : 각 소그룹별로 공동 및 개인기도 제목을 작성한다. 삶을 나누는 부분이 부족해도 기도 제목을 통해서 다시 강조할 수 있다.
- 전도와 선교(약 15분)
  • 각 소그룹별로 전도와 선교에 동참할 수 있는 방법을 나눈다.
  • 전도 대상자를 정하고 명단을 작성하여 기도한다(골 4:3).
  • 지역사회 선교와 세계 선교를 위한 구체적인 전략을 수립한다.
  • 사역을 위해 기도한다.

(4) 소그룹 사역공동체의 기록과 보고

주간마다 각 소그룹 활동을 평가하고, 새로운 계획을 수립한다. 사역의 커뮤니케이션을 위해서 현황에 대한 기록과 보고는 매우 중요하다(보고 사항은 점검 후 돌려준다.).

성경의 원리

- 누가복음 9장 10절, "사도들이 돌아와 자기들의 모든 행한 것을 예수께 고하되"
- 사도행전 11장 4절, "베드로가 저희에게 이 일을 차례로 설명하여"
- 사도행전 14장 27절, "이르러 교회를 모아 하나님이 함께 행하신 모든 일과 이방인들에게 믿음의 문을 여신 것을 고하고"

보고 내용

- 소그룹 사역공동체의 회원명부
- 전도대상자 명부
- 매주 공동기도/개인기도 제목
- 소그룹 사역공동체 보고(기존 보고서에 보충)
  - 사역공동체 사역자들의 개인적인 영적 생활은 어떠했는가?
  - 한 주간 동안 사역공동체 회원들을 돌본 사역은 어떠한가?
  - 전도와 선교를 위한 사역은 어떠한가?
  - 교회에서 알아야 할 사항은 무엇인가?
  - 심방과 기도가 필요한 사항은 무엇인가?
  - 지난 한 주간 동안 가장 잘 되었던 일은 무엇인가?

공동체 리더십 훈련

1) 공동체를 움직이는 힘-서번트 리더십이란 무엇인가

우리가 추구하는 참된 교회를 이끌어 주는 구심력은 무엇일까? 그것은 바로 서번트 리더십Servant Leardership이다. 참된 교회의 핵심적 목회철학이라고 할 수 있다. 서번트 리더십이란 예수께서 자신의 삶을 통해 보여주신 사랑을 실천하는 리더십이다. 진정한 지도자는 조직과 공동체를 사랑으로 하나 되게 하고 봉사와 헌신이라는 실천 양식으로 당면한 문제들을 해결한다. 서번트 리더십은 문제의 원인을 외부가 아닌 자기 자신에게서 찾고, 다른 사람들 위에 군림하는 것이 아니라 봉사와 헌신으로 섬기는 리더라는 점에서 기존의 다른 리더십과는 뚜렷한 차이를 보인다. 이 시대 많은 리더들이 지도자가 되는 것을 지위나 타이틀로 착각하는 경우가 많은데, 존 맥스웰John Maxwell은 리더십이란 영향력이라고 강조하였다. 그런 면에서 기존의 수직적인 권위를 인정하지 않는 포스트모던 시대에 적합한 리더십이 바로 서번트 리더십이다.

서번트 리더십을 처음으로 주창한 사람은 로버트 그린리프Robert K. Greenleaf이다. 그린리프1904~1990는 1904년 미국의 인디애나 주의 테르 오트에서 태어났다. 대학을 졸업한 뒤 AT&T에 입사해 38년간 근무하다 1964년 경영연구 담당 부회장직을 끝으로 퇴직하였다. 그 38년 동안 '고객에 대한 서비스야말로 기업이 존재하는 이유'라는 생각을 가다듬으며, 서번트 리더십의 이론을 발전시켰다. 은퇴와 동시에 응용윤리센터(나중에 로버트 그린리프 센터로 바뀜)를 설립하고, 12년간 MIT, 하버드 비즈니스 스쿨, 다트머스 대학 등에서 강의하는 한편, 록펠러 재단, AT&T, 걸프 오일, 포드 재단, 심지어 인도 정부에까지 경영자문을 해 주며 세계적 컨설턴트로서 역량을 발휘하였다.

그린리프가 정의한 바에 따르면, 서번트 리더십은 "타인을 위한 봉사에 초점을 두며 종업원, 고객 및 커뮤니티를 우선으로 여기고 그들의 욕구를 만족시키기 위해 헌신하는 리더십"이다. 1970년대 들어서면서 기업에서는 상사가 부하들에게 명령하고 지시하는 전통적 리더십이 한계에 부딪히게 되었다. 기존의 권위를 인정하지 않는 포스트모던 시대를 맞게 된 것이다. 이러한 시대에 맞는 리더십으로 강조되는 것이 바로 서번트 리더십이다. 명령과 획일적인 지휘 체계보다는 사랑과 헌신으로 모든 조직이 하나로 뭉칠 때 조직의 경쟁력이 배가된다는 것이다. 그린리프의 주장은 피터 드러커, 스티븐 코비 등의 리더십 이론에 크게 영향을 미쳤다. 최근에 와서 많은 국내외 기업들이 서번트 리더십을 경영철학으로 차용하면서 서번트 리더십은 시대적 요청으로 더욱 관심을 모으고 있다.

그린리프는 헤르만 헤세H. Hesse가 쓴 「동방순례Journey to the East」에 나오는 하인 레오Leo의 이야기를 통해 서번트 리더십의 개념을 설명하였다.[88] 이 이야기는 동방으로 여행을 떠나는 순례단에 관한 것으로, 레오는 순례자들을 돕는 허드렛일을 하는 하인이었다. 그는 순례자들 사이를 돌아

다니며 무엇이 필요한지를 살피고 순례자들이 정신적이나 육체적으로 피로하지 않도록 돌보았다. 가끔 그는 피로에 지친 순례자들을 위해서 밤이 되면 악기도 연주하곤 하였다. 그러던 어느 날 갑자기 레오가 사라졌다. 그러자 공동체 안에 크고 작은 문제들이 생기기 시작했고 피곤에 지친 순례자들 사이에선 사소한 문제로 다툼까지 벌어졌다. 그제야 사람들은 레오의 소중함을 깨닫고 그가 순례단을 이끌어 가는 보이지 않는 리더였음을 알게 되었다. 그들은 충직한 서번트였던 레오 없이는 여행을 계속할 수 없었던 것이다. 일행 중 한 사람은 몇 년을 수소문해서 레오를 만났는데 그저 심부름꾼으로만 알았던 레오가 사실은 그 순례단을 주관하는 교단의 책임자인 동시에 훌륭한 리더였음을 알게 되었다. 레오는 서번트 리더의 전형이라고 할 수 있다.

서번트 리더십은 레오와 같이 다른 구성원들이 공동의 목표를 이루어 나가도록 정신적, 육체적으로 지치지 않게 환경을 조성해 주고 도와주는 리더십이다. 인간 존중을 바탕으로 다른 구성원들이 잠재력을 발휘할 수 있도록 도와주고 이끌어 주는 것이 서번트 리더십의 요체이다.

2) 서번트 리더십의 참 모델, 예수 그리스도

기독교인으로서 본받아야 할 서번트 리더십의 원조는 예수 그리스도이다. 하나님이면서 동시에 하나님의 아들인 예수는 "근본 하나님의 본체시나 하나님과 동등됨을 취할 것으로 여기지 아니하시고 오히려 자기를 비워 종의 형체를 가져 사람들과 같이 되었고 사람의 모양으로 나타나셨으매 자기를 낮추시고 죽기까지 복종"하셨다(빌 2:5~11). 성경에도 예수께서 오신 목적이 섬김을 받으려 함이 아니라 도리어 섬기기 위함이라고 명시하고 있다. "인자가 온 것은 섬김을 받으려 함이 아니라 도리어 섬기려 하고 자기 목숨을 많은 사람의 대속물로 주려 함이니라"(마 20:28). 그분은 이 땅에 섬김을 받으려고 오신 것이 아니라 섬기러 오셨다. 요한복음 13장에는 예수가 제자들의 발을 손수 씻겨 주시면서 "너희도 이와 같이 하도록 본을" 보여 주셨다고 말하였다. 또한 예수는 우리가 말하는 서번트 리더십의 요체를 성경에서 가르쳐 주고 있다. "예수께서 앉으사 열두 제자를 불러서 이르시되 아무든지 첫째가 되고자 하면 뭇사람의 끝이 되며 뭇사람을 섬기는 자가 되어야 하리라 하시고"(막 9:35). 우리가 예수의 제자라면 마땅히 그분의 섬김의 도를 배우고 실천해야 한다. 그런데 오늘날 교회 지도자들은 예수가 보여 주신, 또 그분이 원하시는 섬김의 모습보다는 오히려 권위로 똘똘 뭉쳐진 모습을 보여 주고 있다. 어떤 의미에서 가장 먼저 서번트 리더십을 받아들이고 실천해야 할 곳은 기업이 아니라 교회이다. 교회에서 리더라고 부름 받는 모든 사람들에게 주님이 요구하시는 리더십이 바로 다른 사람의 발을 씻겨 주는 섬김의 도이다.

교회의 머리이신 그리스도께서는 섬김을 받으러 오신 것이 아니라 섬기려 하고, 오히려 대속물이 되기 위해 오셨다. 그리고 이러한 크신 사랑을 십자가의 죽음을 통해 완성하셨다. 따라서 기독교인의 리더십은 철저한 자기 부정으로 다른 사람을 섬기는 삶으로 실현되어야 한다. 그분은 겸손으로 세상을 섬기기 위해 오셨다. 그리고 십자가의 고난을 당함으로써 자신의 리더십을 증명하셨다. 기독교인의 삶은 이런 예수를 복제하는 삶이 되어야 한다. 이런 의미에서 '서번트 리더십'은 성경적인 리더십의 완성이라고 할 수 있다.

3) 서번트 리더의 기본적인 특징[89]

(1) 서번트 리더는 자신을 서번트servant 또는 지원자supporter로 인식한다

서번트 리더는 자신을, 다른 사람을 이끄는 사람이 아니라 다른 사람들이 업무를 잘 추진할 수 있도록 지원하는 사람으로 여긴다. 여기에는 리더는 다른 구성원들이 성공할 수 있도록 도와야 한다는 인식이 바탕에 깔려 있다. 따라서 서번트 리더는 목표와 과제를 주는 데 그치지 않고 구성원들이 과제를 수행하는 가운데 성장할 수 있도록 자신이 할 수 있는 모든 조치를 취한다. 서번트 리더는 지위가 높다고 해서 구성원들에게 지시를 내리고 결과를 평가하는 것이 아니라, 다른 사람들에게 목표를 제시한 다음 그들이 그 목표를 성취할 수 있도록 함께 노력하고 지원한다. 그는 자신의 어떤 점이 공동체 구성원들에게 도움이 될 수 있는지를 먼저 고민한다.

(2) 서번트 리더는 조직에서 가장 가치 있는 자원은 사람이라고 인식한다

전통적인 리더의 경우, 공동체의 구성원들은 관리의 대상이다. 그러나 서번트 리더는 사람의 가치를 가장 우선시하기 때문에 다른 구성원들이 성공할 수 있도록 모든 노력을 기울인다. 따라서 업무와 관련하여 구성원들의 욕구를 먼저 해결하기 위해 노력하며 봉사한다.

(3) 서번트 리더는 늘 학습하는 태도를 보인다

서번트 리더는 조직에서 직위나 직급에 관계없이 누구나 실수할 수 있다는 점을 잘 알고 있다. 또한 이러한 실수를 배움의 기회로 활용할 수 있어야 한다고 생각한다. 서번트 리더는 자신의 실수를 인정하며 그 경험을 통해 스스로 학습하는 모습을 보인다. 또한 지식과 정보가 빠른 속도로 변화하는 시대에 서번트 리더는 서로에게서 무엇을 배울 수 있는지 주의 깊게 관찰한다. 서번트 리더는 주변의 모든 사람들이 자신의 스승이 될 수 있다고 생각한다.

(4) 서번트 리더는 먼저 경청한다

서번트 리더의 특징 중에서 가장 핵심 되는 것이 경청이다. 경청은 단순히 다른 사람의 이야기를 듣는 것과는 매우 의미가 다르다. 서번트 리더는 다른 사람의 이야기를 들을 때 그냥 듣는 것이 아니라, 상대방이 무엇을 말하려는지 그 사람의 입장에 서서 이해하려고 노력한다. 상대방이 왜 그런 생각을 할까 주의하면서 그 사람의 욕구가 무엇인지를 파악한다. 그리고 상대방의 욕구를 해결해 주기 위하여 노력한다. 따라서 서번트 리더는 상대방의 입장에서 들으려 노력하기 때문에 안 되는 이유보다 될 수 있는 방법을 더 많이 고민한다.

(5) 서번트 리더는 설득과 대화로 업무를 추진한다

설득과 대화는 권위주의적인 리더십과 서번트 리더십의 차이를 명확하게 보여 주는 요소이다.

(6) 서번트 리더는 커뮤니티^{community}를 형성하도록 돕는다

커뮤니티란 개인의 목적과 공동의 목적을 달성하기 위하여 구성원들이 상호 작용하며 공통의 관심을 가진 집단을 의미한다. 따라서 서번트 리더는 조직 구성원들이 서로의 관심사항을 공유하며 공동의 목표를 공유하도록 격려한다. 일반적으로 조직의 구성원들은 상사의 지시보다 관계의 질quality of relationship에 의해 더 큰 영향을 받는다. 그렇기 때문에 서번트 리더는 공동의 목표를 수행하기 위하여 구성원들 간에 배려와 협력을 바탕으로 관계의 질을 높이기 위하여 노력한다.

(7) 서번트 리더는 권한 위임을 통해 리더십을 발휘한다

서번트 리더는 자신의 지위와 권력은 조직의 목적을 달성하기 위한 도구이기 때문에 구성원들과 권한을 공유해야 한다고 생각한다. 이렇게 권한을 위임함으로써 그는 자신의 리더십을 다른 사람들과 공유한다.

4) 서번트 리더가 갖추어야 할 덕목

서번트 리더십 프로그램 발전에 앞장서고 있는 미국 인디애나폴리스 시의 그린리프 연구 센터의 스피어즈 연구소장은 서번트 리더가 갖추어야 할 10가지 요소로 경청, 공감, 치유, 인식, 설득력, 비전, 예지력, 청지기 의식, 성장 지원, 공동체 구축을 들고 있다.[90] 여기에 서번트 리더십의 기초가 되는 사랑과 겸손을 포함하여 12가지 요소를 서번트 리더가 갖추어야 할 덕목으로 설명할 수 있다.

(1) 경청Listening

경청은 상대방의 말을 잘 듣고 대화하여서 개인이나 공동체의 필요를 살피고 문제를 해결하기 위해 분별력 있는 결정을 내리는 것이다. 잘 듣기 위해서는 상대방을 존중할 줄 아는 훈련이 필요하다. 도날드 베트 박사의 연구에 의하면, 사람의 하루 일과 중 언어적 커뮤니케이션은 쓰기가 4%, 읽기가 11%, 말하기가 22%, 듣기가 63%라고 한다. 따라서 성공적인 대화를 위해서는 말을 잘하기보다 상대방의 말을 잘 들어주는 것이 중요하다. 이때의 듣기는 무의식적으로 듣거나 선택하면서 듣는 정도가 아니라 경청이다. 경청은 단순히 다른 사람이 얘기하는 것을 잘 듣고 이해하는 것과는 다르다. 경청한다는 것은 상대방의 내면의 소리를 만나는 것이다. 상대방이 하는 말의 내용은 물론 말하는 사람의 의도, 욕구, 내면의 감정까지 이해하려는 적극적인 커뮤니케이션 활동이다. 경청이 듣기와 구분되는 것은 그 활동의 중심이 서로 다르기 때문이다. 경청은 듣는 사람이 자신의 입장에서 상대방의 말을 듣는 것이 아니라 상대방의 경험과 입장에서 그 사람의 얘기를 듣고 이해하려는 것이다. 사람은 누구나 내 이야기를 잘 들어주는 사람에게 마음이 끌리게 되어 있다.

(2) 공감 Empathy

서번트 리더는 다른 사람의 행동이 선의에 의한 것이라는 믿음에서 출발하여 그의 행동을 진심으로 이해하려는 눈을 갖는다. 그럼으로써 공감하려고 한다. 공감은 어떤 상황이나 사람을 논리적으로 분석하기보다는 그 사람의 입장이 되어 그 사람이 경험한 것을 나도 공유하고 공통의 느낌을 갖고자 하는 것이다. 그 과정에서 감정이입이 일어난다. 공감과 동정은 다른데, 동정은 자신의 가치관이나 견해에서 상대방의 기분과 감정을 파악하고 이해하는 것인 반면, 공감은 철저하게 상대방의 감정이나 입장에서 그 기분을 공유하고 이해하는 것이다. 서번트 리더십은 상대에게 무엇이 필요한지를 파악하는 데서 출발한다. 리더는 팔로어 follower 의 감정을 이해하고 이를 통해 팔로어에게 필요한 것이 무엇인지를 알아내고 리드해야 한다.

(3) 치유Healing

서번트 리더의 강력한 힘은 자기 자신, 그리고 타인과의 관계를 치유할 수 있다는 잠재적 가능성에서 나온다. 서번트 리더는 자신이 상대하는 사람들의 상처를 치유할 수 있다는 생각을 갖는다. 구성원들의 정신적, 심적인 상처를 이해하고 그들을 좀 더 밝고 긍정적으로 변화시키는 일은 서번트 리더의 중요한 역할이다. 치유의 능력이야말로 건강한 변화를 만들어 내는 서번트 리더의 힘이다.

(4) 인식Awareness

서번트 리더는 건강한 공동체를 만들기 위해 공동체의 현실과 미래를 들여다보면서 문제의식과 역사의식을 갖는다. 서번트 리더는 두 가지 면에서 인식을 바꾸어야 한다. 하나는 자기 자신에 대한 인식이며, 다른 하나는 부하에 대한 인식이다. 전통적인 리더는 자기 자신에 대해 다른 사람을 이끌어 조직의 목적을 달성하는 사람이라고 인식한다. 이런 전제하에 목표를 제시하고 업무추진 과정을 관리하며 성과를 평가한다. 그러나 서번트 리더는 먼저 자신이 서번트라는 인식에서 출발한다. 진정한 리더는 먼저 다른 사람에게 봉사하고 지원함으로써 조직을 이끌어 간다. 부하들이 업무를 잘 추진할 수 있도록 서비스를 제공하여 목적을 달성한다. 전통적인 리더는 팔로어를 관리의 대상이자 목적을 달성하기 위해 활용하는 다양한 자원 중의 하나로 여긴다. 그러나 서번트 리더는 팔로어를 성공과 성장의 대상이며 가장 중요한 자원이라고 인식한다.

(5) 설득력Persuasion

서번트 리더는 강압적인 지시보다는 대화와 설득을 통해 공감대를 이끌어 내고 구성원들이 스스로 업무를 수행해 나갈 수 있도록 한다. 서번트 리더는 구성원들이 자신의 직책이나 권한에 수긍하는 일방적인 관계가 되지 않도록 자신을 낮춰 상하 관계가 아닌 파트너십을 느끼게 해야 한다. 여기서도 권위주의자와 서번트 리더의 지도력이 구분된다. 신앙 공동체에서도 지도력은 신앙고백이 있는 삶을 통해 주어지는 영향력이지, 직책이나 타이틀 때문이 아니다.

(6) 비전^{Conceptualization}

비전은 하나님의 꿈을 보는 능력이다. 서번트 리더는 보다 큰 꿈을 꾸고 그것을 달성해 나가기 위해 자신의 능력을 강화해 나간다. 비전을 그려내고 그것을 형상화시켜 나가는 관점에서 사물을 바라본다. 리더가 보여 주는 비전은 구성원들에게 영향을 준다. 첫째, 비전은 구성원들을 하나로 뭉치게 하는 응집력이 있다. 둘째, 비전은 장기적 관점에서 조직의 전략적 사고와 계획을 가능하게 하는 힘이 된다. 셋째, 개인의 입장에서도 비전은 중요하다. 비전은 삶에 활력과 열정을 일으켜 각자가 스스로 동기부여를 할 수 있도록 지원한다. 결국 비전은 매일매일의 삶에 충실케 하는 성실함과 동시에 공동체의 미래를 멀리 내다볼 수 있는 능력이다.

(7) 예지력^{Foresight}

예지력은 앞을 내다보는 능력을 뜻한다. 그러나 이러한 능력은 미래만 따로 생각해서 나오는 것이 아니다. 예지력이란 과거와 현재, 그리고 미래를 연결하고 조합함으로써 갖게 되는 능력으로 과거의 경험과 현재의 상황으로부터 정확하게 그 의미를 찾아내고 현재의 의사결정이 가져올 미래의 결과를 내다보는 힘이다. 때로는 직관적으로 다른 사람들이 보지 못하는 것을 보는 능력이다. 다른 능력은 훈련하고 발전시킬 수 있지만, 예지력은 대부분 타고난 은사이다.

(8) 청지기 의식Stewardship

청지기 의식은 주어진 책임을 감당하는 능력이다. 자기 것이라는 소유욕이나 이기적인 목적이 아닌 온전히 맡겨진 사명에 충성하는 능력이다. 서번트 리더는 자신의 지위와 권력을, 자원을 관리하고 봉사하기 위해 위임받은 것이라고 인식한다. 리더는 제한된 자원을 적절하게 분배해서 공동체의 성장을 도모하는 역할을 감당해야 한다. 청지기의식으로 무장된 서번트 리더는 부하 위에 군림하려 하지 않고 부하의 성공과 성장을 지원하는 위치에 서 있다고 생각한다. 교회 안에서도 제한된 인적, 물적 자원을 적절하게 안배해서 균형 잡힌 성장을 추구하기란 쉬운 일이 아니다. 서번트 리더는 공동체의 모든 구성원들이 최대의 성장을 경험할 수 있도록 자원을 관리하는 일로 섬겨야 한다.

(9) 성장 지원Commitment to the growth others

성장 지원은 다른 사람의 발전을 도모하는 능력이다. 다른 사람을 이용하는 것이 아니라 그들의 발전에 필요한 것을 잘 살피는 능력이다. 서번트 리더는 팔로어들의 개인적 성장, 정신적 성숙과 전문 분야에서 발전하기 위한 기회와 자원을 제공해야 한다. 리더는 종종 일 중심적으로 되기 쉽다. 그러나 건강한 리더는 사람을 중히 여긴다. 리처드 후드Richard Hood는 "팔로어들도 분명히 리더십의 중요한 일부분이다."라고 말했다.

배가 항해하려면 선장만 중요한 것이 아니다. 절대 다수를 이루는 선원들이 일을 잘 해야 한다. 일 중심적인 사고방식을 가진 리더는 결코 좋은 리더가 될 수 없다. 일이 아니라 사람을 볼 수 있어야 좋은 리더이다. 구약성경의 사울 왕은 전쟁이라는 일에서 우선순위를 잃고 타락했다. 외형적인 일에 묻혀 한 개인의 중요성을 잃어서는 안 된다. 한 사람 한 사람이 눈에 들어올 때 비로소 좋은 리더가 되는 준비를 갖춘 셈이다.

(10) 공동체 구축Building Community

공동체 구축은 함께 건강한 공동체를 만들어 가는 것이다. 무너뜨리는 것이 아니라 무너진 것을 함께 세우는 사람이 되는 것이다. 스포츠 세계에서 훌륭한 감독은 선수들의 역량이 다소 부족하더라도 팀워크를 이루어 오히려 팀의 능력을 극대화시키지만, 미숙한 감독은 스타 플레이어들을 데리고도 좋은 성적을 거두지 못한다. 공동체 의식은 조직이 시너지 효과를 발휘할 수 있도록 한다. 리더는 조직의 구성원들이 서로 존중하며 봉사할 수 있는 진정한 의미의 공동체를 만들어 가야 한다. 서번트 리더는 상대방을 배려하고 협력하여 팀워크가 발휘될 수 있도록 공동체 의식을 강화시켜 나간다. 그는 공동체를 중요시하기 때문에 팀의 기본적인 원칙과 윤리에 근거하여 구성원 개개인의 행위를 평가한다. 구성원 각자의 가치와 가능성을 믿으며, 구성원들이 소속감을 느끼고 생활할 수 있도록 한다.

(11) 사랑과 겸손이 서번트 리더의 출발점이다[91]

'서번트 리더'가 된다는 것은 무엇을 의미하는가? 그것은 서번트 리더가 되고자 하는 이들의 마음과 생각에서 출발한다. 그리고 그것은 그의 삶 전체에 적용되어야 한다. 예수의 공생애의 삶이 그의 사역을 통해 모든 사람에게 보여진 것처럼 서번트 리더십은 구체적인 삶의 결과로 드러나야 한다. 이러한 개념을 삶과 사역에 적용하기 위해 그린리프센터에서 강조하는 '서번트 리더십의 10가지 덕목'인 경청, 공감, 치유, 인식, 설득력, 비전, 청지기 의식, 예지력, 성장 지원, 공동체 구축에 포함되어야 할 서번트 리더십의 근본적인 두 가지 특징은 '사랑'과 '겸손'이다. 사랑과 겸손은 서번트 리더가 되고자 하는 열망에 힘을 불어넣는 필수 요소이다.

사랑과 겸손을 바탕으로 하지 않는 서번트 리더는 자칫 '모래 위에 지은 집'처럼 될 수 있다. 서번트 리더십은 사랑을 실천하는 리더십이다. 그러므로 사랑과 겸손의 의미가 무엇이며 그것들이 서번트 리더십에 어떤 힘으로 작용하는지 생각해 보아야 한다. 무엇보다 사랑과 겸손을 이해하려면, 서번트 리더십의 모델인 예수 그리스도를 알고 닮아가는 구조 속으로 나아가야 한다. 서번트 리더가 빌립보서 2장의 '예수의 자기비하'에 나오는 마음을 가져야 한다는 것은 곧 사랑과 겸손을 드러내는 말이다(빌 2:5~11). 사랑과 겸손이 서번트 리더십의 동기부여인 것이다.

달라스 윌라드는 서번트 리더의 필요조건으로 '마음을 새롭게 함' Renovation of the Heart이라 묘사한 바 있다.[92] 서번트 리더가 된다는 것은 리더 자신의 내면으로부터 출발한다. 인생관, 선택, 행동 등 즉 내 안에 있는 영성을 말한다. 서번트 리더십의 10가지 특징에 대해 어떠한 기술적인 방법을 배울 수 있겠지만, 그러한 기능만으로는 서번트 리더가 될 수 없다. 예수의 삶 전체에서 보여준 도덕적 영역과 사랑과 겸손을 갖추지 못한다면 그것은 무의미할 것이다. 그러므로 서번트 리더가 되고자 한다면 예수와 같은 삶의 자세를 어떻게 갖출 것인지를 깨달아야 한다. '사랑' 과 '겸손' 이 그 출발점이라고 할 수 있다.

5) 서번트 리더십의 실제적인 적용

헨리 나우웬의 '예수의 이름으로' In the Name of Jesus는 우리에게 서번트 리더십의 실제적인 적용점을 제시하고 있다. 마귀가 광야에서 예수를 유혹한 마태복음 4장의 세 가지 시험은 우리에게도 '현실적이 되라', '유명해지라', '권력을 가지라' 는 유혹을 어떻게 극복해야 하는지를 질문하고 있다. 이것은 오늘날 위기 가운데 있는 한국교회의 성공 지향적이고 사역 중심적인 목회에 섬김의 리더십이 무엇인지을 알려주는 실제적인 나침반이 되리라고 생각한다.

(1) 현실적이 되라는 유혹Temptation to be Relevant

예수가 당하신 첫 번째 유혹에 대해서 헨리 나우웬은 "돌이 떡이 되게 함으로써 중요한 자가 되라고 하는 유혹"[93]이라고 하였다. 우리는 사람들을 대할 때 그 사람의 지위나 소유 또는 업적으로 판단하는 경향이 있다. 그렇기 때문에 성공을 목표로 달려가는 인생을 우리 주변에서도 얼마든지 볼 수 있다. 토론토에 있는 장애인 공동체 라르쉬L' Arche의 일원이 되기 전 하버드 대학에 교수로 있을 때 나우웬의 경험이 그러하였다. 그는 다음과 같이 고백하였다.

"나이 오십이 되어 인생의 절반을 살았음을 자각한 나는 나이가 들면서 예수와 가까워졌는가? 25년을 신부로 사역해 온 나는 지금 진실하게 기도하지 못하며, 다른 이들로부터 소외된 삶을 살고 있고, 마음은 온통 여러 가지 문제들로 신경 쓰고 있는 자신을 발견하게 되었다. 모두가 나를 성공한 사람이라고 말하지만 그러한 성공이 나를 위험에 빠뜨리고 있음을 나는 내면으로 느끼고 있다. 이 첫 번째 유혹을 받아들여 눈에 보이는 현실적인 문제에 우선순위를 두고 사는 것은 너무나 쉬운 일임을 경험한다. 그러나 그 결과는 너무나 허무한 경우가 많다. 겉으로는 자신만만하게 살고 있지만 점점 더 많은 사람들이 심각한 윤리적, 영적인 질병을 어디서부터 치료받아야 될지 모른 채 고통당하고 있는 것을 보게 된다.”[94] 이러한 세대에 기독교인들은 ‘성공의 허상 밑바닥에 깔려 있는 고뇌에 관심을 가지고 그곳에 예수의 빛을 비추려는 영적인 노력’이 필요하다.

나우웬은 “우리가 현실적인 유혹에 지배되지 않고 하나님의 사랑의 지식에 머물고자 한다면 우리는 늘 하나님의 임재 안에 거하는 훈련이 필요하다.”고 말한다.[95] 특히 나우웬은 관상기도의 중요성을 강조한다. 우리 자신을 비우고 하나님 외에는 아무것도 구하지 않는 더 깊은 하나님의 임재 속으로 들어가는 훈련이 필요하다. 그것은 새롭게 하나님과 만나는 관상의 삶이다. 눈에 보이는 현실에 지배되기 쉬운 우리에게 지속적인 영적 훈련은 쉬운 일이 아니다. 그러나 우리에게 참된 영적 전환이 필요하다면 우리는 날마다 현실 지향적인 삶에서 기도로 나아가야 할 것이다.

(2) 명예에 대한 유혹Temptation to be Spectacular

마귀가 예수를 두 번째로 시험한 것은 “성전 꼭대기에 세우고 가로되 네가 만일 하나님의 아들이어든 뛰어내리라”(마 4:5~6)는 유혹이었다. 나우웬은 이것을 개인주의 또는 스타의식에 대한 유혹이라고 말한다. 유명해지려고 하는 유혹은 안목의 정욕과 이생의 자랑에 관련된 유혹이다.

인간의 욕심은 한이 없다. 특별히 고생을 많이 하고 성공에 지나치게 몰두하는 사람은 나만 생각하고 내가 채워지지 않으면 다른 사람의 필요를 보지 못한다. 필자 역시 목회를 하면서 사람들의 칭찬에 나 스스로 자유하지 못하다는 것을 깨닫게 되었다.

나우웬이 "나는 설교를 하고 상담하고 목회하는 데 뛰어난 능력을 가진 이로 여겨지고 있었다. 모든 질문에 대답할 수 있고, 문제에는 해결책이 있고 아픔에는 약이 있는 것처럼 사역했다."[96]고 말하였다. 이렇듯 사람들에게 인정받고 자기를 나타내기 원하는 것이 인간의 본성이다. 그러나 필자가 목회를 하면서 회중들로부터 들었던 가장 많은 비판은 "목사님이 모든 것을 독단적으로 한다."는 것이었음을 기억한다.

지도자는 비전을 제시할 수 있어야 하고 정직한 성품과 갈등을 처리할 수 있는 능력을 가지는 것이 대단히 중요하다고 생각한다. 특별히 목회자의 역할은 "성도를 온전케 하며 봉사의 일을 하게 하며 그리스도의 몸 된 교회를 세우려 하심이라 우리가 다 하나님의 아들을 믿는 것과 아는 일에 하나가 되어 온전한 사람을 이루어 그리스도의 장성한 분량이 충만한 데까지" 이르도록 하는 것이다(엡 4:12~13).

개인주의나 스타의식의 유혹에서 벗어나기 위해서는 상호보완적인 섬김의 리더십을 실천하는 것이 중요하다. 특히 세상 정욕을 피하고 성육신의 삶을 살게 하는 고백과 용서의 훈련과 공동체 안에서 함께 사는 훈련이 필요하다. 우리 주변 기독교 공동체에 많은 갈등이 있지만 스스로 잘못되었다고 고백하는 사람을 보기가 쉽지 않다. 많은 사람들이 교회보다도 AA(단주모임) 같은 치유 모임을 통해 고백과 죄의 용서가 갖는 치유의 능력을 체험하는 것을 보게 된다. 알코올 중독자나 마약 중독자들도 자신의 무력함과 통제불능의 상태를 고백하고 하나님의 능력을 믿고 그분께 자신의 삶을 맡기고, 삶을 검토하고, 자신의 행위에 대해 책임지고, 날마다 훈련한 정직과 겸손, 사랑과 신뢰를 실천할 때 봉사의 단계로까지 나아가는 것을 보게 된다. 이 유명세에 대한 마귀의 유혹을 물리칠 수 있는 것은 자신을 버리고 섬기는 자로 오신 예수를 따르는 삶을 살 때 비로소 참된 예수의 제자가 될 수 있을 것이다.

(3) 권세에 대한 유혹Temtation to be Powerful

예수가 마귀에게 받은 세 번째 유혹은 "높은 산으로 가서 천하 만국과 그 영광을 보여 가로되 만일 내게 엎드려 경배하면 이 모든 것을 네게 주리라"(마 4:8~9)는 유혹이었다. 이것은 권세에 대한 유혹이다. 우리 주변에 지도자가 되고자 하는 사람들을 보면 그것이 소명 때문인 경우도 있지만, 권세에 대한 야망이 그 밑바닥에 잠재해 있음을 보게 된다. 인간은 지속적으로 힘이 있는 자가 되고자 하는 본성이 있다. 필자는 중요한 결정을 내리기 전에 하나님 앞에 참고 기다리지 못하고 내 뜻이 종종 앞설 때가 있음을 경험한다. 그것도 나 자신이 무슨 일을 하든 내 뜻대로 해 보겠다는 힘Power에 대한 유혹임을 깨닫게 된다.

나우웬은 "하나님을 사랑하기보다는 하나님 되기가, 사람들을 사랑하기보다는 사람들을 지배하기가, 삶을 사랑하기보다는 원하기가 쉬운 듯하다."[97]고 말한다. 야고보서 4장 17절에 "선을 행할 줄 알고도 행치 아니하면 죄니라"고 했는데 인간이 가지는 근본적인 죄가 인간이 하나님의 자리에 서고자 하는 힘에 대한 유혹이다.

현실의 삶에서 기도하는 삶으로, 유명해지려는 유혹에서 회개와 용서를 동반한 공동체적인 삶으로, 권세에 대한 유혹이 닥칠 때 하나님이 우리를 어디로 인도하기 원하는지 확실히 분별할 수 있는 예수의 마음에서 나오는 신학적 성찰 또는 영적인 체계화Spiritual Formation가 필요하다. 시대를 바로 볼 수 있는 견고한 신학적 성찰이 없다면 우리는 직업적인 사역자들이 될 수밖에 없을 것이다.

제 **4** 장

작은 공동체 운동의 **한국교회 모델**

초대교회 공동체의 모델이 되는 예루살렘 공동체는 사도행전 2장과 4장 이후에도 여러 방면으로 지속된 것을 알 수 있다. 초대교회 교우들은 모든 것을 공유하고 각 사람의 필요에 따라 나누어 주는 획기적인 신앙 공동체를 형성하였다(행 2:42~47). 그것은 이웃과 소유를 나누고 유무상통하는 공동체였다.

교회 역사에 보면, 17세기 경건주의 운동에 나타난 '교회 속의 작은 교회' 운동의 추구가 바로 지역교회 속에 공동체를 추구하는 형태와 같은 경우라고 할 수 있다. 교회사 속에서 기독교의 본질을 추구한 운동들이 종교개혁 이전까지는 주로 제도권 밖에서 일어났으며, 종교개혁 이후에는 주로 제도권 안에서 일어났다.

필자가 그동안 한국교회에 소개한 미국 워싱턴디시의 세이비어 교회도 소그룹 사역공동체가 중심이 되는 공동체 교회의 중요한 대안 모델이 된다고 생각한다. 세이비어 교회의 핵심 철학은 영적인 삶을 통하여 예수를 닮아가는 삶을 추구하고, 예수가 보여준 긍휼의 마음으로 가난하고 버림받고 소외된 자들을 섬기는 일에 헌신하며, 용기와 희생적인 삶을 통해 세상을 변화시키는 데 헌신하는 것이다. 세이비어 교회는 소그룹 사역공동체가 영성을 바탕으로 모여 삶을 나누고Sharing, 서로 돌보고Caring, 함께 사역Ministering함으로써 세상을 변화시키는 일, 주님을 닮아가는 삶을 이루고 있는, 소그룹 사역의 모델이 될 만한 공동체 교회이다.

필자는 2004년부터 한국에서 사역하며 제한적인 경험이지만 교회 안의 작은 교회 운동을 통해 공동체성을 가진 지역 교회를 추구하는 교회들을 만나보았다. 이에 소형교회, 중형교회, 대형교회의 한국교회 공동체 교회를 지향하는 모델을 소개하고자 한다.

마을이 교회 되고,
교회가 마을이 되는 공동체
– 예수마을교회[98]

1) 예수마을교회의 목회철학

예수마을교회는 평신도 리더들이 직접 사역에 참여하는 사역공동체의 모범을 보여 주는 교회이다. 담임 장학일 목사는 밴드목회를 통하여 헌신된 평신도 리더들을 양육하고 영성과 사역의 철저한 균형을 강조하며 지역사회 사역을 실천하는 세이비어 교회의 한국적 모델이다.

1980년 신당동시장 안에 개척한 예수마을교회(담임 장학일 목사)의 목회철학은 한마디로 '마을이 교회 되고, 교회가 마을이 되는 예수마을 공동체'를 이루는 것이다. 이것을 그들은 '샬롬 공동체'라고 부른다. 마을이 교회가 된다는 것은 사람들의 삶의 터전인 마을 속에서 교회가 탄생했음을 의미한다. 그러나 거기 머물러 있으면 안 된다. 마을이 교회를 탄생시켰다면 이제는 교회가 예수의 마음과 사랑으로 마을을 섬기는 공동체가 되어야 한다. 그리하여 이 땅 위에 하나님의 사랑과 정의가 다스리는 '샬롬 공동체'를 세우는 것이 예수마을교회의 목회철학이다.

샬롬 공동체를 이루기 위해서는 어느 한 영역의 변화만 추구해서는 안 된다. 정치, 경제, 종교의 통전적인 변화를 통해 하나님이 원래 의도하셨던 세상을 만들어 가야 한다. 그럴 때에 사회구조적인 부분까지 하나님의 뜻대로 변화될 수 있기 때문이다.[99]

2) 예수마을교회의 목회전략

(1) 교인의 성향과 지역적 특성

신당동이라는 이름은 처음에 '신(神)'을 모신 '당(堂)'이 많다고 하여 '신당(神堂)을 모신 마을'이라는 뜻으로 '신당동'으로 불렸다가 1894년 갑오개혁 때부터 신당(神堂)과 발음이 같은 신당(新堂)동으로 이름이 바뀌었다. 하지만 그러한 무속적 영향 때문인지 현재도 여전히 신당(神堂)을 모시는 점집과 무당집이 성행하고 있다. 특별히 신당제일교회가 자리하고 있는 신당5동에는 몸을 파는 술집과 유흥업소가 많았다. 때문에 신당동은 각종 범죄가 끊이지 않는 우범 지역 중 하나로 지정되었으며, 이러한 문화적 영향으로 신당동에 있는 많은 가정들이 가정폭력과 각종 중독(알코올, 약물 등)에 시달리는 악순환에 놓여 있었다. 예수마을교회가 신당제일교회에서 예수마을교회로 이름을 개명할 당시(2004년 6월) 예수마을교회 반경 250미터 안에는 점집이 33곳, 유흥업소가 100곳이 넘었다고 한다. 그런 마을을 예수마을로 변화시키고자 하는 마음을 가지고 예수마을교회가 사회성화운동을 시작한 것이다.

(2) 목회철학에 근거한 목회전략

정치, 경제, 종교의 통전적인 변화를 추구하며 예수마을을 이뤄가기 위해서는 교회 내의 사역과 사회 속에서의 사역을 온전히 감당하는 인재가 절실히 요청된다. 복음의 정신으로 무장된 인재를 키워(제자양육) 그들을 통해 '하나님 사랑'과 '이웃 사랑'을 이뤄가는 것이 목회전략의 근본적인 틀이다.

하나님 사랑 : 세상 속에서 영향력 있는 교회가 되기 위해서는 먼저 '하나님 사랑'이 온전히 이뤄져야 한다. 하나님 사랑의 핵심이 무엇인가? 바로 '예배'이다. 그렇다면 세상에 영향력을 끼치는 성도를 세우기 위해 어떤 예배를 지향할 것인가? 첫째, '삶이 예배'가 되도록 하는 것이다. 진정한 성도는 자신의 삶터와 직장을 자신의 강단으로 여길 줄 아는 자이다. 그곳에서 성도는 삶으로써 복음을 선포하고 있기 때문이다.

둘째, 모든 이가 함께 어우러질 수 있는 예배를 추구한다. 신앙이 깊은 자나 약한 자, 부한 자나 가난한 자, 배운 자나 못 배운 자의 구분이 없고, 남녀노소의 벽이 없는, 복음 안에서 진정으로 하나 되는 예배를 추구한다. 세상에서 못 배웠다고 외면받는 사람이 교회에서도 똑같이 외면을 받는다면, 어찌 그런 성도들을 통해 세상이 변화될 수 있겠는가? 오직 예배 안에서는 모든 차별이 사라지고 하나님의 사랑과 긍휼이 풍성하게 넘쳐야 한다.

셋째, 희년의 정신이 온전히 구현된 예배를 드리고자 한다. 이스라엘은 희년을 통해 '부의 분배', '종의 자유', '자연의 쉼'을 실천했다. 이 모든 것은 안식일의 개념이 확장된 것이었다(출 20:8~11). 예배를 통해 부의 나눔을 결단케 하고, 눌린 자를 자유하게 하며, 사람뿐 아니라 자연까지도 사랑으로 품을 수 있는 그런 성숙한 기독교인들을 세워가는 것이 예수마을교회의 목표이다.

이웃 사랑 : '이웃 사랑'의 핵심은 예수마을교회가 속한 지역부터 온 세계 열방에 이르기까지 예수의 사랑과 은혜가 넘치는 곳으로 변화시키는 데 있다. 이웃 사랑의 가치는 하나님 사랑의 무게와 똑같다. 그래서

주님은 "둘째도 그와 같으니 네 이웃을 네 자신같이 사랑하라"고 말씀하신 것이다. 첫째 계명과 둘째 계명이 똑같은 의미와 중요성을 지니고 있다는 뜻이다. 따라서 예수마을교회는 하나님을 사랑함으로 예배에 최선을 다하듯, 이웃을 사랑하기 위해 모든 정성과 뜻과 힘을 다한다. 이웃 사랑은 5가지 영역을 중심으로 실천해 가고 있다. 교육, 복지, 의료, 경제, 문화가 그것으로 각 영역에 헌신된 기독교인을 세워 봉사하게 함으로써 이웃 사랑을 실천하고 있다.

제자 양육 : '제자 양육'의 핵심은 '사람 세우기'이다. 제자 양육을 통해 그리스도의 정신으로 무장한 성숙한 기독교인이 세워져야 하나님 사랑과 이웃 사랑 사역을 굳건히 지탱할 수 있기 때문이다. 특별히 예수마을교회가 지향하고 있는 제자 양육의 철학은 교회 사역에만 강한 기독교인이 아니라 사회 속에서도 역량을 발휘하는 인재를 키우는 데 있다. 교회 안과 밖에서 기독교인의 선한 영향력을 끼치며 살아가는 성숙한 기독교인을 세우는 것이 제자 양육의 핵심적인 목표인 것이다.

이러한 목회비전을 간단한 표로 소개하면 아래와 같다.

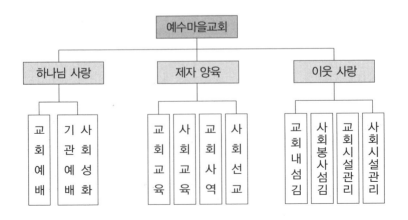

여기서 한 가지 주지할 점은 이제까지 많은 교회들이 위의 표의 좌측 축에만 관심해 왔다는 것이다. 예를 들어, 교회에서 드리는 예배에는 큰 관심과 정성을 쏟으면서도 삶의 현장에서 드리는 예배에는 그만큼 관심을 쏟지 못했다. 또 교회교육, 즉 유치부, 유초등부, 중고등부, 청년부 사역에는 관심을 쏟았지만, 학교에서의 삶까지는 돌아보지 못했던 것이 현실이다. 물론 예수마을교회는 꿈터문화원과 신당5동 어린이집, 그리고 서울실용음악고등학교와 같은 정식교육기관을 가지고 있다. 하지만 설령 그러한 기관이 없더라도 아이들이 어떤 생각과 비전을 가지고 미래를 준비하고 있는지 늘 관심을 갖고 지도하는 것도 중요한 사역이라는 점을 강조하고 있다.

이처럼 예수마을교회는 교회와 사회, 양쪽에서 모두 하나님의 자녀로서 능력을 발휘하는 탁월한 영적 지도자를 세우는 교회가 되고자 한다. 하나님의 교회는 건물이 웅장해서 위대해지는 것이 아니라, 성숙한 기독교인을 통해 위대해지는 것이기 때문이다. 위대한 하나님의 제자를 세워가는 제자 양육의 중심에는 바로 교회의 훈련기관인 '밴드아카데미'가 있다. 밴드아카데미를 통해 새신자를 사회성화에 앞장서는 성숙한 기독교인이 될 때까지 지속적으로 훈련하고 교육시킨다. 그 과정은 아래와 같다.

전도(등록) ▶ 정착 ▶ 소속(목장) ▶ 양육 ▶ 개인성화(밴드) ▶ 사역(은사별) ▶ 사회성화(예수마을)

예수마을교회는 제자양육의 정신을 실천함에 있어서 밴드 목회의 근간인 이러한 영적 지도자를 만드는 시스템을 굳건히 하여 기복 없이 운영될 수 있도록 전력을 다하고 있다. 예수마을운동은 한 대에서 끝나는 사역이 아니라 주님이 오시는 날까지 계속되어야 하기 때문이다. 그러기 위해서는 같은 비전을 품은 제자들이 이러한 밴드아카데미를 통해 계속해서 양성되는 것이 중요하다.[100]

3) 목회철학에 근거한 훈련 프로그램

- **전도/정착** : MD[Mediator] 사역을 통해 새신자가 교회에 온전히 정착하게 한다. ▶교재 : 새신자를 100% 정착시켜라
- **소속(목장)** : 교회에 정착한 새신자가 소그룹 공동체인 목장의 구성원이 됨으로써 한 몸 된 교회의 한 지체로서 온전한 소속감을 갖게 하는 데 목적이 있다. ▶교재 : 진짜 기독교인
- **양육** : 기독교인으로서 온전한 정체성과 가치관을 가지고 섬김과 봉사의 삶을 살게 한다. ▶교재 : 생명 있는 기독교인, 하나님 나라 건설자
- **개인 성화(밴드)** : 성화를 추구하는 성숙한 기독교인들이 교회의 주축이 됨으로써 교회의 부흥을 도울 뿐 아니라 사회에도 영향력 있는 교회로 변화되게 한다. ▶교재 : 성화 훈련 가이드북
- **사역(은사)** : 성숙한 밴드원들의 헌신을 통해 교회 사역과 사회성화 사역을 활성화한다. ▶교재 : 사역하는 기독교인, 성숙한 기독교인
- **사회 성화(예수마을)** : 사회 성화가 온전히 이뤄진 현장이 바로 '샬롬 공동체'이다. ▶참고도서 : 예수마을이야기

예수마을교회 밴드아카데미

과정	필수 이수 과목					교육 일정	사회봉사	진급
1단계	진짜 기독교인	생명 있는 기독교인				주일 중심	봉사 10시간	준목자 및 집사 자격
2단계	하나님 나라 건설자	사역하는 기독교인	성경여행(통독)-현 월/목 시행 중	예비 목자교육(목자 희망자)	밴드 모임의 실제(밴드 가입 희망자)	매주 화	봉사 20시간	목자 및 권사 자격
3단계	성숙한 기독교인	성화 훈련 가이드 북	리더십	예비 디렉터 교육 (디렉터 희망자)		매주 목	봉사 30시간	디렉터 및 장로 자격
공통	선택 이수 과목 • 상담학교 / 전도학교 / 기도학교 / 성막론 / MD교육 1단계 교사교육 – 자율선택 성경여행(통독) / 리더십 – 1단계 이수자 선택 가능					매주 화 or 목		필수 과목은 3명 / 선택 과목은 5명 이하일 때 폐강할 수 있음
	차후 개강 리스트 • 결혼 예비 학교 / 부부 학교 / 아버지 학교 / 자녀 교육 – 자율선택 / 로마서 / 멘토링 / 성령론(은사) 2단계 교사 교육 – 1단계 이수자 선택 가능							

4) 소그룹 사역공동체인 목장이나 밴드원들의 지역 사회 사역

각 성도들이 자신의 은사와 여건에 맞게 개인적으로, 혹은 목장이나 밴드원들이 함께 모여 다양한 영역에서 봉사와 섬김을 행하고 있다.

(1) 복지 영역

중구재가복지센터 : 주위에 돌봐 줄 사람이 없는 노인들이나 장애인들의 가정에 직접 찾아가 그들의 삶을 돌봐주는 사역이다.

중독상담소 : 각종 중독(약물, 알코올, 폭력 등)에 빠져 정상적인 삶을 사는 것이 불가능한 사람들을 그리스도의 사랑으로 치료해 줌으로써 다시금 사회의 일원이 되게 하는 사역이다.

두란노 가정폭력상담소 : 가정 내에서 일어나는 모든 어려운 문제들을 해결받을 수 있는 곳이다. 시장이라는 지역 특성상 가정 내에 폭력적인 일들이 많이 일어나 설립되었다.

무료법률사무소 : 변호사를 구할 돈이 없는데다 법적인 지식이 없어 손해를 보거나 고통을 당하는 교인들과 지역 주민들을 위해 무료로 법률 상담을 해주는 곳이다.

무료급식소 : 지역 주민 가운데 경제적으로 어려워서 끼니를 잇지 못하는 분들을 위해 매일 점심에 무료로 식사를 제공하고 있다.

(2) 교육 영역

꿈터문화원 : 어린아이 때부터 그리스도의 정신으로 키우기 위해 예수마을교회가 운영하고 있는 보육시설이다.

서울실용음악학교 : 한국을 비롯한 세계의 음악을 선도하는 리더를 키우고자 세워진 실용음악 고등학교이다. 국내외의 유수한 교수진을 통해 능력 있는 기독교인 음악가들이 길러지고 있다.

마을서당 : 교회뿐 아니라 지역의 아이들에게 무료로 한자를 교육해 주고 자격증까지 딸 수 있도록 교육하고 있는 기관이다.

동의학교실 : 동의학을 배워서 스스로 자신을 치료할 수 있도록 도울 뿐 아니라, 다른 사람들을 섬기고자 하는 분들을 교육하고 있다.

(3) 의료 영역

해피사랑방 : 지역 주민들이 무료로 한방 치료 및 발 마사지를 받을 수 있는 곳이다. 모든 치료가 무료로 이뤄지므로 돈 걱정 없이 많은 분들이 치료를 받고 있다.

구생회 : 수십 여 명의 기독교인 의사와 간호사로 구성된 단체로 한방

과 양방 전 영역의 치료를 모두 무료로 지역 주민뿐 아니라 외국인 근로자들까지 섬기고 있는 의료 단체이다.

백내장수술 후원사업 : 눈이 보이지 않아도 돈이 없어서 그대로 방치하고 있는 노인들을 매달 5~6명씩 선정하여 무료로 백내장수술을 받도록 도와주고 있다.

(4) 경제 영역

창업대학 : 창업을 하고 싶은데 어떻게 시작해야 할지 몰라 힘들어하고 있는 이들을 돕는 곳이다. 창업에 대한 전문적인 지식을 가르쳐 줄 뿐 아니라 대출까지 알선해 줘서 자립할 수 있도록 돕고 있다.

JTC운동본부 : 모든 예수마을운동이 원활하게 돌아갈 수 있도록 각계의 실업인들과 후원자들을 연계해서 운영기금을 지원하는 기관이다.

Sin-Free Zone 카페 : 대화를 나눌 만한 변변한 공간조차 없는 지역 주민들을 위해 세워졌으며, 현재 교회뿐 아니라 지역 주민들의 사랑방 역할을 하고 있다.

북카페 : 시간에 구애받지 않고 마음껏 책을 읽고, 차를 마시며 교제를 나눌 수 있도록 교회가 앞장서서 제공하고 있는 안식처이다.

토기장이집/13th : 두 차례에 걸쳐 이름이 바뀌었다. 지역 사회를 위한 양식 식당을 운영했으나 경영난을 비롯한 몇 가지 이유로 폐쇄되었다.

(5) 문화 영역

청소년문화마을 : 지역 사회의 문화를 전반적으로 변화시키는 역할을 감당하는 사단법인체이다. 다양한 문화 프로그램을 진행하고 있다.

에든버러 국제청소년성취포상제 : 청소년들이 자기 주도적으로 모든 계획을 세우고 실천하며, 사회에도 이바지할 수 있는 건강한 모습으로 성장하도록 돕는 국제적인 청소년 단체이다.[101]

5) 다른 공동체에 공헌할 수 있는 갱신의 적용점

예수마을교회의 예수마을운동은 다양한 부분에서 한국교회에 귀한 통찰을 준다. 그 대표적인 공헌을 세 가지로 든다면 아래와 같다.

첫째, 영성과 사역, 교회 내의 사역과 사회 성화 사역의 철저한 균형을 추구한다. 교회가 교회 내 사역에만 관심을 쏟는다면 오늘날 사회적인 지탄의 대상이 되고 있는 몇몇 대형교회의 발자취와 전혀 다를 바가 없을 것이다. 그렇다고 해서 교회 밖 사역, 즉 사회 성화 사역에만 매진한다면 교회의 본질은 사라지고 사회운동단체NGO와 같은 성격으로 변질되기 쉽다. 예수마을교회는 이 두 영역의 사역을 조화롭게 균형을 유지하는 데 많은 관심을 쏟고 있다. 우선 주일예배뿐 아니라 철야예배, 마을 기도회 및 예배, 소그룹 목장 모임, 카이로스 치유 집회 등을 통해 교회의 본질인 영혼 구원 사역에 온 힘을 쏟게 하고, 영과 혼과 육의 온전한 돌봄을 받을 수 있도록 하고 있다. 이렇게 영적으로 공급받은 힘을 가지고 사회 성화 사업을 향해 나갈 수 있도록 이끄는 것이 중요하다. 결국 복음의 열매는 나눔과 섬김을 통해 맺혀지는 것이기 때문이다. 이와 같이 예수마을교회는 교회 내외의 사역에 균형을 추구함으로써 지치지 않고 지속적으로 사회 성화 운동을 이끌어 나가고 있다.

둘째, 교회 연합 운동을 이끌고 있다. 하나님의 나라는 특정 교파나 교단을 위한 것이 아니다. 모든 교회들이 함께 꿈꾸고 이뤄가야 할 비전이다. 그러나 실질적으로는 같은 교단 안에서조차 온전한 연합을 이루기 어려운 것이 현실이다. 하지만 예수마을교회는 사회 성화 사역을 감당함에 있어 지역의 다른 교회와 모든 일을 연합하여 진행하고 있다. 한일교회(한국기독교장로회), 산돌교회 등 교파와 교단이 전혀 다른 지역 교회들이 지역 사회의 변화를 위해 연합하여 사회를 섬기고 있는 것이다. 같은 교단 안에서조차 자신들의 이권 때문에 분열에 분열을 거듭하고 있는 이 때에 진정한 귀감이 아닐 수 없다.

셋째, 교회와 지역 주민이 함께 연합하여 지역 사회의 변화를 추구하고 있다. 이제껏 많은 교회들이 자신들의 역량대로 지역 주민을 섬기는데 힘을 쏟아 왔다. 그러나 교회와 지역 주민이 함께 연합하여 지역 사회의 변화를 일으키는 일은 거의 없었다. 그러나 예수마을교회는 '교동협의회'(교회와 지역사회주민연합체)를 세워 교회와 지역 주민들의 협의체를 만들고, 이를 기반으로 지역 주민이 바라는 마을로 신당동을 변화시켜 가고 있다. 지역 주민들이 함께 이 일을 진행하고 있기 때문에 모든 일에 협조적일 수밖에 없다. 그로 인해 신당5동은 이전에는 꿈도 꾸지 못했던 일들, '살기 좋은 마을 만들기 프로젝트', '슈퍼밴드 페스티벌', '해피아이 드림페스티벌', '마을음악회' 등을 진행해 왔다. 이 모든 것이 지역 교회와 주민들의 연합된 힘으로 이뤄낸 일들이다. 이러한 일치와 연합 운동이 21세기 목회적 방향을 가늠하고 있는 한국교회의 작은 공동체 운동에 좋은 통찰을 준다고 본다.

하나님 나라 선교에
초점을 맞춘 통합적 선교 모델
- 덕수교회

　건강한 교회는 영성Inward journey과 사역Outward Journey의 균형을 이루어
가는 교회이며 하나님 사랑과 이웃 사랑의 연결점(마 22:36~40)이 되는
공동체이다. 올해로 교회 창립 65주년을 맞이하는 덕수교회(담임 손인웅
목사)는 역사가 있는 중형교회이며, 교회가 모든 사역을 통해 지향하는
궁극적인 목표는 하나님 나라의 구현이기 때문에 성도들의 신앙이 개인
차원에서 교회 차원으로, 교회 차원에서 세상으로 그 영역을 넓혀서 세
상을 하나님의 통치 아래 두는, 하나님 나라 선교에 초점을 맞춘 건강한
통합적인 선교 모델이 되는 교회이다. 손인웅 담임목사는 한국교회에 초
교파적으로 디아코니아 사역의 선도적인 역할을 감당하고 있다.

1) 덕수교회의 목회철학

(1) '부름 – 세움 – 보냄'의 삼중 구조 속에 핀 오색 목회
　하나님의 은총 속에 성장해 온 덕수교회의 목회를 한마디로 정의하면
칼 바르트K.Barth가 말한 '부름', '세움', '보냄'의 삼중 구조 속에 핀 오
색목회라고 할 수 있겠다. 덕수교회는 교회 자체를 '하나님 나라'로 이

해하지 않는다. 그 이유는 '하나님 나라'는 하나님의 주권이 미치는 '하나님의 왕적 통치'를 의미하기 때문이다. 하나님의 통치는 어느 한 지역이나 특정한 공간에만 한정될 수 없고 세계와 우주를 향해 열려 있어야 하기 때문이다. 하나님의 통치를 위해 헌신하는 구조가 되기 위해 덕수교회는 끊임없는 자기갱신을 해 왔다. 덕수교회는 마리아 해리스^{Maria Harris}가 분류한 교회의 다섯 가지 본질적인 사역인 예배, 교육, 친교, 봉사, 선교를 하나님의 통치에 헌신하는 구조로 인식하여 각 영역의 수준이 성숙해 가도록 사역해 왔다.

(2) '부름'의 영역

부름의 영역에서 덕수교회는 예배갱신을 위해 많은 노력을 기울여 왔다. 한국에 전해진 18~19세기 미국 부흥운동의 영향에만 머물지 않고 기독교 역사를 연구하며 하나님의 주권과 영광이 드러나는 가운데 그에 응답하는 인간의 화답이 조화를 이루는 예전적 예배를 지향하고 있다. 또한 초대교회 예배의 두 축이던 말씀과 성찬의 유기적인 균형을 위해 매월 1회의 성찬을 드리고 떡과 잔을 함께 나눌 수 있는 성찬기의 제작, 세례반 설치, 재의 수요일이나 언약갱신예식 등 성례전을 통해 체험할 수 있는 신앙의 풍요로움을 회복하고자 많은 노력을 기울인다.

주일공동예배에서 선포되는 설교는 성도들의 신앙적 토양을 건강하게 세우는 데 초점을 두고 전해진다. 그래서 손인웅 목사의 설교는 즉흥적 감동보다는 신앙적 체계가 세워지는 방향으로 이루어지며, 성경과 시대적 정황의 다리를 잇는 가교 역할을 하는 설교이다. 이 같은 배경 하에 성북동으로 이전해 온 1984년 이래 한 주도 거르지 않고 덕수교회의 주보에는 당일 설교내용의 요약본이 좌측에 실리고, 우측에는 시대적 상황이나 목회적 차원에서 설교에서 다루지 못했거나 설교의 내용을 보완하는 '목회자의 편지'라는 담임목사 칼럼을 실었다. 텍스트^{text}와 콘텍스트 ^{context}, 즉 성경과 상황의 두 축이 균형을 이루어 온 것이다.

(3) '세움'의 영역

세움의 영역에서는 교육의 갱신과 친교의 강화를 위해 노력해 왔다. 기독교 신앙을 주입하기보다는 신앙 공동체로서의 정체성을 유지하는 가운데 영아부터 성인, 노년에 이르기까지 하나님 나라 백성으로서 신앙을 형성해 나가도록 교육했다. 덕수교회는 자체적으로 '평생교육 커리큘럼'을 만들고 영아부터 노년까지 전 세대가 각각의 연령과 신앙 성숙에 맞는 신앙교육을 실시했다. 또한 부활절이나 추수감사절과 같은 절기나 어린이주일, 어버이주일 등의 특별 주일에는 전 세대가 함께 축하하고 예배드리는 장을 마련해 왔다. 전 교인이 참여하는 평생교육 커리큘럼 외에도 소그룹 구역모임, 30~40대 여성 성경공부, 안드레 전도팀, 절기별 영성훈련, 사경회 등을 통해 양육 받고 은사에 따라 교회에서 시행하고 있는 지역사회 사역에 참여한다.

덕수교회가 추구해 온 친교는 단순한 친밀감과 사교를 뛰어넘는 신앙 안에서의 영적 유대를 이루는 네트워크로서의 사귐이다. 이것은 60년 역사를 통틀어 2명의 담임목사가 각각 31년과 34년 간 사역하고 있으며 교회가 큰 분란 없이 평화롭게 유지되고 있는 것을 보면 알 수 있다. 정동 시절의 덕수교회가 지식층, 양반층과 서민층의 하나 됨을 위해 노력해 왔다면, 성북동 시절의 덕수교회는 빈부격차에도 불구하고 그리스도 안에서 같은 목표를 가지고 함께 신앙생활을 하도록 노력해 왔다고 볼 수 있다.

(4) '보냄'의 영역

보냄의 영역에서는 선교와 봉사를 위해 노력해 왔다. 덕수교회가 지향하는 선교는 영혼의 구원만을 의미하지 않는다. 덕수교회가 지향하는 선교는 하나님의 통치가 임하는 방식으로 교회의 존재를 드러내는 것을 말한다. 즉 성북동이라는 지역 사회에 교회를 보내셨을 때에는 교회를 통해 하나님께서 드러내기 원하시는 복음의 열매가 있음을 확신하고 그 지역에 맞는 교회의 존재양식이 표현되어야 함을 의미한다.

특별히 성북동으로 이전하면서 덕수교회는 사회봉사를 통해 그 빛을 드러내 왔다. 20년이 넘는 세월 동안 사회봉사를 통한 섬김을 지속적으로 행해 온 결과 덕수교회를 통해 성북동 지역 주민들은 여러 면에서 실제적인 도움을 받게 되었고, 그로 인해 복음에 마음 문을 열고 교회를 찾는 이들이 늘어났던 것이다. 그 혜택 또한 영·유아의 아동 시절부터 거동이 불편한 노인들, 노숙자들까지 다양한 연령층과 여러 상황에 처한 이들에게까지 골고루 나눠지게 되었다.

부름, 세움, 보냄의 삼중구조 속에 구현된 이 다섯 가지 사역은 결코 교회성장을 위한 기능적인 도구가 아닌 하나님 백성 공동체인 교회의 표현 양식이자 존재 양식이었다. 그러므로 이 다섯 가지 영역이 온전한 조화를 이룬다는 것은 그리스도의 몸 된 교회의 건강성이 회복되는 것을 의미한다. 지난 역사 속에서 그러했듯이 여전히 덕수교회는 이 다섯 가지 사역의 축-예배, 교육, 친교, 봉사, 선교-을 2년 단위로 강조하면서 각 영역을 3번씩 집중적으로 강화하는 방식으로 2대 손인웅 담임목사의 리더십 아래 35년을 달려왔다. 어느 한 영역이 특별히 두각을 나타내지는 않으나 모든 영역이 서로 협력과 일치를 이루어 가며 '오색 목회의 미'를 이루어 낸 것이다. 예배는 교육을 강화하고, 교육은 선교를 강화하며, 성도 간의 교제를 거룩하게 이끌고, 봉사에 나아가도록 힘을 보태는 방식이었다. 덕수교회의 오색목회는 그렇게 다른 영역들이 서로 보완해 감을 통하여 튼실하게 세워져 갔다.

2) 교회의 방향과 연결되는 독특한 목회전략

덕수교회는 올해로 창립 65년째를 맞이한 서울의 중형교회이다. 현재는 서울시 성북구에 위치해 있지만, 본래는 덕수궁 옆의 정동에서 시작하였다. 모교회였던 안동교회로부터 고ᵗᵗ 최거덕 원로목사께서 개척한 교회로 그 시작이 지식인과 사회 지도층, 청년이 주를 이룬 교회였다. 그러다가 1984년 서울시의 도시재개발사업과 맞물려 현재의 성북구 성북동 243-1번지로 이전하게 되었다. 그런데 성북동으로 이전할 때 정동의 한 부자 교회가 성북동으로 이전한다는 소문이 나면서 교회를 향한 긴장감이 지역 사회에 형성되어 있었다. 더구나 성북동은 서울의 최고급 주거지구와 1960~70년대 재개발사업으로 이주한, 경제적으로 가장 어려운 계층이 공존하고 있는 지역이었다.

이러한 긴장감을 해소할 수 있는 목회적 대안은 지역 사회의 필요에 맞는 섬김, 즉 사회봉사였다. 그래서 면밀한 지역조사 끝에 각 세대에 맞는 섬김 사역을 시작하게 되었다. 어린이에게는 어린이집과 유치원, 겨울방학 동안 진행되는 어린이교실, 청소년에게는 공부방, 성북사회봉사단, 2박 3일간 진행되는 청소년생명캠프, 주부들에게는 여성문화대학, 노년에게는 노인학교, 늘푸른문화대학, 2006년 완공된 복지문화센터를 통한 노인 주/야간 보호시설 등 전 세대의 필요에 부합하는 섬김 사역을 계속해 오고 있다. 또한 20년 이상 지속되어 온 바자회를 2008년부터는 인근의 타종교 기관들과 연합하여 종교인연합바자회로 개최해 지역의 불우 청소년들에게 장학금을 수여하는 행사를 벌여오고 있다.

이를 통해 덕수교회는 지역 사회로부터 꼭 필요한 이웃이라는 인식을 심어 주게 되었고, 지역의 기관들과 유기적 협력을 통해 지역 사회 발전에도 큰 도움을 주는 지역사회 센터Community Center로서의 자리매김도 할 수 있게 되었다. 이러한 지속적인 섬김을 통한 사역은 장기적으로 볼 때 교회에 대한 신뢰를 증진시켰고, 폭발적인 성장은 아니지만 교회에 등록하는 새가족의 정착률이 90%를 넘으며 꾸준한 교회성장에 이르고 있다.

그러나 무엇보다도 중요한 것은 이러한 지역 사회를 섬기면서 덕수교회 성도들이 변화되었다는 사실이다. 본래 상류층과 양반 문화가 팽배해 있던 교회의 세속적 정서가 직접 지역 사회를 섬기고 이웃과 더불어 살아가면서 실천적인 신앙인으로 성숙해 가는 공동체가 된 것이다.

3) 구체적인 사역

(1) 어린이에서 노인까지 전 세대를 향한 섬김

겨울에 4주간 진행되는 어린이교실, 중·고등학생을 대상으로 주간 토요일 총 9시간으로 진행되는 성북사회봉사단, 여름에 2박 3일로 농촌 봉사에서 생태체험까지 경험하는 청소년 생명캠프, 주부들을 대상으로 봄·가을에 진행되는 여성문화대학, 노년층을 대상으로 하는 노인학교·늘푸른 문화대학, 노인 주·야간 보호시설 등이 있다. 성도들은 교사 및 자원봉사자로 참여할 수 있다.

(2) 다양한 사회계층을 향한 섬김

절기에 맞춰 월드비전 저금통·작은 자 저금통·옥수수재단 저금통 모금행사, 매주 화요일 성북구 거주 독거노인 도시락 배달 서비스, 장학 헌금을 통한 지역 청소년 지원, 노숙자 차 대접 등에 참여한다.

(3) 다양한 범위의 선교 현장에 참여

118개의 선교현장(교회, 노인, 어린이, 청소년, 장애인, 학원, 군, 경찰, 병원, 교도소, 문서, 각종 기관) 가운데 본인이 지정한 곳을 정기적으로 후원할 수 있는 '사랑과 선교의 헌금', 사랑의 집짓기, 긴급구호현장 참여, 성탄절 불우이웃 돕기 선물 포장하기 등에 참여한다. 또한 충북 진천, 경기도 이천, 신철원, 경기도 포천, 태백 지역 등을 직접 찾아가 이미용·의료·건물 개/보수·예배·성경학교 등으로 섬겼고, 2000년도부터는 몽골에 청년 및 의료선교, 단기선교 등에 참여하고, 덕수교회가 설립한 몽골은 혜수련원과 유기적으로 협력하며 선교를 하고 있다.

4) 환경 및 생명 운동에 동참하기

환경운동의 성경적 근거와 실천 방안에 대한 강좌 및 시청각 교육을 실시했고, 생명 목회 심포지엄 개최 및 자료집 발간, 음식물 남기지 않기 캠페인, 교회식당 유기농 먹거리 사용하기, 환경연대 재생용지 달력 사용하기, 인근 지역의 산, 강가의 쓰레기를 줍는 환경 살리기 운동(월 1회 토요일 남선교회원 참여) 등을 통해 창조 보전을 위한 청지기직 수행에 동참한다.

5) 밖으로 향하는 공동체성

(1) 종교인 연합 바자회

성북동에는 길상사를 비롯한 사찰 14개, 복자수도원을 비롯한 7개의 천주교 성당 및 수도원 등 각 종교의 대표적인 기관이 공존하고 있다. 이러한 다원화된 지역사회 속에 살아가는 덕수교회 성도들에게 복음의 정체성을 유지하면서도 타종교와 더불어 공공선公共善을 향해 협력하는 모습을 배울 수 있는 기회로 2008년 가을부터 기독교(덕수교회) · 천주교 (성북동성당) · 불교(길상사)의 세 종교기관이 연합으로 바자회를 열고 있고, 그 수익금으로 성북구내의 청소년들에게 장학금을 전달하고 있다.

(2) 북카페 사역

덕수교회 내에 위치한 북카페(푸른 초장 쉴 만한 물가)는 집과 직장이 아닌 제3의 공간에서 쉼과 회복을 얻을 수 있도록 한다는 취지로 2008년 문을 열었는데, 그 목적에 맞게 지역 주민들이 애용하는 장소가 되었다. 단순히 차를 마시는 공간을 넘어서서 문화공간으로서의 역할도 감당하여 재즈 피아노 연주회, 저자와의 대화, 클래식 음악 공연, 커피 강좌 등을 개최하고 있다. 성도들은 자원봉사자로 북카페를 섬기고, 비신자들을 자연스럽게 교회로 초대하게 되어 좀 더 일상에 가까운 모습으로 복음을 증언하는 경험을 하고 있다.

(3) 다문화 사역

성북동에는 대사관저들과 외국인들이 많이 거주하고 있으며 덕수교회 맞은편에는 최근 2009년에 다문화 빌리지가 개관하였다. 2010년 5월에는 여성문화대학 수강생 20명이 독일대사관저를 방문해 독일대사부인을 접견하고 독일 전통 케이크 만들기와 독일 문화를 소개받는 시간을 가졌으며, 덕수교회 내 한옥 건물인 '일관정'에서 매주 목요일 외국인들이 모여 '다도'(茶道)를 배우는 프로그램을 구청과 연계해서 진행하고 있다. 앞으로도 다양한 인종, 문화, 종교가 함께 만나는 상황에서 상생을 이루어 갈 수 있도록 다문화교육multicultural education을 강화할 예정이라고 한다.

6) 다른 공동체에 공헌할 수 있는 교회갱신의 적용점

첫째, 교회 성장에 초점을 두지 않고 건강한 교회에 초점을 둔 목회를 지향해 왔다. 이를 위해서 앞서 언급한 바르트의 삼중구조(부름 – 세움 – 보냄) 속에 마리아 해리스가 제시한 다섯 가지 사역(예배, 교육, 선교, 봉사, 친교)이 균형을 이루며 현재를 이루게 되었다. 이러한 목회는 단기적인 측면에서 폭발적인 교회 성장을 가져오지는 않지만, 성숙한 공동체를 이루어 가는 장점이 있다.

둘째, 지역 사회와 소통하며 지역사회센터Community Center로서의 책임을 다한다. 하나의 교회가 한 지역에 세워진다는 것은 그 지역을 통해 일하기 원하시는 하나님의 섭리가 있음을 믿으며, 교회는 신자들만의 유익에 국한하지 않고 교회 밖 지역 주민과 기관들에도 교회가 존립함으로 인해 유익을 얻을 수 있도록 한다는 것이다. 이를 위해 덕수교회는 예배당과 건물들을 지역 주민들에게 공개하여 도심 속의 전원교회라는 인상을 줌과 동시에 교회 신자가 아니어도 교회에 와서 쉬고 갈 수 있는 쉼터, 북카페, 유아놀이방, 어린이 도서관 등으로 제공하고 있다. 또한 영아부터 노년에 이르는 전 세대에게 교회를 다니지 않아도 충분히 참여할 수 있는 프로그램들을 운영하고 있다. 교회 창립 60주년 기념으로 세워진 복지문화센터는 교회 내에 위치하지 않고 지역사회 속에 건립함으로써 노인복지 및 지역문화 활성화를 위한 장소로 제공하고 있다.

65년 역사 속에 1대 최거덕 목사 31년, 2대 손인웅 목사 34년 등 담임 목회자가 2명일 정도로 안정적인 목회 리더십이 있었고, 이들의 리더십과 목회철학에 동의하는 성도들의 섬김과 협력으로 덕수교회는 '화목'한 교회로 잘 알려져 있다. 특별히 손인웅 목사의 중요한 목회철학 중 하나는 급격한 개혁보다는 점진적 개선이 한국교회 목회 현실에 더 적합하다는 것이다. 이를 실천하기 위해 모든 개혁을 진행함에 있어 손인웅 목사는 먼저 교육과 세미나를 실시하여 교인들의 사전이해와 준비가 이루어지도록 했다. 그래서 교인들이 갑작스런 변화로 인한 충격과 갈등이 없도록 세심한 목회적 배려를 하였다. 또한 외부에서 잘 알려진 프로그램을 도입하는 경우에도 그대로 교회 내에서 시행하기보다는 교회의 사역자들로 하여금 충분히 연구하도록 한 뒤에 교회의 상황에 맞게 적용 및 시행하도록 하고 있다.

위기 가운데 있는 한국 개신교회에 건강한 공동체의 모델로 덕수교회가 시사하는 바가 크다. 덕수교회 손인웅 목사가 목회철학으로 적용하는 것이 있다. 변화하는 시대의 목회를 위한 효과적인 변화이론Effecting Change 가운데 하나인 마사아키 이마이Masaaki Imai의 '카이젠Kaizen 이론'이다.[102]

▶ TIP

마사아키 이마이Masaaki Imai의 "카이젠Kaizen 이론"

카이젠Kaizen(改善)이란 말은 일본인들이 제3의 종교라고 말할 정도로 일본 정신을 담고 있는 중요한 단어로서 우리 한국인들이 생각하는 개선(改善)이라는 개념과도 약간 다르고, 영어의 'Improvement' 나 'Innovation' 과도 다른 개념이다. 진보에는 두 가지 대조적인 어프로치가 있는데 하나는 점진적이고 완만한 어프로치이고, 다른 하나는 일약 전진하는 어프로치이다. 전자는 일본인들의 카이젠Kaizen(改善)이고, 후자는 구미인들의 이노베이션Innovation(變革)이다. 카이젠은 부단한 노력으로 날마다 개선해서 새로운 표준을 향해서 한 단계씩 꾸준히 쌓아 올라가는 것이고, 이노베이션은 대규모 투자에 의해 새 기술과 새 설비를 도입하여 대담하게 개혁해 나가는 것을 의미한다.

카이젠은 실시할 때 반드시 많은 투자가 필요하지는 않으나 계속적인 노력과 헌신이 필요하다. 카이젠은 이노베이션에 비해 단기적 효과는 부족하나, 그 누적되는 효과는 세월이 경과할수록 착실히 상승한다. 카이젠은 과거 지향적이고 인간 지향적이며 노력 지향적이지만, 이노베이션은 결과 지향적이고 기술 지향적이고 자본 지향적이라는 면에서 대조적이다. 카이젠은 모든 구성원들이 협동해서 끊임없이 개선해 나간다는 점에서 단체정신Team Spirit을 중요시한다. 카이젠은 인간의 삶의 모든 영역에서나 모든 조직체가 매일매일 새로운 도전을 하며, 진보와 향상과 성장을 이루어 나가는 생활철학이다.

어느 한 조직의 경영자가 하는 일은 변화Change를 관리Manage하는 것이다. 목회자도 변화의 촉매자Change Agent이자, 변화의 관리자이다. 그러므로 목회자는 교회의 새로운 표준을 설정하고, 그것이 지켜지도록 교육하고 훈련해 나가며, 교회에서 개선되어야 할 분야와 변화를 일으켜야 할 과제를 찾아서 날마다 카이젠 해 나가야 할 책무를 가지고 있다. 일본인들은 자기들의 카이젠의 원동력을 자신들의 불안감과 불완전감이라고 말한다. 그들은 언제나 '부족하다'는 생각을 하기 때문에 '완전'을 향해서 끊임없이 개선해 나간다는 점을 생각하면 바울의 고백과 통하는 점이 있다(빌 3:12~16).

카이젠과 이노베이션의 비교

카이젠과 이노베이션을 비교하면서, 각각의 장단점을 고려하여 양자를 절충해 가며 교회의 변화를 추구하는 것이 바람직하다고 본다.

	카이젠(Kaizen) 점진적 어프로치	이노베이션(Innovation) 껑충 뛰어 전진하는 어프로치
효과	장기적, 계속적, 극적은 못 됨	단기적이며 극적임
진척정도	소폭	대폭
시간	계속적, 점진적	계속적이지만 점진적이 못됨
변화	완만하고 일정함	급격하고 폭발적임
참가	전원	일부 엘리트만 참가
어프로치	집단주의, 집단 노력, 조직적 어프로치	철저한 개인주의, 개인적인 아이디어와 노력
방식	유지 및 개선	재건
원동력	재래의 노하우와 기존의 기술 수준	기술미약, 신발명, 신이론
실제의 필요성	투자는 거의 불필요하나 그것을 유지하는 큰 노력이 필요함	많은 투자가 필요하나 그것을 유지하는 노력은 적어도 됨
노력 방향	인간	테크놀로지
평가기준	보다 나은 결과를 위한 진행과 노력(過程) 지향	이익 면의 결과(結果) 지향
이점	저성장 경제에 있어서 잘 기능함	고도성장 경제에 보다 적합함

하나님의 정의와
인간의 존엄성이 만나는 곳
– 부천 밀알교회

1) 섬김의 사역으로 성도의 변화를 이끄는 교회

부천 밀알교회(담임 박기서 목사)의 목회철학은 교회의 본질과 선교적 사명을 다하기 위한 성경적 원칙을 지켜 나가는 것이다. 우선 교회를 하나님이 선택한 공동체로서 이해하고 있으며 세 가지 기본적인 생각을 가지고 있다. 첫째, 교회는 하나님의 것이다. 둘째, 교회는 하나님의 사랑을 알리는 목적을 위해서 부름을 받았다. 셋째, 교회는 하나님의 백성인 사람들의 공동체이다. 이로써 교회는 하나님의 것이며 하나님의 교회는 세상 끝 날까지 보존될 것이다.

이러한 목회철학을 전제로 하여 다음의 여섯 가지 기본 틀을 가지고 교회가 인간의 결단이나 계획의 결과로서 생긴 인간적인 조직체가 아니며 분명한 하나님의 뜻이 계셔서 이 세상에 존재하는 것임을 표방하고 있다. 첫째, 예배와 교육을 통한 영적 기초 확립, 둘째, 구속적인 인간관계 수립, 셋째, 교회 내의 창의적 소그룹 모델 개발, 넷째, 선교를 위한 소명자의 훈련, 다섯째, 종합계획을 통한 교회 개발, 여섯째, 주어진 자원의 완전 활용 등의 원칙을 갖고 최우선적으로 하나님을 사랑하는 것과 이웃을 사랑하는 두 방향으로 모든 교육 훈련과 선교 프로그램의 방향을 결정하고 있다. 교회의 규모가 크든 작든 간에 참된 교회가 되기 위해서는 이러한 본질을 가질 때 교회의 사명을 완수할 수 있다고 생각하기 때문이다.

밀알교회는 교회학교 학생을 포함하여 총 250여 명이 출석하는 외형상 아주 평범하고 작은 교회이다. 그러나 이 교회가 중점으로 하고 있는 예배와 기도 훈련이나 교육 훈련 프로그램은 목회 현장에 맑고 밝은 울림을 전해 준다. 교회의 본질을 잘 간직한 채 부흥을 꿈꾸는 밀알교회는 21세기가 원하는 중소교회 목회 패러다임의 좋은 모델이다.

밀알교회는 1977년 7월 첫 주일, 경기도 부천의 원미산 기슭, 그야말로 일부러 찾지 않으면 올 수 없는 산모퉁이에 세워졌다. 그 후로 밀알교회는 가난하지만 척박한 삶을 사는 사람들이 옹기종기 모여 사는 원미동 산길 옆에서 지역을 섬기고 있다. 이곳에서 진정한 자유와 하나님의 정의, 그리고 평화와 인간 존엄성이 곧 그리스도의 뜻이자 궁극의 구원임을 전하려는 것이 담임 박기서 목사의 신앙고백이자 목회의지이다.

박기서 목사는 오랫동안 교회학교 일꾼으로 봉사해 온 교사 출신 목회자이다. 박 목사는 인위적이고 목표 지향적인 교회 운영보다 성도가 변화하여 삶의 현장에서 그리스도의 삶을 구현하도록 가르치는 것에 목회방향을 두고 있다. 곧 성도 한 사람 한 사람이 작은 교회가 되고, 작은 목자가 되는 것이다. 감리교 정신인 개인 성화의 삶이 사회 성화로 승화된 공동체, 그곳이 바로 하나님 나라를 이루는 교회라는 믿음으로 각 성도들의 영성이 늘 하나님 앞에 깨어 있기 위해 밀알교회는 진리의 말씀에 순종하는 기도와 성경공부를 중시한다. 그가 스스로 가난한 산모퉁이 마을을 찾은 것도 예수의 발자취를 따라 가난하고 낮은 곳으로 가고자 함이었다.

2) 목회철학의 세 기둥 – 자유, 정의, 그리고 인간의 존엄성

박기서 목사는 평신도 사역자 출신으로 그동안 쌓은 경험과 동양적 신학 사유를 바탕으로 목회 30년간 한결같이 예수 그리스도를 통해 진정한 자유를 누리는 삶을 추구하였다. 그는 말씀 선포를 통해 기독교 복음이 제도나 교리에 얽매이지 않아야 하며, 성도들은 하나님 앞에 자신을 열어 놓음으로써 성령과 만나고, 기독교 사상을 포용적이되 참 자유를 얻는 도리로서 받아들이도록 전하고 있다. 또한 예배를 교회 안에서만 드리는 것에서 벗어나 교회 밖으로 연장시키는 것이 그가 말씀을 전하는 기본 바탕이다. 성도들이 예수를 통해 참 자유를 얻고, 인간이 정한 정의가 아니라 하나님의 공의를 바르게 이해함으로써 참 정의를 위해 자기를 던지도록 결단할 것을 요청한다. 이 모든 것은 바로 인류를 사랑하시고 함께하시고자 하는 하나님의 사랑, 즉 인간의 존엄성을 지키고 세워 가는 사랑의 삶이다.

박기서 목사는 그 누구도 권력이나 폭력에 의해 자존감을 침해당하지 않고, 하나님의 이름으로 평화를 누리며 온전히 생명을 지킬 수 있는 고귀한 인생임을 강조한다. 이러한 신앙의 삶을 위해 밀알교회의 모든 성도들에게 예수화한 삶, 즉 성화의 삶을 지속적으로 살아갈 것을 요청한다. 이러한 목회 방향에 따라 끊이지 않는 기도 운동으로 성도들로 하여금 순수한 영적 상태를 유지하게 하고, 단계적이고 코이노니아적인 신앙 훈련을 함으로써 하나님을 올바르게 이해하도록 돕고 있다.

3) 진정한 '밀알'이 되기 위한 3단계 훈련 과정

밀알교회는 단순히 성경 지식만을 배우는 공부를 지양하고 오늘의 말씀이 내게 무엇을 계시하시는가를 묵상하게 한다. 삶 속에서 구체적으로 하나님을 만나고 증거하는, 말하자면 아주 자연스러운 기독교인으로 성장해 가는 '선택, 집중, 보냄'의 반복 훈련을 한다. '선택'은 내가 선택한다기보다 하나님의 선택에 대한 자신의 응답이다. 이렇게 선택된 교인은 바로 '집중' 훈련을 받게 되는데 그것은 소명에 대한 확신과 진리에 대한 탐구, 헌신에 대한 기쁨을 깨달아 가는 과정이다. 이렇게 훈련된 교인은 '보냄'을 통해 세상과 선교지, 그 밖의 일터에서 각자 신앙의 열매를 맺게 된다.

이 과정은 크게 3단계 훈련으로 이루어진다. 매주 수요일 14주 동안 신입교인을 위한 기독교 이해와 기초 신앙 훈련을 한다. 이것은 임원이 되기 전 필수적으로 거쳐야 할 과정이다. 이어서 입교 2년 이상 된 교인들을 중심으로 제자 훈련 과정을 한다. 보통 2~3년 동안 이루어지는데, 지구력과 집중력이 필요한 기독교 심층 훈련이다. 이 과정에서 훈련생은 그야말로 진정한 '밀알'로서 예수화해 간다. 제자 훈련을 거쳐 임원이 된 성도들은 리더십 훈련 과정인 사역자 훈련을 받게 되는데, 여기서는 성경을 이해하고 가르치는 훈련과 사역 현장에서 발휘해야 할 크리스천 리더십을 체계적으로 훈련한다.

(1) 기초 신앙 훈련 – 기독교 이해와 신앙생활 14주 과정

대개 교회의 기초 훈련이 교회 문화나 교회 용어 이해 등 교회 적응 훈련 중심인 반면 밀알교회의 기초 신앙 훈련은 훈련생 자신의 정체성을 깨달아 몸과 삶을 통해 먼저 자신이 '하나님의 자녀임'을 발견하도록 인도한다. 처음 3~4주간은 도입 단계로서 훈련생 자신의 존재가 어디서 뚝 떨어진 존재나 혹은 많은 사람들 중 하나가 아니라, 하나님의 사랑과 섭리와 계획에 의해 지음 받은 매우 소중한 존재로서 오늘에 이르렀음을 인식하도록 돕는다. 이어서 5~12주차에는 기독교 주요 교리를 주제별로 나누어 실생활에서 발견할 수 있는 예화나 간증 중심으로 이끌어 간다. 마지막 13~14주차는 리플렉션 과정으로 회개와 결단을 다짐하는 발표의 장으로 마무리한다. 이렇게 훈련을 받고 나면 소위 교회 사역과 운영에 참여하는 정식 입교인(회원)이 된다.

(2) 심층 기독교 훈련 – 세미나식 제자 훈련 3년 과정

밀알교회의 제자 훈련은 진행 방식이나 주제, 과제물 등이 일반적인 강사 중심의 주입식 성경공부와는 사뭇 다르다. 보통 입교한 지 2년 이상 된 20명 이내의 교인들로 편성하는데, 매 3년마다 과정을 실시하고 있다. 제자 훈련은 성경에 근거한 삶의 양식을 스스로 찾아서 정리하는 훈련이다. 강사는 성경 주석과 시대적 배경을 오늘에 접목하여 주께서 말씀 가운데 현현하심을 체험하도록 도와준다. 이를 통해 삶에서 온전한 기독교인으로 자리 잡도록 다양한 주제로 훈련하고 있다. 훈련생들은 매년 헌신예배를 드림으로써 변화된 자신과 헌신의 자세를 고백한다.

(3) 소통이 가능한 리더십 훈련 – 사역자(지도자) 훈련 과정

밀알교회는 성도들이 담임목사가 추구하는 목회의 큰 틀 안에서 소정의 훈련을 받고 입교 연한이 차면 남녀를 불문하고 교회 행정 및 목회 프로그램의 주도자로 참여시킨다. 교회 운영의 투명성에 걸맞게 진지하고

도 헌신적인 평신도 지도자를 훈련하기 위해 사역자 훈련 과정을 진행하는데 이곳에 참여하는 임원들은 우선 크리스천 리더로서 소양교육을 받는다. 이어서 교회 행정과 복지, 선교, 교육 등 각 분야별 지도자로서 전문성과 리더십 훈련을 받는다. 이곳에서 훈련된 임원들은 교회 주요 부서장으로 임명받아 의사결정에 참여하고 있다. 무엇보다 사역자 훈련에서는 권위보다는 섬기는 자세로 소통Communication이 가능한 민주적 리더십을 중요시한다. 직분이 곧 계급이라는 조직의 관념을 탈피하여 수평적 리더십을 통해 온 교인이 동참하는 초대교회적 공동체를 이끌어 가도록 훈련하는 것이다. 밀알교회에서 생각하는 리더십은 숫자로 파악하는 목표 지향적인 리더십이 아니며, 교인은 관리 대상이 아니라 상호 섬김의 대상이다.

4) 다음 세대를 준비하기 위한 성경공부반 운영

교회의 주도적인 계층의 은퇴를 앞두고 차세대 일꾼들을 세우기 위한 준비로서 토요일과 주일 오후에 청년층과 40대 이후의 계층을 모아 차세대 성경공부 그룹Next Generation Bible Study Group을 만들고 성경공부를 시작했다. 밀알교회만이 가지는 좋은 전통과 성경에 입각한 본질이 변질되지 않도록 하기 위함이다. 의외로 좋은 반응과 필요성을 깨닫고, 영적 교제를 통한 친교도 활발해지는 것을 보게 된다. 말씀과 기도가 아니면 거룩할 수 없다는 것이 성경의 가르침이기에 밀알교회는 이웃을 돌보는 사역 이전에 하나님이 기뻐하시는 사람됨을 먼저 갖추는 것을 중요하게 생각하며 이를 위해 게으르지 않으려고 힘쓰고 있다.

5) 성령 충만을 위한 기도 훈련

베드로와 요한이 날마다 성전에 올라가 기도할 때 주 예수의 이름으로 앉은뱅이가 일어나 걷게 되는 놀라운 일이 일어났는데, 이것은 쉬지 않고 기도하는 곳에 하나님의 임재의 역사가 일어나는 변치 않는 진리이다. 이와 같이 밀알교회도 365일 기도가 끊이지 않는 기도하는 집이 되고자 임원들이 요일별로 그룹을 만들어 기도회를 시작했다. 7개의 팀이 돌아가며 요일별로 모여 장로들이 인도자가 되어 집중기도 제목을 두고 기도회를 열고 있다.

헌신을 작정한 임원은 모두 이 기도회에 소속하여 정기예배나 속회모임과 함께 반드시 참석해야 한다. 매일 저녁 교회에서 기도와 찬양이 끊이지 않도록 하기 위함이다. 임원들은 담임목사의 설교와 각종 사역 활동을 위하여 중보기도를 하며 나아가 세계 평화와 인류 구원, 자연세계와의 화해, 민족 통일과 나라를 위한 기도, 지역 복음화와 지역 사역의 부흥을 위해, 또 해외 동포와 사회 정의를 위해, 그리고 교회와 성도들의 삶을 위해 합심으로 기도한다. 이 기도를 통하여 장로들은 자신의 역량을 통감하며 하나님 앞에서 항상 새로운 결단을 하게 되고, 담임목회자의 심정을 충분히 경험하게 된다. 성도들에게는 기도의 응답을 받음으로써 하나님의 임재와 능력을 체험하는 계기도 된다.

6) 밀알교회의 특별한 사역

말씀으로 깨닫고 기도로 무장하고 훈련으로 단련된 성도들은 1인 1사역에 동참하며 이를 통해 축적된 영적 에너지를 바탕으로 다음의 사역을 감당하고 있다.

(1) 부천 이주노동자 및 다문화 가정의 복지 센터와 쉼터 운영

교회를 건축한 뒤 구 교회 건물을 지역 및 이주노동자를 위한 복지 공간으로 활용해 외국인 노동자의 인권과 취업, 무료 진료, 신앙상담, 여성 노동자 쉼터를 운영하고 있다. 이곳에는 밀알교회 교우들 외에 다른 자원봉사자들도 참여하고 있다. 다문화 가정의 화합과 분쟁을 조정할 뿐 아니라 한국 음식 만들기, 자녀들의 학습을 돕는 아시아 청소년 아동 센터도 함께 운영하고 있다. 교우들 가운데 그동안 전문 교육을 받고 사회복지사 자격을 취득한 사역자가 사역을 전담하고 있다. 한글 교육과 한국 내에서 지켜야 할 예절을 가르치는 데도 주력하고 있다. 특별히 교회의 쉼터에서 생활하는 이주노동자들도 직업을 갖게 하여 빠른 시간 안에 독립된 생활공간을 마련하도록 한 결과 몇 사람이 독립적인 생활을 하게 되었다.

교회를 중심으로 둘레에 일반 주택을 전세 내어 세 곳을 쉼터로 사용하고 있다. 일단 직장이 생기면 수입의 얼마를 내게 하여 전세자금을 모으게 하고, 다문화 가정의 여성들이 폭력을 피하여 아이들과 함께 쉴 수 있게 정원 10명을 수용하는 쉼터를 따로 마련하여 운영 중에 있다. 지금까지 많은 사람들이 이용하였고 이용하게 될 것으로 보인다. 냉난방시설과 샤워실, 주방 등 모든 시설이 완벽하게 갖추어져 있으며 일반인에게는 쉼터의 특성상 공개하지 않는다. 그곳에는 항상 5개 종족 이상의 사람들이 생활하고 있다.

(2) 수요 노인교실 운영과 매주 무료 영양 급식 제공

수요 노인교실을 만들고 지역 어르신들의 건강과 홀로 생활하시는 노인들의 열악한 영양 상태를 돕기 위해 매주 수요일마다 여선교회가 주축이 되어 영양식을 제공한다. 무료 건강검진을 실시하고, 문화교실 운영, 계절별 명소 나들이 등도 시행하고 있다. 이 수요 노인교실의 건강검진 결과 여러 노인들이 병원 진료를 받고 위기를 넘긴 경우도 수차례 있었다고 한다. 한글을 배우고 한국 고전 춤과 장고를 배우며, 외부 강사들이 참여하여 공작과 체조와 운동 등 다양한 프로그램을 진행함으로써 지역사회 노인들을 행복하게 한다.

(3) 저소득층을 위한 '영세 종일반 어린이집' 운영

원미구 소사동은 원미산 아래 산동네로 지역의 특성상 주로 저소득층과 다문화 가정이 많이 사는 곳이다. 오전 7시 30분부터 시작되는 어린이집은 오후 10시 30분까지 불이 꺼지지 않는다. 0세 어린이를 받을 수 있는 어린이집은 그리 많지 않다. 교사 하나가 어린아이 하나를 돌봐야 하는 상황에서는 수익이 크지 않기 때문이다. 그러나 밀알교회에서는 이익 창출 차원이 아니라 지역사회 봉사 차원에서 0세반을 운영하고 있고, 맞벌이 부부를 위하여 밤늦도록 어린이집 문을 열어 놓고 있다. 그뿐 아니라 다문화 가정 아이들과 페루, 중국, 태국 등 외국인 어린이들도 차별 없이 받아들이고 있다.

(4) 장애인 주간 보호 센터 '아름다운 집' 운영

교회 바로 옆의 주택을 매입하여 장애인 주간 보호 센터 '아름다운 집'을 운영하고 있는데 장애인들을 아침 8시 30분에 집으로 데리러 가고 오후 4시 30분에 집으로 데려다 주는 일을 매일 하고 있다. 이 일로 말미암아 장애 가족들은 크게 일손을 덜며 일에 집중할 수 있게 되었다. 밀알교회에서 운영하는 '아름다운 집' 프로그램에는 특별한 것이 있다. 장애인들이 함께 예배를 드리며 기타 반주에 맞추어 찬양을 하는 것이다. 가족들은 장애 자녀들이 지금까지 못하던 일을 하는 것을 보고 너무나 기뻐한다. 처음 이들이 센터에 왔을 때는 점심때마다 먹을 것을 갖다 주고 먹은 뒤에는 치워 주어야 했다. 그러나 지금은 스스로 모든 것을 하고 있고, 그들 특유의 이상한 행동도 많이 교정되어 가고 있다. 현재는 이런 좋은 소문이 나서 대기자까지 생겼다고 한다. 매년 연말이면 장애우들의 발표회를 갖는데 그때마다 큰 감동을 받는다고 한다. 이 일을 맡은 책임자도 교회에서 장학금으로 사회복지사 자격을 취득하고 석사과정까지 마친 후 이 사역을 담당하고 있다.

(5) 지역 청소년 및 아동 센터

밀알교회에서는 무료 방과 후 교실과 다문화 청소년 공부방을 실시하고 있는데 교인들로 구성된 자원봉사 교사와 정부 지원이 아닌 교회의 지원으로 운영되고 있다. 청소년들과 초등학교 어린이들 가운데 학습의 기회를 놓쳐 수업을 따라갈 수 없는 아이들과 보충을 원하는 청소년들을 위하여 유능한 교사를 채용해 지도하고 있다. 물론 이 아이들은 주일이면 모두 교회에 출석한다. 끝이 보이지 않던 아이들이 학습의 효과가 나타나 성적이 오르고 아이들도 조금이나마 자신감을 갖는다고 한다. 교회와 떨어진 곳에 작은 아파트 하나를 얻어서 사역하고 있으며 학교가 끝나면 아이들은 이곳으로 모인다.

(6) 다양한 섬김 사역

이 밖에도 (1) 맞벌이 가정을 위한 종일반과 영세반, 다문화 가정과 외국인 어린이를 위한 어린이집을 통합반으로 운영하고 있으며, (2) 문화선교 및 문서선교로 영화상영 및 문화예술인 공연, 저명인사 초청강연, 교회 밖 목양 전도 월간지 〈향기 나는 생각〉을 발행하고 있다. (3) 부부클리닉 및 세미나를 통하여 가정을 천국으로 만드는 사역과, 실직, 부도등 절망에 빠진 아버지들이 재기할 수 있도록 신앙적 격려와 자신감을 심어 주고 있다. 교회 홈페이지에는 박기서 목사의 목회의 꿈을 담은 "밀알의 꿈"이라는 글이 게재되어 있다. 이 글에는 밀알교회의 영성과 사역이 어떠한 비전 아래 진행되고 있는지 잘 나타나 있다.

7) 밀알교회의 꿈이 주는 적용점

밀알교회에는 하나의 꿈이 있다. 그것은 이 교회를 찾아온 모든 사람들의 삶에 변화가 일어나 모두가 하나님의 모습을 닮아가는 것이다. 또하나님의 말씀만을 유일한 삶의 양식으로 삼아 하나님의 말씀이 오늘에도 그대로 이루어지는 교회가 되는 것이다. 사람들이 생각하는 성공이아니라 하나님이 기뻐하시는 삶의 현장이 되는 것, 언제나 배움이 있고누구나 전하고 가르칠 수 있는 교회, 모두가 함께 기도하며 교제하는 가운데 하나님의 사랑을 실천하는 교회가 되는 것이다. 그곳이 가깝든 멀든, 가난한 자이든 부한 자이든, 건강한 자이든 병든 자이든, 한국인이든외국인이든 상관이 없다. 어느 곳이든 하나님의 뜻이라면 사랑을 베풀고싶은 교회이다. 모든 교우가 가족으로서의 일체감을 가지는 '사랑이 넘치는 교회, 슬픔도 고통도, 더 나아가서 순교까지도 함께 할 수 있는 교회'가 밀알교회가 추구하는 교회이다. 세상 속에 높게 세워진 화려한 십자가 교회보다 그리스도의 영성과 사역이 하나로 만나는 교회, 작지만 아름다운 그리스도의 공동체, 그런 교회를 꿈꾸는 것이다.

만성적 미자립에서 벗어난 작은 교회 부흥의 모델 – 시흥은강교회

1) 은강교회의 목회 철학

80% 이상이 소형교회 또는 미자립교회인 한국교회 상황에서 시흥은강교회(담임 김윤환 목사)는 만성적 미자립에서 벗어난 소형교회 부흥의 모델이다. 은강교회의 목회철학은 시인인 김 목사의 시에 잘 나타나 있다.

녹향병원 앞 은강교회

소사역에서 출발한 막차는 / 쌀이 많이 났다는 미산리를 지나 / 소금밭이었던 포리염전을 지나 / 매화꽃 없는 매화리를 지나 / 연꽃이 피는 하중리 관곡지를 지나 / 녹향병원 앞에서 멈춰 섰다 // 병실마다 미등은 켜지고 / 병원 앞 교회당 십자가는 / 빨갛게 익어갔다 // 버스에서 내리는 사람들의 / 시간은 언제나 자정 / 응급실 앞 빨간 십자가 / 누군가는 죽고 / 누군가는 살았다 // 시간의 임계점(臨界點) / 녹향병원 앞 은강교회 / 붉은 십자가 / 유난히 붉다

　　　　　　　　　　－ 김윤환 시(문예지 시에티카 2010년 가을호)

김 목사는 교회 창밖의 병원 응급실과 막차를 타고 오는 사람들을 통해 인생의 고단함과 절대절명의 위기의식을 노래하고 있다. 병원 앞 은 강교회 십자가를 통해 시간의 임계점, 즉 '살아 있음'의 경계를 그려내고 있다.

은강교회의 목회철학은 그리스도의 사랑을 고백하는 공동체가 지역에 그 사랑을 나타내는 초대교회의 회복이다. 말씀으로 인격이 변화되고, 기도로 성령의 역사를 경험하며, 그리스도의 몸된 교회의 각 지체로서 섬김의 역할을 다하는 교회다. 즉 '오직 예수!'로 구원받지만, '오직 예수의 사랑'으로 지역을 섬기고 선교에 참여하는 '세상에 희망을 전하는 교회(렘 29:11)'의 모델이 되기 위해 오늘도 믿음의 달음박질을 계속하고 있다.

2) 은강교회의 역사

1991년 11월 첫 주 시흥시 은행동에 설립된 은강교회는 20년이 넘은 교회다. 그동안 4명의 담임자가 거쳐 갔다. 현재의 담임 김윤환 목사가 2010년 10월 파송될 당시에는 여섯 가정에 입교인과 아동 청소년 모두 합하여 15명이 안 되고, 담임자 생활비를 책임지지 못했던 전형적인 미자립교회였다. 교인들은 10여 년 전 그 교인 그대로 가정교회처럼 예배로 10년 의리를 지켜가고 있었으나 다소 지쳐 있었다.

당시 담임목사가 느낀 점은 예배에 대한 열정의 회복이었다. 김 목사는 사역을 시작하며 새벽기도회와 오후예배, 수요예배, 전 교인심야기도회 등의 회복을 선포하고, 전 교우의 참여를 독려했다. 그 해 12월 당회에서 차기년도 예산을 자립교회 수준 이상으로 정상화하고 집사 이상 교회일꾼들의 기도와 참여를 당부했다. 그 해 연말 하나님은 20여 년 미자립교회를 자립교회로 세우셨다. 교인들의 참여와 자신감은 더하여 자립선언 1년이 지난 2011년 여름, 예배의 회복은 물론 다양한 선교의 참여를 실천하며 교회학교의 부흥과 예배 참석자의 배가 등 놀라운 변화를 보여 주고 있어 지방 내 소형교회 부흥의 한 모델로 주목받고 있다.

3) 말씀과 기도로 무장하는 교회

여호수아와 갈렙처럼 절망보다는 희망을 보고, 300 용사로 수만의 적을 무찌른 기드온의 용사처럼 참된 주의 용사로 사랑의 사역을 감당하기 위해 은강교회는 다음과 같은 말씀과 성령의 전신갑주를 입기 위해 노력하고 있다.

(1) 진정한 영생의 삶은 오직 성경의 진리로부터 출발

은강교회의 영생 이해는 감리교의 정신인 메도디스트로서의 신앙회복을 전제로 한다. 존 웨슬리가 주창한 메도디스트 운동은 절대 성결, 절대 경건의 삶을 교회 안팎에 나타내는 실천적 경건운동으로 보는 것이 신학적 견해다. 즉 진리의 말씀으로 자신의 인격과 삶이 변화되고 성숙해짐으로써 자연스럽게 사랑을 실천하는 삶이 자기 인생의 참 기쁨이 되는 것이다.

성령의 열매란 그리스도의 뜻을 세상에 바로 세우기 위해 주님이 주신 선물이자, 자기 성품과 사역의 열매라는 것을 일깨워 날마다 그리스도의 사랑을 세상에 나타내며 사는 것을 진정한 영생의 삶으로 이해하도록 하는 것이다.

은강교회는 하나님의 아낌없고 놀라운 역전과 풍요의 역사를 경험하는 것은 닫힌 기복 자세가 아니라, 주님의 일을 위해 내 것을 아낌없이 내어놓는 헌신의 삶을 사는 이에게 주어지는 기독교만의 삶의 양식이 바로 영생의 삶이라고 보고 영성훈련을 반복한다. 특히 이 교회의 성경말씀과 기도훈련의 목표는 웨슬리가 이해한 구원의 단계를 수용하여 먼저 선행은총을 받아들이고, 진정한 회개를 통한 거듭난 삶(중생)이 자라나 점차 성화된 삶에 이르러 궁극에는 그리스도의 완전에 이르는 영생의 삶을 살도록 지속적으로 훈련하고 참여하는 '영생공동체'를 이루어가는 것이다.

이를 위해 김 목사는 성경의 말씀이 오늘에도 하나님의 임재로 나타나는 것을 선포하기 위해 성경 속 시대상과 오늘의 시대상을 비교하고 분별하여 수천 년 전에 이루어졌던 하나님의 구원사역이 오늘날 개개인의 인생과 교회공동체, 그리고 사회 속에 그대로 구현되고 있음을 증거하고 있다.

(2) 새신자 교육 – 삶의 진리로서 기독교 이해

초신자를 위해 지나치게 교리적인 교육보다 예수가 왜 이 땅에 오셨는가의 문제와 성경이 어떻게 삶의 힘이 되고 지혜가 되는지, 성경 속 인물과 역사 속 인물을 가지고 인생 매뉴얼로서 성경공부를 한다.

또한 익숙한 유명인사의 간증사례를 보여 줌으로 자신의 인생도 변화될 수 있음을 확신토록 도와준다. 새신자 교육은 담임목사가 직접 인도하고 친밀감 있게 교제한다. 마지막 순서는 반드시 가정심방을 통해 가족안녕과 생활안정을 위해 축복기도하고 세례교육에 들어간다. 새신자 교육교재는 김 목사가 직접 정리한 「예수를 통해 인생역전한 사람들」로 신앙의 선배들을 통해 인생의 실질적 변화를 소망하고 체험하도록 도와주고 있다. 이 새신자 교육을 마치면 핵심적인 세례교육을 마치고 세례를 베푼다.

(3) 임원이 되기 위한 '54주 성경여행'

은강교회는 2011년 1월부터 전 교인을 대상으로 주일 오후예배에 '은혜로 떠나는 54주 성경 여행'[103]을 실시하고 있다. 창세기에서부터 요한계시록까지 매주 1시간씩 성경 용어 이해와 이야기의 신앙적 의미를 짚어감으로 성경 66권의 전반적 흐름을 이해하고, 성경이 펼치는 구원사를 자신의 신앙 속에 대입하는 훈련을 하고 있다. 교회 임원(집사 이상)이 되려면 반드시 이 과정을 이수해야 한다.

(4) 집사 이상 임원을 위한 '크리스천 리더십 훈련'

현재 은강교회의 임원 10여 명은 수요예배를 통해 크리스천 리더십을 훈련받고 있다. 매주 수요예배에 참여하는 교인들이 대체로 임원들인 것을 파악한 담임목사는 이들을 교회 지도자로 성장시키기 위해 리더십과 헌신에 관련된 설교를 준비하고 중보기도를 나누고 있다.

(5) 전 교인 기도회와 '신앙고백으로서 속회활동'

은강교회는 정기예배 외에 격주로 전 교인 집회를 연다. 한 주는 교회에서 연합속회로 모여 담임자의 인도로 성경탐구와 기도회를 갖고, 한 주는 전 교인 심야기도회로서 나라와 교회, 가정과 자신을 위한 중보기도를 집중적으로 하고 있다.

속회에서는 성경 본문의 배경과 이야기의 이해를 스스로 파악토록 유도하고, 오늘의 말씀이 자신의 삶에 어떤 질문과 응답을 주고 있는가 깊은 나눔을 갖도록 질문과 해설을 제공한다. 인도자는 주보에 실린 삶 속의 적용되는 질문에 전 속도원이 고백하도록 주문하고 자신의 신앙적 결단을 갖도록 돕는다.

제29과 순종의 사람

(창세기 12장 1절~5절)

속회순서

여는 기도(인도자)-찬송-대표기도-성경봉독-묻고 답하기-인도자 해설-중보기도-찬송 및 봉헌-광고-주기도문(폐회)

말씀 속으로 들어가기

1.아브람이 고향을 떠난 것이 왜 순종이 될까요?

2.우리가 세상에 순종하는 것과 말씀에 순종하는 것에는 어떤 차이와 결과가 있을까요?

3. 하나님이 당신에게 무엇을 떠나라고 말씀하시는지 그리고 어떻게 순종하고 있는지 고백해 봅시다.

4) 전도와 섬김의 사역에서 기쁨을 찾는 교회

(1) 기피하는 교회에서 오고 싶은 교회로

10여 년 정체된 교회의 모습을 활기차게 바꾸기 위해서는 교인들의 열매 체험이 시급했다. 그래서 전도를 위해 30여 석이었던 교회를 100여 석으로 리모델링하고자 건물 안팎의 시설 전반을 정비하고 교회안내 광고를 더욱 강화했다. 자랑하고 초대하고 싶은 교회로 환경을 바꾸려고 시도한 것이다. 또한 같은 건물 3층을 임대하여 지역아동센터를 개소하고 주말에 시민문화교실을 개최하여 지역주민에게 한층 가까이 다가가는 사역을 시작하였다. 교인들이 신앙생활에 자신감이 생기고 교회에 대한 자부심이 생기기 시작하자 은강교회는 1년 만에 성도 수가 배가되는 놀라운 역사가 나타났다.

(2) 지역아동센터 운영으로 사랑의 사역 실천

연성지역아동센터를 운영하여 교회학교가 부흥되고 그 가정에 전도의 계기를 마련하는 등 실질적인 선교열매도 맺고 있지만, 무엇보다 저소득 아동들의 돌봄 사역으로 그리스도의 사랑을 전하는 결정적 역할을 하고 있다.

은사가 있는 교인들이 자원봉사교사로 참여하고, 전 교인이 후원자가 되어 매월 소정의 후원금을 내는가 하면 월 1회 이상의 봉사참여를 정례화하고 있다. 주로 환경정비와 반찬제공 등 쾌적하고 친근한 시설을 만드는 데 교인들이 직접 참여하여 이용아동은 물론 이웃들의 칭찬을 받고 있다. 이러한 교회의 섬김 사역은 교인들로 하여금 정체된 신앙생활에서 기쁘고 희망찬 신앙생활을 할 수 있도록 돕고 있다.

(3) 정기적인 초청 간증 집회와 발마사지 봉사를 통한 전도

은강교회는 2011년 8월 전도왕 문방현 장로초청 간증집회 이후 담임 목사와 교인들이 발마사지 요법기술을 습득하여 이웃을 섬기며 전도하는 발마사지 전도를 실시하고 있다. 주말에 교회에서 발마사지 봉사와 방문봉사 등을 통해 자연스러운 접촉과 섬김으로 전도운동을 펼침으로 서서히 그 열매를 거두고 있다.

이렇게 관계전도를 통해 1년에 2회 이상 새생명 초청 축제를 개최하여 하나님을 만난 사람과 만나야 할 사람을 위한 전도집회로 가족전도는 물론 이웃전도의 열매로 교회 부흥의 가능성을 활짝 열어놓고 있다.

그동안 가수 출신 목회자 하덕규 목사, 가수 해바라기 및 강병규 목사, 서양화가 황학만 목사, 믿음으로 의정활동을 펼치는 시흥시의원 이성덕 권사, 한양대 음대 심삼종 겸임교수 등 다양한 체험자들을 초청하여 전도집회를 열어왔다.

(4) 정기 음악회와 전도 월간지 〈소금창고〉 발행

불신자들이 읽는 전도지 개발의 일환으로 지역민에게 좋은 정보를 담은 전도월간지이자 소형책자인 교양지 〈소금창고〉를 매월 무료 배포한다. 전 교인이 각자 거주 공동주택에 배포하고, 교회 각 기관별 지역을 맡아 매월 첫 주일 1시부터 2시까지 전도활동을 실시하고 있다. 이 일은 기독교와 교회에 대한 오해와 불신을 해소하기 위해 전달하는 것으로 배포하는 교회만을 위한 책은 아니다. 또한 매주 주말 시민을 위한 각종 생활특강을 실시하고 매월 1회 이상 명사초청행사를 실시함으로 지역문화공간을 제공하고 있다. 특히 봄과 가을에 지역주민을 위한 음악회를 열어 교회를 문화공간으로 활짝 열어놓고 있다.

(5) 교회의 담을 넘는 지역사회 봉사와 세계 선교의 참여

은강교회 담임자는 물론 교인들은 비기독교단체라 할지라도 그것이 사회정의와 밝은 사회를 위한 일이라면 직접 참여하고 있다. 교회가 세상과 담을 쌓는 것이 아니라 오히려 세상 속으로 들어가 그리스인의 건강성을 전해야 하기 때문이다.

작은 교회로 어려움을 무릅쓰고 네팔선교회, 캄보디아선교회, 태국선교, 일본치바교회, 학원선교 등에 지속적으로 참여할 뿐 아니라, 지역사회 사랑의 봉사 참여로 시흥 YMCA와 생협운동, 사회복지법인 행복세상과 노인봉사, 시흥시 마을명소 찾기 시민실천단, 지역아동센터연합회, 열린 문서 선교연구원 등에 교인들이 참여하고 있다.

5) 은강교회가 작은 교회 공동체에 주는 의미

은강교회는 전형적인 소형교회다. 현재 교인이 40여 명이지만 나름대로 지역을 섬기며, 적극적인 전도활동을 펼치는 등 교회 변화와 참된 성장이 진행되고 있어 작은 교회의 부흥 가능성을 보여 준다.

이 교회에 주목할 것은 다름 아닌 영생의 삶을 위한 말씀묵상에 대한 진지한 자세와 지속적인 프로그램 운영이다. 최근 대형교회의 물량공세와 조직적인 전도활동으로 인근 작은 교회의 사역에 어려움이 가중되고, 장기간 미자립 상태로 많은 목회자들이 지치고 절망감에 빠져 있다. 이런 상황에서 은강교회는 담임목사와 전 교인들이 한 믿음 한 뜻으로 일체를 이루며 영생의 삶에 대해 진지한 자세를 견지하되, 세상과의 담을 허물고 찾아가는 섬김의 사역과 친근하면서도 적극적인 전도를 펼침으로 작은 교회 공동체의 목회방향과 사역에 희망과 그 역할의 긍정성을 보여 주는 매우 의미 있는 사례로 평가된다.

소규모 교회의 친근성, 단합된 마음, 효율성 등의 긍정적 요소를 잘 살린 목회자가 기독교진리에 대한 분명한 이해를 훈련시킴으로 작은 교회의 희망을 보여 주고 있어 막 목회를 시작하는 젊은 교역자들에게 좋은 모델이 될 것이다.

장애인과 비장애인이 함께하는 섬김의 공동체 – 하나비전교회

1) 하나비전교회의 목회철학

"하나님이 자기 형상 곧 하나님의 형상대로 사람을 창조하시되 남자와 여자를 창조하시고"(창 1:27). 하나님께서 인간을 창조하실 때 남자와 여자의 구분은 있었지만 장애인과 비장애인의 구분 없이 동등하게 하나님의 형상대로 창조하셨다. 하나님의 창조 섭리 안에는 나눔이나 차별이 없었다. 오직 둘이 한 몸이 되어 번성하고 충만케 되는 것이 하나님의 뜻이었다. 그러나 하나님과 단절된 사람들이 서로를 차별하고 편견의 담을 쌓아 에덴의 동산을 잃어버리게 된 것이다.

하나비전교회(담임 김종복 목사)는 하나님과 사람의 막힌 담을 예수 그리스도의 십자가로 허무시고 하나님과 우리, 나와 이웃을 하나 되게 하신 하나님의 사랑을 가지고 이웃 사랑을 실천하는 섬김의 공동체이다(눅 10:27). 담을 허물었다는 것은 편견과 차별로 나누어진 지역과 사회계층과 신분을 하나로 통합하였다는 의미이다. 서로 다른 것을 하나 되게 하는 원천의 힘은 바로 하나님의 사랑이며, 긍휼compassion의 마음으로만 가능하다. 이렇듯 하나님의 긍휼의 마음을 닮은 성숙된 제자를 세워 이웃을 섬기고 함께 하나님 나라를 만들어 가는 것이 하나비전교회의 목회철학이다.

> ### 비전선언문Vision Statement
> 하나님의 특별한 목적 가운데 부름받은 우리는 역사적 사명으로 모든 이웃(장애인, 비장애인, 새터민, 다민족, 다문화 가정)에게 복음을 전하여, 그리스도를 닮은 신앙인으로 성숙케 하고, 하나님을 사랑하고 이웃을 섬기는 제자로 세워 성숙(成熟)의 열매를 맺게 한다.

2) 하나비전교회의 태동과 목회의 영성

(1) 하나비전교회의 목회 비전

하나비전교회는 교회의 시작부터 담임목사인 김종복 목사와 시종여일하게 목회 비전을 공유하였다. 김 목사는 충남 당진에서 출생하여 인천으로 올라와 한국유리 일공으로 일하다가 하나님의 소명을 받고 협성신학대학교에 입학하였다. 신학생 때 그의 책가방 속에는 항상 초콜릿과 마가린이 담겨 있었다. 학기 중에 동료와 선후배들에게 팔아서 그 수익금을 모아 방학이면 교회 청년들과 함께 봉사수련회를 떠나곤 했다. 농어촌 오지 미자립교회를 돌아보며 고장 난 것들을 수리하고 필요한 것들을 채워 주었다. 답답한 세상살이에 힘겨워하는 사람들에게는 마음의 길을 넓혀 주고, 더 넓은 세상을 가르쳐 주었다.

송림중앙교회 전도사 시절에는 탄광촌 광부들의 힘겹고도 외로운 삶을 목격하고, 그들에게 복음을 전하기 위해 전남 화순에 오산감리교회

(호남선교연회 광주지방)를 세우기도 했다. 신학교를 졸업한 그는 '섬김'의 마음으로 강원도 정선 아우라지 탄광촌에 들어가 목회를 시작하리라 마음먹고 준비하던 중에 하나비전교회를 담임하게 되었다.

김종복 목사의 목회의 중심에는 섬김의 영성이 바탕을 이룬다. 그는 하나님 사랑과 이웃 사랑을 실천하며 30년 간 목회현장을 건강하게 세워가고 있는 행복한 목사이며, 건강한 신학적 배경을 갖춘 복음 중심의 명쾌한 설교가요, 섬김의 영성으로 장애인과 소외된 자들을 섬기며 그들의 아픔과 눈물을 품고 긍휼의 마음으로 하나님 나라를 세워가는 희망의 메신저이다. 목회 30년 가운데 18년 간 장애인에 대한 편견과 차별 없는 목회, 즉 장애인과 비장애인의 통합 목회를 고집스럽게 실천함으로 지역 사회와 한국교회에 새로운 희망을 제시하는 목회자로 주목받고 있다.

(2) 지역적 특성과 목회전략

1981년 닭장을 개조하여 시작된 연수제일교회가 10여 년 동안 연수동 시골 교회로 지내오던 중 연수동 지역이 개발정책에 따라 25만 인구를 위한 주거용지로 아파트를 건축하며 신도시로 변모하게 되었다. 교회 주변에는 다세대 빌라단지와 영구 임대아파트 단지가 들어섰는데, 입주하는 세대를 분석한 결과 저소득층 가정과 장애인 가정들과 장애자녀가 있는 가정의 분포도가 높았다. 상당수의 가정이 남녀노소를 막론하고 신체적 질병과 경제적 빈곤으로 힘들어했으며, 미래적으로는 희망의 문제에 해답을 갈구하고 있었다.

따라서 하나비전교회의 목회전략은 첫째, 장애인과 함께하는 교회 세우기, 둘째, 미래적 희망을 제시하는 교회 세우기, 셋째, 지역 사회와 함께하는 교회 세우기로 정리하게 되었다.

① 장애인과 함께하는 교회 세우기

연수동 조립식 건물에서 1992년 새 성전을 건축하기 위한 계획이 진행될 즈음에 처음으로 성인 장애인 강윤정 집사가 등록하였다. 교회는 회의를 열고 강윤정 집사와 장애인들을 위해 건축설계를 변경하여 엘리베이터를 설치하였다. 경제적 어려움에도 불구하고 하나비전교회는 장애인을 우선하여 교회를 세워 나갔던 것이다.

엘리베이터를 설치함으로 예배와 교회생활에서 장애인들이 불편함이 없도록 섬기게 되었다. 이로 인하여 교회는 관심 대상에서 멀리 있던 장애인들을 이해하는 계기가 되었고, 장애인들은 교회에 대한 인식 변화와 함께 열린 마음을 갖게 되었다. 이때부터 하나비전교회는 "장애인과 비장애인이 함께하는 교회"라는 슬로건을 높이 들고 장애인에 대한 편견과 차별이 없는 세상을 만드는 힘찬 행진을 시작하였다.

② 미래의 희망을 제시하는 교회 세우기

연수동 지역의 재개발은 모든 사람을 놀라게 하는 엄청난 변화였다. 더욱이 그 변화의 속도는 시간이 흐를수록 빨라졌다. 연수동 주민들 중에는 변화에 발 빠르게 움직여 다음 세대를 준비하는 이가 있는 반면, 반응에 무감각한 이들도 있었다. 하나비전교회의 목회는 이때부터 고정된 틀 안에 안주하기를 거부하고 변화를 모색하였다. 또한 사회 변화를 예측하고 그 변화에 반응하는 교회상을 세워 나갔다.

'앞으로 성역의 틀 안에서 금기시되어 온 종교 영역에서도 당연한 변화의 물결이 올 것인데, 이러한 예고된 문제 앞에서 신앙의 공동체는 무엇을 해야 하는가?' 라는 것이 미래를 지향하는 교회가 가지는 질문이다. 이 변화에 대한 대안은 성경적인 진리를 떠나서는 안 된다는 원칙을 세우는 것이다. 성경은 변할 수 없는 하나님의 말씀이면서 이 시대의 탁월한 안내서이기 때문이다.

하나비전교회는 사도행전적 신앙고백 위에 더욱 굳건한 신앙을 세워 개인과 가정, 교회, 나아가 사회에 희망을 주는 미래적인 교회상을 만들고자 하였다.

③ 지역사회와 함께하는 교회 세우기

"그래도 여기 하나님이 계신다면 기독교인의 모습을 심기에 혈안이 되련다. 핏기 없는 손으로 얼굴을 만져 주는 그 할머니 때문에 여기 그냥 있으련다. 온종일 목걸이 수출품 만드느라 아픈 통증과 고통도 멀리하고 진종일 원목을 굴리며 구슬땀을 흘리고 있는 남편을 생각하고 있는 그 자매가 그리워 난 여기 있으련다. 조개랑 바닷살을 잡으며 차디찬 한겨울의 갯바람을 마다하지 않고 거칠어진 손으로 삶을 캐는 그들 곁에 난 얽매이고 싶다. 스무 살 청춘에 모질게도 슬픈 과부가 되고 남편을 닮은 아들마저 전쟁통에 잃어버린 서글픈 인생으로 팔십을 바라보며 그래도 용기 있게 살아가는 그 사랑이 그리워 난 여기 그냥 있으련다."

이 글은 하나비전교회 개척 초기 담임목사가 쓴 글이다. 하나비전교회의 지역적 상황과 사람들의 삶의 모습이 잘 표현되어 있다. 꿈 많고 열정 가득한 젊은 목회자에게 연수동이라는 지역은 작고 초라한 갈릴리 같은 동네였다. 젊은 목회자가 열정을 쏟아부을 만한 만족스러운 이유도, 희망도 없는 지역이었다. 그럼에도 불구하고 그는 "난 여기 있으련다"라고 고백했다. 하나비전교회는 지역을 사랑하고 지역사회에 희망을 주는 책임적 존재가 되기 위해 시작된 교회인 것이다.

3) 섬김의 목회철학에 근거한 프로그램

(1) 섬김공동체의 모델−장애인 사역

연수동이 개발되고 새로운 사역을 시작하면서 교회는 소외되고 차별받는 장애인들에게도 하나님을 알게 하고, 함께 예배를 드림으로써 하나님 나라의 기쁨을 누릴 권리가 있다는 대명제를 목회 중심에 세웠다. 교회는 이 사명을 이루기 위해 장애인들을 구체적인 선교의 대상으로 삼고 장애인과 비장애인이 함께하는 교회가 되기 위해 '장애인 가족 구원'이라는 선교적 측면에서 장애인 사역을 시작하였다.

제일 먼저 교회 주변 지역에 장애인과 소외된 가정은 얼마나 있는지 조사하였다. 이후 장애인 가족들이 교회로 모여들기 시작하면서 장애인들에 대한 시각이 조금씩 넓어지고 그들의 아픔과 삶의 자리를 이해하기에 이르렀다. 장애인 부모들의 한결같은 고민은 장애 자녀들의 장래였다. 그리고 현실적으로 그들과 함께 예배드릴 수 없다는 것이 고민이었다. 이런 고민을 듣는 순간 교회는 그들을 위하여 무엇을 할 수 있을지를 고심하였다. 예수께서도 그의 공생애 중에 소외된 자들에게 긍휼이라는 영역 안에서 깊이 생각하신 뒤에 접근하셨는데 교회도 마찬가지 아닐까?

하나비전교회는 그들을 위한 마음이 열리자 장애 자녀를 둔 부모들을 진정한 예배로 초청하였다. 장애 자녀들 때문에 진정한 예배 한번 드리지 못한 부모들이기에 장애 자녀들을 돌보는 부서를 만들고 부모들이 온전한 예배를 드릴 수 있도록 하자는 것이었다. 그리하여 교회 한편에 예배실을 만들고 사랑부라 지칭한 뒤 장애아동들이 예배드릴 수 있도록 하였다. 그리고 그 시간에 부모들도 동일하게 일반 예배를 드리도록 하였다. 예배가 안정적으로 되면서 장애 자녀를 둔 부모들은 하나님의 은혜를 체험하게 되었고, 상하고 무너진 그들의 마음이 회복되기 시작했다. 그들도 하나님의 사랑을 알게 된 것이다.

하나비전교회의 장애인 성도들과 가족들을 위한 장애인 섬김 사역은 1995년 사랑부의 출범으로 본격화하여 장애인에 대한 이해와 인식 개선을 이루었고, 1998년에는 장애인 자녀들의 교육을 위해 사랑관과 교육관을 건축하고 구체적인 장애인 교육을 시작하였다. 장애아동들을 위한 특수아동선교원(미취학 아동 중심)과, 초등학교 과정인 방과 후 교육을 통해 특수교육 지원도 하였다. 이들에게는 언어, 미술, 음악, 운동 치료 등 다양한 영역의 교육과 치료가 필요한데 교회는 한 곳에서 교육은 물론 식사지도까지 하면서 부모들에게는 쉼을 제공하고 장애 아동들에게는 종합적이고 효율적인 교육을 하게 되었다. 이 사역이 성장함에 따라서 지금은 청년직업교육 과정과 하나일터 등 취업과 자립을 지원하는 과정을 갖추고 있다.

(2) 교회 내 소그룹 사역

장애인 예배 도우미 : 장애인들이 예배를 드릴 수 있도록 집으로 방문하여 옷을 입히고, 신변을 처리하고, 차량으로 이동시키는 사역이다. 장애인과 비장애인을 1 대 1로 연결하여 모든 예배를 드릴 수 있도록 섬기고 있다.

스톤커피 전문점 : 지역 주민을 위한 열린 공간과 소통의 장소로 만들어졌다. 스톤커피 전문점에서는 장애인을 훈련하여 바리스타로 세우고, 청년 장애인이 인턴으로 매장을 관리 운영하고 있다.

Godspel store & 스톤북카페 : 스톤커피 전문점과 같이 장애인이 운영하고 있으며, 비전센터에서 만들어지는 모든 제품을 성도들과 지역 사람들이 구매하고 있다.

세차클리닉 : 교회 1층에 스팀 세차시설을 갖추고 장애인들의 직업 활동을 위해 운영되고 있다. 일의 처리 속도와 세밀함은 다소 부족하지만 지역 주민들에게 좋은 반응을 얻고 있다.

슈즈클리닉 : 실업인선교회가 교회 입구에 구두수선 전문점을 만들고 지체장애인이 운영하고 있다.

사진봉사 : 사진관을 운영하는 집사를 통해 교회와 지역 노인분들을 위해 영정사진을 제작하여 드리는 사역이다. 1년에 두 차례 진행되며, 현재 100여 분에게 서비스를 제공하였다.

사랑의 집 고쳐 주기 운동 : 매년 2차례 실업인선교회가 주관하여 장애인과 저소득층, 자연재해나 질병으로 어려움을 겪는 가정들을 찾아가 생활하기 편리하게 집을 고쳐 주고 있다.

함박메축제 : 하나비전교회 역사 가운데 27년 간 진행되어 온 이웃 섬김 사역이다. 중고교 학생들이 주최가 되어 진행되는데, 물품을 기증받아 그 수익금으로 국내와 해외 선교에 사용하고 있다.

(3) 하나비전센터

하나비전교회 장애인 사역의 핵심은 통합이다. 2005년에 완전 통합을 선포하면서 '사랑부' 라는 장애인 구별 명칭을 없애고 모든 예배와 교회 생활에서 장애인과 비장애인이 함께한다는 원칙을 세우게 되었다. 그리고 장애인 사역의 핵심 부서를 하나비전센터로 이름하였다. 하나비전센터는 예수의 사랑 안에서 장애인과 비장애인이 함께 기쁨을 나누고 전문적인 교육과 훈련을 통해 미래의 비전을 만들어 가는 열린 공동체이다.

미취학 아동이나 초등학교 아동은 개별치료 중심으로 방과 후에 이용할 수 있으며, 중고교 학생들은 일반 학교 특수학급이나 특수학교에 재학 중인 학생으로 방과 후에 개별치료 및 그룹 수업에 참여할 수 있다.

(4) 소그룹 활동 프로그램

하나일터(장년부) : 장애인들에게 직업 활동을 통해 자립심을 높이고, 안정된 삶의 패턴을 만들어 주기 위해 만들어진 일터이다. 현재 장년 장애인을 중심으로 운영되고 있으며, 남동공단 제조업체와 연결하여 물품을 조립하고 결산을 통해 매월 월급을 수령한다.

실버아카데미 : 일제강점기 국가총동원에 의해 약 15만 명의 동포들이 사할린으로 강제 징용되었는데 이들은 종전 후에도 고국으로 돌아오지 못한 채 계속 사할린에 거주하고 있다. 이들을 사할린 동포라고 하는데 2011년 1월 현재 영주 귀국자 수는 3,700명(4차 귀국)이고, 하나비전교회가 소재해 있는 논현동에는 580여 명이 거주하고 있다. 실버아카데미의 모든 교육 프로그램은 교회 내 전문성을 갖춘 봉사자들이 진행하며, 현재 사할린 동포 100여 명이 참여하고 있다.

교육	컴퓨터, 영어교실, 한국어교실, 역사교실
건강문화교실	한국무용, 노래교실, 맷돌체조, 게이트볼, 도예수업교실, 치매예방교육, 문화체험
실버캠프	매년 3월, 10월 엘림하우스(1박 2일)
무료 식사 섬김	매주 금요일 점심, 6층 만나홀

새터민 사역 : 새터민이란 우리나라의 법적인 용어로 북한이탈주민 또는 탈북자를 가리킨다. '새로운 곳에 터전을 일구는 사람'이라는 뜻이다. 새터민이라 칭해지는 이들은 대한민국의 국민이다. 1990년 이후 매

년 2,000명 이상씩 입국하면서 2011년 현재 새터민 수는 2만 명을 넘어섰다. 지금 1,214명 정도가 하나비전교회 소재 논현동 임대아파트에 거주하고 있다.

하나비전교회가 지역사회를 섬기는 비전을 가지고 2010년 5월부터 논현동에 거주하고 있는 새터민 자녀, 다문화 자녀, 한부모 자녀, 장애인 자녀들을 대상으로 학습에 부족한 부분을 돕고 섬김과 나눔을 실천하고자 만들어진 프로그램으로 비전스쿨 사역이 있다.

학습지도	국어, 수학, 영어, 컴퓨터, 멘토링 학습, 독서, 논술
지도교사	교회 내 전공자 및 현직 운영자
주말 프로그램	학습코칭, 문화체험, 미술치료, 요리치료, 영화관람, 가족음악회, 가족캠프, 방학특강
음악수업	바이올린, 첼로, 플루트, 피아노, 기타

톤차임 연주팀 : 장애 아동에서 중고등부 학생으로 구성된 톤차임 연주단은 장애를 갖고 있지만 하나님께 찬양하며 영광을 돌리기 위해 조직되었다. 능력과 장애 정도에 차이가 있으나, 누구나 '하나' 되어 연주할 수 있는 기회를 제공하고자 만들었다. 활동을 통해 지역과 주민들에게 희망을 주고 있으며, 특별히 독일에서 한국의 날 행사에 초청받아 순회 공연을 한 적이 있다.

치료 활동 : 지역 내 장애인들의 치료를 목적으로 문을 연 교육 프로그램이다. 언어치료, 인지학습, 음악치료, 미술치료, 운동치료, 도예치료, 제과제빵, 요리치료, 작업치료 등을 한다. 특별히 도예, 제과제빵, 스톤 커피 아카데미, 요리 수업은 지역의 비장애 주민들로부터도 신청을 받아 분기별로 진행되고 있다.

운동 수업 : 장애인들에게 운동 수업을 진행한다는 것은 실행하기 어

려운 영역이다. 특히 가정에서는 더욱 힘들다. 하나비전교회에서는 교회 내에 전문 트레이너를 두고 태권도와 헬스클럽을 운영하고 있다.

(5) 엘림하우스

하나비전교회의 목회철학이 흔들림 없이 더욱 구체화된 것은 엘림하우스를 통해서였다. 교회가 성장함에 따라 성도들의 편의를 위해 더 넓은 교회당을 지어야 했지만, 장애인을 먼저 섬기는 목회철학에 따라 교회 건축을 포기하고 서산에 엘림하우스를 건축하게 되었다. 엘림하우스는 하나비전교회 목회전략 중 미래의 교회상 세우기가 가장 잘 반영된 곳이다.

장애 자녀를 둔 부모들은 언젠가 자신이 이 세상을 떠나고 나면 자녀를 돌볼 수 있는 안전한 장치가 없다는 근본적인 문제를 항상 걱정하고 있었다. 형제들조차 돌보기를 꺼려하는 장애 자녀들을 누가 섬기고 돌볼 것인가? 이 질문에는 해답이 나오지 않았다. 그래서 장애인 가족들의 '어떻게 살아야 하는가?' 라는 질문은 곧 하나비전교회의 고민이 되었다.

하나비전교회는 고민에 고민을 하다가 1998년 IMF가 한참인 4월에 그들을 위한 공간으로 서산에다 땅을 구입하고 미래의 청사진을 만들어 가기 시작했다. 물론 그곳은 장애인 전용 공간이 아니라 복합적인 공간으로 사용하기 위하여 구입하였지만, 더 깊은 사역은 장애인들의 미래 돌봄의 장소로 만들기 위함이었다. 장애인들이 마지막으로 그들의 삶을 정리하는 공간으로서 이곳에서 기숙하며 그들이 배운 기술과 재능을 가지고 삶을 꾸리다가 마감하는 장소로 만들어 가기 위함이었다. 따라서 기숙하게 되는 공간, 빵을 만드는 제빵 기계 설치, 다양한 미완성 물품들을 가져다가 조립하는 공간 등을 구상하여 공간배치를 하였다. 그러나 이런 공간이 장애인들만의 공간으로 확보된다면 그것은 또다시 현실적으로 장애인과 비장애인이 차별되고 나누어지는 곳이 되므로 비장애인들도 자유롭게 사용할 공간으로 만들게 되었다. 엘림하우스에서 장애인 가족이 건강하게 회복되는 비전을 가져 보겠다는 공간 구성이었다.

또 하나 밀레니엄 시대가 도래하면서 교회는 새로운 시각으로 사회 변화에 맞서야 했다. 특별히 주말을 즐기는 사람들의 욕구에 교회는 어떻게 대처할 것인가를 생각했다. 그래서 엘림하우스는 기독교적인 여가활용과 놀이문화를 즐기는 공간으로 사용하기 위하여 쉼터로서의 공간, 숙박으로서의 공간을 현실적으로 꾸며보려고 노력하였다. 이곳은 장애인 가족의 쉼의 공간이면서 장애 자녀들의 미래 숙박 공간, 그리고 그들의 삶의 터전인 동시에 비장애인들에게도 동일하게 쉼과 신앙수련과 회복의 장소로 사용되고 있다. 엘림하우스는 매주일 예배를 드리고, 장애인들과 비장애인들이 더불어 주말을 지내며 영적인 쉼과 가족 구성원들을 회복케 하는 장소로 거듭 쓰이고 있다. 2004년 CBS 방송 제1회 봉사대상 시상식에서 하나비전교회가 단체상을 수상하면서 대한민국 전역에 하나비전교회의 장애인 사역과 엘림하우스가 소개되었다.

2012학년도부터 주 5일제 수업이 시행됨에 따라 교회학교의 교육 방향을 주말교육에 비중을 두고 추진하게 되었다. 이에 따라 서산 엘림하우스에 주말체험학교를 만들고 교회학교 학년별로 운영하면서 하나님이 주신 자연을 이용하여 학생들의 심성을 강화시키며 체험 학습과 향토 역사 탐방을 통하여 역사의식을 심어 주고 예수의 성품을 닮은 다음 세대의 리더자로 키우고자 준비하였다. 생태체험, 역사탐방, 농촌체험, 창조과학 이야기 탐구, 계절별 놀이, 체력단련 활동 등으로 진행하고 있다.

4) 참된 교회갱신을 위한 적용점

(1) 교회의 사명은 하나님 나라를 만드는 것이다

"예수께서 대답하여 가라사대 너희가 가서 듣고 보는 것을 요한에게 고하되 소경이 보며 앉은뱅이가 걸으며 문둥이가 깨끗함을 받으며 귀머거리가 들으며 죽은 자가 살아나며 가난한 자에게 복음이 전파된다 하라 누구든지 나를 인하여 실족하지 아니하는 자는 복이 있도다 하시니라" (마 11:4~6). 예수를 만나 복음을 들은 장애인들과(시각, 지체, 청각 장애인) 육체적 질병을 가진 자들은 고침을 받고 다시 살아나는 축복을 받았다. 이것은 삶의 현장에서 괴로워하는 모든 이들에게 하나님 나라가 임하였다는 증거이다. 장애인이든 비장애인이든 남녀노소를 막론하고 복음을 통해 하나님 나라의 기쁨을 누리게 하는 것, 이것이 교회의 사명이다. 오늘날 교회는 하나님 나라를 세우는 일에 소홀해서는 안 될 것이다.

섬김의 공동체 하나비전교회에서는 날마다 하나님 나라가 이루어지는 경험을 한다. 3살 때부터 함께한 21살 승진이는 다운증후군 장애인이지만 해맑은 웃음으로 드럼을 치며 찬양한다. 어느 성도는 아파트로 이사할 때 소음이 많은 1층을 선택했다. 셀 속회원 중에 휠체어를 이용하는 장애인이 있는데, 출입이 불편하지 않도록 배려하는 마음에서 선택한 결정이었다. 교회 주변 학교에서 봉사를 잘하고 부족한 친구를 돕는 아이들은 하나비전교회에 다닌다는 소문이 나 있다. 하나비전교회에 출석하는 장애인들에게는 그늘이 없다. 하나님 나라의 행복을 누리며 행복해한다.

작은 공동체 하니비전교회를 통해 모든 교회기 히나님 나라를 세우는 본질적인 사역에 초점을 맞추도록 갱신되길 소망한다.

(2) 교회는 한 몸을 이루어야 한다

"몸이 하나이요 성령이 하나이니 이와 같이 너희가 부르심의 한 소망 안에서 부르심을 입었느니라"(엡 4:4). 교회는 하나님의 비전을 위해 부름 받은 공동체이다. 따라서 역사적 사명의식을 가지고 서로 한 몸이 되어 푯대를 향하여 달려가야 한다. 하나비전교회의 모든 프로그램은 장애인과 비장애인이 함께하는 통합의 구조를 갖는다. 예배와 전도, 봉사와 친교, 교육과 헌신은 모두 통합적이다. 모든 자리와 활동 영역과 조직 속에는 반드시 장애인을 포함시킨다. 이로써 모든 성도가 한 몸이 되는 체험을 한다.

또 한 가지 하나비전교회에는 1인 1사역 제도가 있다. 모든 훈련받은 성도는 건강한 교회의식과 하나님이 주신 달란트를 가지고 선한 사마리아 사람처럼 사역에 참여해야 하며 열매를 맺어야 한다. 하나비전교회 안에서 진행되는 비전센터, 하나일터(장년 장애인 작업장), 새터민, 사할린 동포, 다문화 가정, 외국인 근로자를 위한 프로그램들은 모두 국가의 보조금 없이 순수하게 교회 안에서 해결되고 있다. 교회의 좋은 환경(외적)과 내적 자원(전문인력)을 최대한 활용하여 나눔과 섬김을 실천하고 있는 것이다.

하나비전교회의 장애인 사역은 장애인들의 고통을 없애 주거나 삶의 질을 높여 주는 것 이전에 함께 고통을 나누는 것을 기본으로 한다. 한국교회는 한 몸 의식을 가지고 이웃의 고통을 함께 나누는 갱신이 필요하다.

(3) 교회는 지역과 함께해야 한다

"이같이 너희 빛을 사람 앞에 비취게 하여 저희로 너희 착한 행실을 보고 하늘에 계신 너희 아버지께 영광을 돌리게 하라"(마 5:16). 하나비전교회에는 이런 일화가 있다. 교회가 연수동 빌라 지역에 있을 때에는 주차 공간이 부족하여 교회 주변 길과 주택에 주차하는 일이 매주 반복되었다. 밤낮으로 진행되는 집회 소리는 지역 사람들에게 소음이 되기도 하였다. 결국 불편함을 느낀 지역 주민 대표자들이 모여 하나비전교회를 문제삼고 반상회를 열게 되었다. 그리고 결과를 통보받았는데, "하나비전교회는 좋은 일 하는 교회이니까 우리가 참기로 했습니다."라는 것이었다.

교회는 현장을 잊으면 안 된다. 지역과 상생해야 하는 대명제와 존재 이유를 절대로 잊어서는 안 된다. 그런데 요즘 한국교회가 빛을 잃은 것 같아 안타깝다. 여기저기에서 교회에 대한 독설과 기독교에 대한 폄하의 목소리가 거침없이 던져지고 있다. 그럼에도 한마디 말도 못하고 있는 영적 청각장애와 언어장애를 가진 교회가 더욱 부끄럽기만 하다.

좋은 일 하는 교회! 지역사회의 모든 사람들이 교회의 착한 행실을 보고 하나님께 영광을 돌리게 하는 것이 바로 교회의 존재이유이다. 교회는 다시 삶의 자리로 눈길과 마음을 옮겨야 한다. 그리고 착한 행실의 빛을 비추기 위해 열정을 품고 노력하는 교회 갱신이 필요하다.

1981년 자그마한 닭장에서 시작한 작은 공동체가 2009년 3월 29일 아름다운 성전을 완공하고(지하 2층 지상 11층, 연건평 3,500평) 영광스러운 입당예배를 드렸다. 그리고 더 넓은 지역과 장애인과 다민족 영혼을 섬기는 불변하는 비전을 담아 교회 이름을 연수제일교회에서 '하나비전교회'라 개명하였다. 장애인들에 대한 차별과 편견은 우리의 상상을 초월할 만큼의 큰 간격이 되었기에 장애인과 비장애인이 하나 되어야 한다는 취지에서 지은 이름이다. 특별히 '네 이웃을 네 몸과 같이 사랑하라'는, 교회를 향한 주님의 명령을 온전하게 실천하기 위해 '하나'라는 의미를 더욱 강조한 것이다. '하나님과 하나', '사람과 하나'라는 거룩한 이상이 실현되는 그곳이 천국임을 믿고 희망을 노래하며 지은 이름이다.

주님의 몸 된 교회를 교회답게 세우고 하나님을 예배하며 긍휼의 마음으로 섬김을 실천하는 작은 공동체가 되기 위해 최선을 다할 때, 하나님은 교회를 부흥케 하셨고 지역 사회에 희망을 주는 교회로 자리매김하는 역할을 감당하게 하셨다. 이제 이 거룩한 행진은 다음 세대를 통해 계속되어야 한다. 그것이 희망이요, 교회의 존재이유이기 때문이다.

소그룹을 통해 돌보고 세워서 증인 되게 하는 교회 – 북수원교회

1) 북수원교회 소개

북수원교회(담임 박용호 목사)는 수원지역의 대표적인 건강한 교회이다. 2007년 박용호 목사가 부임한 이후 전통적인 교회 안에서 속회를 소그룹 사역 중심 공동체로 전환하여 한국교회의 미래 목회에 중요한 대안을 제시하고 있다.

북수원교회는 1952년 7월 종로감리교회 이해봉 권사가 자원하여 평신도 선교사로 파송되면서 시작된 교회이다. 천막 교회로 문을 열면서 전쟁의 상흔을 간직한 탄피로 종을 대신하였고, 천막 또한 도난당하는 어려움을 겪으면서 성도들의 사랑방을 교회 삼아 예배를 드렸다. 교회의 시작부터 작은 소그룹 모임이 어떻게 교회가 되는지를 보여준 모델이다. 교회는 1956년 교단에 등록하고 흙벽돌 교회를 지었다.

동네 이름을 따서 파장동교회로 이어오다가 마경욱 목사 때 비로소 오늘의 교회를 건축하고 이름도 북수원교회로 개명하였다. 마 목사는 교회 부흥과 성장의 축복 속에서 성전 건축을 마무리하였으나 봉헌을 앞에 놓은 상태에서 불의의 사고로 소천하셨고, 최광용 목사가 부임하여 15년 동안 안정되고 성숙된 목회를 하였으며, 박용호 목사가 2007년 부임하여 오늘에 이르고 있다.

한 가지 특이한 점은 박 목사가 부임하여 왔을 때 북수원교회에서는 교회 창립 해를 1956년으로 지켜왔다는 것이다. 권사 중 한 분이 그 문제를 가지고 와서 하소연하기를, 자신이 천막 교회 당시부터 있던 교인인데 어떻게 초창기 역사를 무시하고 교단에 등록한 날을 창립연도로 할 수 있느냐는 것이었다. 그리하여 천막 교회 당시부터 지금까지 교회 역사를 연구 조사하고, 교회역사가를 초청하여 강의도 듣고, 임원회에서 설문을 통하여 공감대를 형성한 후 잃어버린 4년을 되찾았다. 담임목사가 이 부분을 중요하게 생각한 것은, 천막 교회와 가정마다 돌아가며 예배드렸던 시기는 비록 교단에 등록하지 않았다 해도 교회로서의 기능을 하기 때문에 이것이 인정되지 않는다면 교회 안의 작은 교회인 속회가 작은 교회로서 명분을 가질 수 없다는 목회방향 때문이었다. 북수원교회는 지역 교회로서 건강한 교회이며 소그룹 사역공동체의 꿈을 꾸며 실천하고 있는 교회이다.

2) 북수원교회의 목회철학

북수원교회의 목회철학은 예수께서 베드로에게 위임하셨던 목양 위임의 과정을 모델로 삼아 세워졌다(요 21:15~17). 첫째, 목회의 바탕은 예수를 사랑하는 마음에서 출발한다. 갈릴리 바닷가에서 예수께서 베드로에게 "요한의 아들 시몬아 이 사람들보다 나를 더 사랑하느냐"고 물으신 물음은 목회자로 소명하시는 질문이다. 목회자는 다른 어떤 능력보다 주님을 사랑하는 마음을 가져야 한다. 목회는 주님의 양을 위임받아 목양

하는 것이기 때문에 주님의 사랑의 마음이 있어야 하고 주의 영이신 보혜사 성령의 기름 부으심을 받은 후에야 가능한 것이다.

둘째, 목회의 방법은 어린양과 중간 양과 성숙한 양을 각각 어떻게 돌보고 세우고 증인 되게 하느냐이다. 주님은 이 방법을 세 번의 질문과 명령 속에 넣어두셨다. 첫 번째 명령은 "내 어린양을 먹이라"이다. 어린양이라고 말할 때 먹이는 방법은 이미 어린양 속에 들어 있다. 어린 아기는 전적인 사랑의 돌봄이 없으면 스스로 살 수 없다. 양은 무엇을 먹이느냐에 따라 건강하게 성장할 수 있기 때문에 전인적인 먹임Feed을 말씀하신 것이다. 두 번째 명령은 "내 양을 치라"이다. 이것은 중간 양을 어떻게 돌보는가에 대한 말씀이다. 단순히 먹이는 것을 넘어 스스로 할 수 있도록 훈련하고 돌봐 주라는 뜻이다. 부모는 자녀가 성장하면서 잘 하는 것이 무엇인지 살피고 돌보는 일에 헌신하게 된다. 그래서 내 자녀가 능력 있고 훌륭하게 자라는 것에 만족하고 자랑스러워한다. 세 번째 명령 역시 사랑을 물으신 후 "내 양을 먹이라"고 하신다. 아이가 자라면 꿈을 꾸고 그 꿈을 좇아 영향력 있는 자녀가 되기를 바란다. 훌륭한 인간은 이기적인 인간이 아니라 남을 돕고 복의 근원이 되는 것이다. 이것은 하나님의 뜻이기도 하다. 양이 성장하여 새끼를 낳는 것과 그 새끼를 양육하고 사람들에게도 유익한 젖을 생산하는 것은 성숙한 양을 어떻게 먹여서 이상적인 기독교인을 만드는가에 달려 있는 것이다. 바울처럼 디모데와 같은 믿음의 아들을 잘 양육하여 하나님 나라 일꾼을 배출하는 것이 바로 내 양을 먹이라는 뜻이다.

이상과 같은 목회철학의 바탕은 목양 위임 명령에 근거를 두고 있다. 이 바탕 위에 요한 웨슬리의 목회를 멘토로 삼고 그의 경건과 복음의 열정, 그리고 소그룹 속회를 모델로 삼아 따라가고자 하는 것이다. 이것은 예수의 목양의 정신과 웨슬리의 속회의 정신이 같은 곳을 바라보고 가기 때문이다. 돌보고 세워서 증인 되게 하는 것, 이것은 박 목사의 목회철학이며 북수원교회의 사역의 원리이다.

이 모든 것을 가능하게 하는 것은 성령의 역사하심이다. 구조적인 틀이 잘 갖추어져 있다 해도 그것을 움직이는 동력은 성령의 기름 부으심을 통한 능력이고, 그 능력의 근원은 주님을 사랑하는 것이기 때문이다. 오직 하나님의 비전을 추구하고 성령의 기름 부으심을 통한 주님의 사랑이 부어져서 거룩한 사랑이 에너지가 될 때 진정한 목회의 길을 가는 것이라고 박용호 목사는 믿고 있다.

3) 북수원교회의 목회전략

(1) 소그룹 속회 중심형 교회

대부분의 교회들이 대그룹 예배 중심의 목회를 하고 있다. 우리의 의식 속에는 언제나 다다익선多多益善의 생각 때문인지 많이 모이는 것, 큰 것에 중점을 둔 목회에 치중한다. 예수께서 말씀하신 것처럼 성령이 임하면 능력을 받고 땅 끝까지 이르러 주님의 증인이 되는 것이 목회의 목적이다. 여기에 흩어짐의 선교적 사명이 있다. 초대교회 성도들은 "사도의 가르침을 받아 각 가정에서 모여 기도하며 교제하고 떡을 떼며 하나님을 찬미하니 구원받는 무리들이 날마다 더하게 하시니라"고 기록하고 있다(행 2:42~47). 이들의 모임은 단순한 모임이 아니라 소그룹 중심의 삶을 나누는 것이었고, 이웃을 돌보고 봉사하며 빛의 자녀로서 칭찬받는 삶을 통하여 복음의 실천과 현장성을 작은 공동체로서 수행했음을 말하는 것이다.

북수원교회가 속회 중심형 목회를 꿈꾸는 것은 단순히 속회조직을 강화하거나 효율적으로 운영하기 위한 것이 아니라 속회가 교회 안의 작은 교회로서 제 역할을 하고 삶 속에 신앙을 접목하는 살아 있는 교회의 기능을 다하도록 하는 데 있다. 속회는 작은 교회이다. 속장은 작은 목자이고 목회 파트너십을 가진 사역자이다. 100개의 속회가 있다면 100개의 작은 교회가 움직이는 교회가 되는 것이다.

(2) 은사 사역 속회

속회가 가까운 교인들끼리만 모여서 예배드리는 공동체가 되는 것은 모라비안의 정적주의와 다를 바가 없다. 속회 내 모든 성도는 성령의 역사를 통해 받은 은사가 있음을 이해하고 각자의 은사에 따라 사역 속회를 만들어 사역하는 공동체가 되어야 한다. 구원받은 하나님의 자녀는 보혜사 성령께서 함께하시고 성령이 오시면 은사를 선물로 주신다. 그러므로 구원받은 하나님의 자녀라면 각자가 받은 은사를 통해 어떻게 봉사하고 교회를 세울 수 있는가를 가르치고, 또 일할 수 있도록 세워 주는 것이 목회자의 일이다(엡 4:12).

성도들은 다양한 은사를 가지고 있다. 그리고 그 은사를 활용할 때 능력 있는 기독교인이 된다. 그러나 은사 사역 속회를 적용하려고 할 때 두 가지 점에서 걸리는 문제가 있다.

첫째, 한국교회는 급성장한 교회이다. 그러나 성장 과정에서 거쳐야 할 세움의 과정들이 간과되고 갑자기 축복을 누리는 일과 쉼으로 넘어가려는 의식 때문에 너무 빨리 늙거나 무능한 기독교인들이 생겨났다. 1970~80년대를 지나면서 부흥회가 가져온 명암 속에는 모이고 기도하고 은혜 받고 축복받는 일에는 성공한 것 같지만, 그러한 은혜와 축복을 나누고 사역하는 일과 훈련받는 일에는 소홀하여 신앙관료주의 사상에 물들고 그 결과 일할 줄 모르는 기독교인을 양산한 것이다.

둘째, 은사를 개발하지 못한 점이다. 성령을 받고 방언이나 신유 은사, 혹은 예언의 은사 등 은사주의에 빠져서 변질된 능력자들을 양산한 것이다. 건강한 은사 운동과 훈련을 통해 사역으로 발전시켜 가야 하는데 그러한 부분이 간과되어 온 것이다. 이 부분이 교인은 많은데 일꾼이 부족한 이유이다. 교회가 추구하는 은사 사역 속회로 나아가려면 이 두 가지 문제를 해결해야 한다.

은사 발견 사역 : 은사 발견에 관한 부분은 많은 자료들이 있기 때문에 누구라도 관심이 있으면 실행할 수 있을 것이다. 중요한 것은 은사 사역에 관하여 지속적인 설교와 홍보로써 필요성을 강조하고 전 교인이 참여하도록 하는 것이다.

은사 배치 훈련 사역 : 선교사를 파송할 때도 느낌으로 어느 나라에 가서 선교해 보라고 하지 않는다. 적응 훈련으로 최소한 1년은 실습의 기회를 갖는다. 마찬가지로 내가 받은 은사가 무엇이라고 해도 그 은사를 함께 하거나 사역할 때 적응하는 훈련을 받아야 한다. 이 부분이 어려운 것은 교회의 특성이 은혜가 아니면 강제성을 띨 수 없기 때문에 분명히 은사는 있는데 성품적으로 협력하지 못하거나 인내하지 못하는 이들이 있기 때문이다. 이 부분에서는 공동체지수Netwalk Quotient가 매우 중요하게 작용한다. 예수의 열두 제자들도 12명이 한 그룹으로 있었던 것이 아니라 세 그룹으로 나뉘어 있었음을 알 수 있다. 이것은 주님께서 은사와 성품 그리고 믿음의 분량에 따라 어떻게 훈련시키고 배치하셨는가를 볼 수 있는 부분이다.

북수원교회는 은사 배치 훈련을 위해 영상속회, 사진속회, 실업인속회를 두고 있다. 영상속회는 영상에 관심 있는 이들이 모여 교회 방송을 하고 북수원뉴스를 만들어 주일마다 방송한다. 사진속회는 사진에 관심 있는 이들로 구성되어 사진 교육, 출사, 시골교회 노인들 영정사진 봉사 등을 한다. 실업인속회는 사업하는 이들을 중심으로 이루어진 속회이다.

(3) 평신도 생활 선교사(평생 선교사)

모든 성도는 각자 자신이 몸담고 있는 직장이나 가정 혹은 이웃과의 관계에서 선교사 정신을 가지고 봉사하는 평신도 선교사가 될 수 있다. 북수원교회의 김종애 권사는 남편이 은퇴 후 마땅한 직장을 갖기 어려운 상황에서 기원을 열게 되었다. 담임목사가 심방을 하면서 눈에 들어온 것은 이곳은 은퇴하신 분들이 많이 오고 한번 오면 한두 시간 이상 바둑을 둔다는 것이었다. 박 목사는 김 권사에게 이분들에게 점심으로 국수를 대접하면 좋겠다고 제안했다. 김 권사는 매주 토요일 손님들에게 정성껏 국수를 대접하기 시작했고 그 결과 몇 분을 전도하게 되었다. 그 속회에서는 한 달에 한 번이지만 김 권사는 매주 토요일마다 섬김의 사역을 하고 있기에 교회는 김 권사를 평신도 생활 선교사 1호로 임명하였다. 교회의 목표는 전 교인을 평생 선교사(생활 선교사)로 임명하는 것이다.

4) 목회철학에 근거한 실제적인 사역

돌봄의 속회 : 삶의 나눔과 구체적인 돌봄과 증인이 되게 하는 못자리로서 모판과 같은 모임이다.

바자회 : 지역의 청소년 가장을 돕기(장학금) 위한 바자회로 북수원교회의 상징적인 프로그램이다. 매년 같은 날짜에 총 여선교회가 주관하여

대대적으로 행사하고 있다. 지역 사회에 북수원교회를 인식시키는 이미지 전도 효과도 큰 편이다.

선교 카페 : 지역 주민을 위한 전문 바리스타 교육의 장으로도 활용되며, 장안구의 각 단체와 개인이 이용할 수 있다.

Mission Company : 이것은 새로운 패러다임으로 회사를 운영하는 CEO들이 회사를 선교지로 삼고 회사원 전체를 전도 대상자로 삼을 뿐 아니라 그곳에서 은사별 사역 프로그램으로 봉사하며 선교하는 회사가 되게 하는 것이다. 회사가 수출을 할 경우 수익금의 1%를 선교기금으로 헌금하여 선교의 장을 넓혀 가고 있다.

글로벌 선교 사역 : 필리핀과 연계한 인재 양성 프로그램으로 모든 것을 누리며 살면서도 영적으로 고갈된 아이들을 선교대상으로 삼아 인재를 양성하여 미래를 준비시키는 사역이다. 이 일을 위해 새벽선교회Dawn mission가 조직되어 활동하고 있다.

축복속회 : 담임목사가 주례한 부부로 구성된 속회로 현재는 두 개의 속회가 운영되고 있다. 박 목사는 주례할 때부터 신혼부부에게 이 속회를 소개한다. 전인적 부부생활과 가정생활, 계획 임신과 태교, 출산을 위한 준비와 아이의 양육 등 10년을 계획하여 건강한 가정과 성도로 훈련시켜서 지도자를 만들기 위한 속회이다.

전도 간사 사역 : 교회 권사들 중에 전도에 은사가 있는 이들을 발굴하여 전도에만 전념하는 사역자로 임명하고 있다. 이들은 일주일 내내 전도하며 전도에 관심 있는 이들을 훈련시켜서 전도자를 확산시키고, 팀을 구성하여 지속적인 전도운동을 펼쳐 나가고 있다. 장기 결석자나 전도 대상자를 두고도 전도하지 못하는 교인들을 도움으로써 전도의 힘을 얻게 하고 있다.

권사 리더스 사역 : 권사들은 장차 중직이 되어야 할 사람들이고 현재도 중요한 일꾼들이다. 그런데 남녀 권사들이 차지하고 있는 비중에 비해 신앙적으로나 일하는 데에는 미약해 직분만 가진 자리일꾼인 경우가 많다. 이들은 월 1회 모여 담임목사가 추천한 도서를 읽고 2~3명의 발표자가 독후감 형식으로 발표를 하면 담임목사가 그것을 가지고 함께 토론하는 형식으로 훈련하는 사역이다. 남자, 여자 권사들이 따로 모이고 연 1회 수련회 형식으로 전체 모임을 갖는다.

교육선교회 : 교사들을 위한 모임이다.

속장의 목자 훈련 사역 : 속회의 성패는 속장에게 달려 있다. 이 사역은 속장들이 목회 파트너십으로 일할 수 있도록 훈련하는 곳으로 담임목사가 가장 중요하게 생각하는 사역이다. 금요일 새벽에 모여서 기도하고 목양 위임을 위한 교육을 진행한다.

새가족 양육부와 양육 속장들 : 이 부서는 여러 개로 나뉘어져 있는 복합적인 사역 팀이다. 등록 팀, 영접 팀, 주방 팀, 촬영 팀, 도우미(아기) 팀, 양육 속장으로 구성되어 매주 토요일 새벽에 모여 기도하고 점검한다. 양육 속장들은 새가족을 양육하는 일에만 전념하는 속장들로 양육 속장속으로 구성되어 있다.

장애인 선교 사역 : 북수원교회의 주간보호시설인 사랑의 학교는 수원에서 가장 오래된 사회복지시설 중 하나다. 13년 전에 시작된 중증 장애인을 위한 주간 보호시설로 15명의 장애인이 소속되어 있다. 주중에는 사회복지사(4명)들이 돌봄의 사역을 하고, 교인 중에서 각 분야의 전문가들이 자원봉사 수고하고 있다. 주일에는 사랑부로 편재하여 교회학교 부서 중 하나로 부장과 담당 전도사의 인도 아래 예배를 드리고, 매월 첫 주는 연합예배로 드리며 성찬식을 함께 나눈다.

이러한 사역 팀들은 모두 돌보고^{caring} 세워서^{sharing} 증인^{ministry}이 되는 목회철학의 바탕 위에 이루어지는 것으로 지속적으로 개발해 나가야 할 소그룹의 핵심 사역이다.

5) 북수원교회가 다른 공동체에 주는 적용점

새로운 창조를 위해 노력하는 것도 중요하지만 기존의 검증된 사역들을 자기화^{Contextualization}해서 리메이크하는 것도 중요하다. 어떤 교회이든 북수원교회의 돌보고 세워서 증인 되는 사역 원리에 입각한 조직과 프로그램을 만들 수 있을 것이다. 작은 교회나 중형교회나 대형교회 모두 원리는 다르지 않다. 다만 분명한 목회철학 위에 프로그램을 개발하고 일관성 있는 방향으로 나아가는 것이 건강한 교회의 비결이다.

북수원교회는 오늘날 교회성장의 화두가 되고 있는 소그룹 중심 목회를 프로그램이나 시대적인 유행 목회로 적용한 것이 아니라 성경적인 교회론의 차원에서 접근하였다. 시대가 변하고 상황이 달라진다 해도 인간의 본질적인 욕구와 하나님의 창조 DNA 속에 각인된 원리를 중심으로 세워진 사역 원리는 건강한 소그룹 사역공동체 교회를 꿈꾸는 모든 교회와 목회자들에게 큰 통찰을 주리라 믿는다.

평신도의 힘으로
이루는 건강한 교회
— 주안교회

주안교회(담임 한상호 목사)는 1925년 10월 2일, 인천 내리교회 주안속회를 중심으로 홍카멜라 전도부인 댁에서 창립 예배를 드리며 시작되었다. 그 후 마치 작은 겨자씨가 큰 나무가 되어 많은 새들이 깃들이듯 지금과 같은 영향력 있는 교회로 성장하기에 이르렀다.

1975년부터 심방전도사 대신 교회가 인정하는 준비된 평신도 구역장이 10속 이상의 소그룹을 담당하여 사역하는 평신도 구역장 제도를 도입하여 한국교회 평신도 사역의 선도적인 역할을 감당하고 있다. 이것은 성도를 온전케 하여 봉사의 일을 하게하며 그리스도의 몸 된 교회를 세우게 하는(엡 4:12) 모범적인 모델이기도 하다. 주안교회는 "가정을 세우며 세상을 섬기는 교회"를 목표로 가정 사역과 영혼 구원, 지역 사회 선교 그리고 세계 선교에 헌신하며 하나님께서 주신 은혜를 이웃과 나누며 지속적으로 추진하는 건강한 대형교회의 모델이다.

1) 주안교회만의 독특한 평신도 구역장 제도

(1) 평신도 구역장 제도의 역사

구역제도는 1975년부터 시작되었다. 당시는 편의상 4개의 속회를 하나로 묶은 것에 불과했으나 1979년에는 10개의 속회를 하나로 묶어 7개 구역으로 편성하였다. 이후 교회가 계속 부흥하고 성장하면서 1980년 7월에 100속을 넘게 되자 '돌봄과 나눔의 목회' 차원에서 구역 제도를 보완하고 1981년 1월부터는 12개의 구역으로 조직하고 각 구역에 평신도 구역장을 세워 속회를 섬기도록 하는 새로운 체제를 출범시켰다. 이후 몇 번의 수정 과정을 거쳐 2011년 7월 현재 17개 구역 404개(낮 304개 속회, 밤 100개 속회)의 속회로 이루어져(2011년 7월 현재 성인 여성 속회 기준, 남성 속회 제외) 소그룹 모임을 가지고 있다.

(2) 평신도 구역장 제도의 목적과 의미

전임 목회사역자나 심방전도사가 아닌 훈련된 전임 평신도 사역자를 세워 소그룹 속회를 체계적이고 효율적으로 운영하기 위한 제도이다. 평신도 지도자(여성)들이 받은바 은혜에 감사하여 교회 일에 주체적으로 참여한 신앙고백 운동, 기도 운동이라고 할 수 있다. 주안교회만의 독특한 제도이며, 평신도 사역의 중요한 밑거름이 된 귀중한 신앙유산이다.

구역장 제도가 갖는 의미는 평신도의 지도력을 개발함으로써 공동체성을 가진 교회의 기틀이 되며, 교인들 간에 교회 공동체 의식을 함양하는 중요한 매체가 되었다는 것이다. 이 제도는 성도들로 하여금 은혜 체험과 사명 감당의 길은 깊은 영성에 있다는 것을 일깨워 준 계기가 되었다. 이들 구역장들은 목회자와 성도를 연결하는 다리 역할을 감당함으로써 제한될 수밖에 없는 목회자들의 돌봄을 보완하는 가교가 되었다.

(3) 평신도 구역장의 자격과 역할

평신도 구역장의 자격은 구원에 대한 확신이 있고, 성경에 대한 절대적 신뢰가 있는 자라야 한다. 임원으로 활동하는 기간 동안에는 다른 교인들에게 신앙의 본이 되고 열심이 있는 권사라야 한다. 그리고 교회에서 임원(집사, 권사)으로 피택되어 어느 부서(교회학교, 성가대, 총 여선교회 등)에서든 최선을 다해 성실하게 봉사한 경험이 있는 자로서 구역 식구들에게 인지도가 있어야 한다. 평신도 구역장은 위 사항에 해당하는 자로서 교회의 목회방침에 적극 순종하며 교인들을 섬길 수 있는 마음의 준비가 된 여자 권사 중에서 담임목사가 임명한다.

평신도 구역장은 구역을 대표하며, 구역의 관리와 운영의 책임을 진다. 효율적인 구역 운영을 위해 필요에 따라 조장, 서기, 회계 등 구역 임원을 자체 선정하여 사역하게 할 수 있다. 구역장은 구역 내 가정을 돌아보며 위로하고 권면하는 심방을 담당한다. 필요한 경우 작정 예배를 권면하여 실시할 수 있다. 작정 예배는 3일과 5일로 구분하여 실시하는 것을 원칙으로 하고, 마지막 날에는 가능한 담당 목사가 인도하도록 한다.

구역장은 심방한 가정의 신령상의 문제는 필요한 경우 담당 목사와 상의한다. 연 1회(1월, 2박 3일) 기도원에 들어가서 영적인 무장을 새롭게 한다. 그리고 연 1회 목회자-구역장 세미나를 통해 교회의 목회철학을 공유하고, 교제를 통해 단합한다. 월 1회 담임목사 혹은 선교목사 주관 하에 계속교육을 실시하며, 정기월례회를 통해 구역 간 정보를 공유하고 상호 발전을 도모한다. 주중에는 1회 담당 목사와 만나 한 주간을 계획하고 기도하는 모임을 갖는다.

TIP

속회의 핵심, 직고의 개념과 적용[104)

웨슬리 속회에서 사용한 직고는 영어의 'Accountability'를 번역한 말이다. 문자 그대로 '있는 그대로를 고한다'는 의미이다. 속회에서 직고란 지도자를 중심으로 일주일에 한 번씩 모이는 구성원들이 일주일 간 있었던 삶을 고백하고 세워 주고 기도해 주는 것이다. 담임 한상호 목사는 직고를 주제로 박사과정 논문을 연구하고 이를 속회 사역에 적용하였다.

목적과 정의
- 일주일 동안의 영적 생활에 대한 체험을 고백
- 일주일 동안의 영적 생활을 나누고 생활 속에 있었던 죄를 고백한 후에 서로의 연약함을 사랑으로 돌보는 초대교회적 나눔의 실천
- 강제로 고백하는 것이 아니라, 서로 협조하고 응답하며 격려하는 방식
- 직고를 통한 공동의 성화를 이루어가는 것
- 직고는 전통적인 감리교회의 영성 훈련과 제자 훈련을 위한 제도이다.

직고를 위해 영적 상태를 묻는 5가지 질문
- 지난 모임 이후에 어떤 죄를 지었는가?
- 어떤 유혹들을 받았는가?
- 어떻게 그 유혹에서 벗어났는가?
- 죄인지 아닌지 확실치 않은 어떤 생각이나 말, 혹은 행동이 있었는가?
- 당신이 숨기고 싶은 비밀을 갖고 있지 않은가?

직고의 유익

- 속회원들 간에 초대교회적인 성도의 교제를 나누게 한다.
- 개인 성화에서 사회 성화로 나아가게 함으로써 균형 잡힌 신앙인으로 양육한다.
- 속회는 평신도 지도자를 키워 내는 장이 된다.

속회와 직고의 관계

- 존 웨슬리는 직고를 통해 속회의 목적을 이루었다.
- 직고는 속회가 감리회 운동의 원동력이 되게 한 핵심적 요소였다.
- 직고를 통해 속회는 공동의 성화를 이루는 영성 훈련의 장이 되었다.
- 직고하지 못함으로 속회가 쇠퇴하는 결과를 낳았다.

2) 주안교회의 목회철학

(1) 예배와 성경 중심의 교회

교회가 가장 우선해야 할 것은 바로 예배이다. 하나님은 영이시기 때문에 하나님께 신령과 진정으로 드리는 예배가 될 수 있도록 준비된 예배, 준비된 사역자, 준비된 성도가 되기 위해 힘쓴다. 주안교회는 경건한 전통 예배와 생동감 있는 현대 예배가 조화를 이루고 있다. 또한 살아 생명력이 있으려면 성경이 말하는 원리가 모든 사역의 현장에서 이루어져야 하겠기에 무엇보다 성경을 배우고 가르치는 사역을 우선으로 하고 있다.

(2) 선교 중심의 교회

선교의 주체는 하나님이시다. 예수 그리스도께서 선포하신 하나님 나라의 복음은 희년의 복음이다. 희년의 복음은 모든 사람을 죄와 사망, 불의와 질병, 빈곤 등과 같은 모든 문제로부터 해방케 하는 복음이다. 교회는 이러한 예수 그리스도의 희년의 복음을 이 땅에 선포하고 하나님 나라를 건설하도록 보냄을 받은 하나님의 선교^{Missio Dei}의 기구이다. 따라서 세상에 관심하시고 세상 안에 역사하시는 하나님의 사랑을 깨닫고 보냄을 받은 사명을 중요하게 생각하여 이를 온전히 성취해야 할 책임이 있다. 주안교회는 "땅 끝까지 이르러 내 증인이 되리라"(행 1:8)는 예수의 명령에 따라 선교를 교회의 가장 중요한 핵심으로 삼는다.

(3) 평신도들이 살아 움직이는 교회

건강한 교회는 목회자 중심의 교회에서 평신도 중심의 교회가 되어 평신도의 역량을 최대한으로 살리는 교회로 나아간다. 미래 사회는 현재보다 전문화된 형태로 분화할 것이기 때문에 목사 한 사람이 모든 영역을 책임질 수 없다. 교회 안의 문제뿐 아니라, 지역 사회의 문제들에 대해 구체적으로 관계를 맺고 있는 평신도들이 스스로 문제를 발견하고 참여하여 해결해 나가도록 개발하고 격려하는 일이 필요하다. 그러므로 교회는 평신도들이 교회 안에서 양육받고, 사역 현장에서 은사를 사용하고, 세상에 나가서도 능력 있게 살며, 그들의 전문성을 통하여 세상을 변화시킬 수 있도록 도와주어야 한다. 주안교회는 평신도들이 모든 사역의 장에서 주축이 되어 사역하는 교회이다.

3) 핵심 가치관 – "가정을 세우고 세상을 섬기는 교회"

(1) 가정을 세우고 건강하게 하는 교회

교회는 큰 가정이며 가정은 작은 교회이다. 교회와 가정은 서로 분리해서 생각해서는 안 된다. 따라서 교회는 가정이 하나님이 계획하신 본래의 모습으로 회복되며, 가정으로서의 역할을 감당하는 건강한 가정이 되도록 힘써야 한다.

가정환영 : 신생아와 신혼부부를 대상으로 주일예배 시에 축복하는 시간을 갖는다.

결혼예비학교 : 청년들을 대상으로 기독교 결혼관을 심는다.

부부성장학교 : 결혼한 부부를 대상으로 치유와 회복, 가정에 헌신할 수 있도록 돕는다.

부부 세미나 : 청장년 부부를 대상으로 부부 관계의 치유와 회복을 도모한다.

아버지학교Promise Keepers Movement : 아버지로서의 역할을 잘 하도록 돕는다.

싱글 사역 : 사별, 이혼 등 깨어진 가정의 회복을 위해 사역을 준비 중이다.

평생교육원 실버아카데미 : 노인복지 사역이 시대적 사명임을 깨닫고 노인들을 치유하고 돌보는 사역이다.

출산 장려 운동 : 저출산은 이미 우리 모두의 미래가 달린 심각한 문제이므로 이를 해결하기 위하여 출산 장려 운동을 하는 것은 '생육하고 번성하라'는 하나님의 뜻과 사명에도 어울리는 일이고 국가의 미래에도

이바지하는 일이기에 신생아가 출산할 때마다 축하금을 지원하는 출산 장려 운동을 하고 있다.

(2) 세상을 섬기는 교회

첫째, 영혼 구원을 지향한다. 영혼 구원은 예수께서 승천하시며 명령하신 대사명의 중심일 뿐만 아니라 교회가 지향해야 목표이다. 주안교회는 감리교 전통 안에 있는 교회로 구역별 소그룹 속회를 활성화하여 직고를 통해 서로 권면하는 속회, 나눔과 회복이 있는 속회를 지향한다. 직고Accountability는 웨슬리 속회의 핵심 내용이기도 하다. 한상호 담임목사가 박사과정 논문에서 직고에 대해 연구한 후 교회의 소그룹 공동체에 접목하였다. 특별히 속회를 통해 이루어지는 직고는 성도들의 삶을 나누고 고백하며 함께 중보하는 시간이 되어 성도들의 영적 성숙의 장, 전도의 장으로서 크게 기여한다. 연 1회 각 속회별 '속회초청 전도잔치' 도 가진다.

둘째, 지역 사회를 섬긴다. 주안교회는 하나님께서 주안 지역에 교회를 설립케 하시고 지역 사회에 영향력을 가지고 사역하기를 원하신다는 신념을 가지고 있다. 지역 사회를 위한 노력을 몇 가지 소개하면, 주안교회는 30여 년 전부터 지속적으로 인천시 남구 관내 환경미화원을 초청하여 이들의 노고에 감사하며 잔치를 베풀고 선물을 전달하고 있다. 또 인천 지역의 소년소녀 가장들과 교인 가정들이 1 대 1로 결연을 맺어 자원해서 돌보는 가족공동체를 이루고 있다. 뿐만 아니라 독거노인들을 돌보며 그들에게 매주 목요일 무료 급식과 반찬 배달, 김장 등을 제공하고 있다.

주안교회는 생일감사헌금을 장학기금으로 지정하여 중고등학생 및 대학생들을 지원하는 장학사업을 통해 자라나는 교회의 미래 인재들을 양육한다. 특별히 노인 복지를 위해 지난 2004년부터 학기별로 평생교육원 실버아카데미라는 노인복지 시설을 설립하고 60세 이상의 노인들의 삶의 질 향상에 기여하고 있다. 또 실업인 선교회를 통한 결식노인과 노숙자를 위한 무료중식 봉사를 하고 있으며, 무료 이·미용 봉사 및 수지침 봉사도 하고 있다. 사랑의 집짓기 운동, 재난 지역 봉사활동 등에도 매년 적극적으로 참여하고 있다.

1995년 4월에는 세계 최대의 '국제성서박물관'을 개관하여 고대 근동 지역과 유럽, 북미 지역의 귀중한 성경들, 아시아권 성경들과 아프리카권의 여러 나라 방언으로 된 성경 약 1,8000권을 소장, 전시하고 있다. 유지 관리에 많은 예산이 들어가지만, 모든 목회자들의 성경연구에 도움을 주고 성도들의 신앙생활에 유익한 자료를 제공하고자 운영하고 있다.

셋째, 세계를 향해 선교한다. 주안교회는 열방을 정복하여 복음을 전하는 증인 공동체, 선교 공동체를 추구한다. 국내 선교로는 협성대학교, 인천대학교 CCC, 아프라카선교회, 쿠바선교회, 한국해외선교회, 한국해외선교회, 홀사모선교회, 올네이션스미션, 인천청년관, 감리교속회연구원, (감리교목회상담) 영성심리치료센터, 행복한가정사역연구소, 사단법인 아름다운청소년들, 인천사랑호스피스, 한국외향선교회, SAM(샘)의료복지재단, 단동복지병원, 인천생명의전화, 인천광명원, 세화종합복지관, 속초박사랑공동체, 감리교군선교회, 인천기독신문사, 미자립교회(25곳) 등을 지원하고 있다.

국외 선교로는 브라질 마나우스에 초등학교 설립, 러시아 블라디보스토크 교회 지원, 중국 연변 농림 대학 선교, 대만의 학원 선교, 독일의 백림감리교회 지원, 아프리카 토고의 로메신학교 지원, 태국의 신학교 지원과 원주민 선교, 영국의 런던교회 지원, 필리핀의 민다나오에 미국 UMC 소속 한경수감독기념 신학대학원 건립 및 운영을 하고 있다.

4) 목회전략에 근거한 양육 프로그램

(1) 주안영성아카데미

하나님의 말씀은 우리의 생각을 변화, 발전시킬 수 있는 자리와 교육 등을 통하여 우리를 성장하게 한다. 주안영성아카데미는 이러한 말씀이 들려지고 선포되는 자리이며, 삶에서 만나는 문제들과 신앙생활에서 부딪치는 문제들을 함께 고민하고 기도하면서 풀어 나가도록 돕는 사역이다. 생각과 깨달음을 거쳐 행동하는 그리스도의 제자로, 전폭적으로 헌신된 제자로 양육되도록 훈련하는 장이기도 하다.

(2) 알파코스

알파코스는 기독교가 무엇인지에 대해 의문을 가지고 있는 구도자들이나, 교회에 나온 지 얼마 안 되는 새가족들, 또한 기본으로 돌아가서 신앙을 점검하고자 하는 성도들에게 유용한 프로그램이다. 눈높이에 맞는 찬양과 재미있고 유익한 목사님들의 토크, 함께 질문하고 대답하는 그룹토의 등 다채롭게 준비되어 있어 많은 성도들이 은혜를 누리고 있다.

(3) 제자훈련

신앙이 더욱 성숙하기를 원하고 제자로서 자라나기를 원하는 성도들에게 유용한 과정이다. 목사 한 분이 10명 내외의 성도들과 얼굴과 얼굴을 맞대며 진행하기 때문에 서로의 삶을 점검하면서 실제적인 성숙을 도모할 수 있다. 알파코스를 수료한 성도들만 수강할 수 있다.

(4) 선택강좌

- 신구약의 파노라마 : 신구약 성경이 한눈에 펼쳐진다.
- 로마서 강해 : 로마서를 통해 내게 역사하시는 하나님의 말씀을 체험할 수 있다.
- 큐티의 실제 : 경건의 시간을 갖는 방법과 훈련을 한다.
- 성령과 치유 : 상한 심령을 치유하시는 하나님을 만나는 시간이다.
- 기도와 하나님의 임재 : 다양한 기도 훈련을 통해 하나님의 임재를 체험할 수 있다.
- 전도폭발 : 이론과 실제를 겸한 훈련을 통해 전도자로 양육된다.

5) 주안교회가 다른 공동체에 공헌할 수 있는 적용점

주안교회는 올해로 창립 86주년에 이르고 있으나, 교회 성장에만 매몰되지 않고 젊고 생동감 있는 건강한 공동체가 되고자 한다. 주안교회는 헌신된 평신도들이 직접 사역에 참여하는 소그룹 사역을 시행하며 영성과 제자훈련 그리고 사역이 통전적으로 균형을 이루는 건강한 대형교회의 모델을 제시하고 있다.

한국교회는 교회 성장이 쇠퇴하면서 빈익빈, 부익부의 현상이 더욱 심화되고 있다. 80% 이상의 교회가 소형교회 혹은 미자립교회인 상황에서 대형교회가 가지고 있는 인적 물적 자원을 과감하게 한국교회와 고난 받는 이웃들과 나누는 일에 우선순위를 두는 것이 그 어느 때보다도 시급하다. 대형교회에 대한 여러 가지 부정적인 시각에도 불구하고 대형교회의 실제적인 갱신 없이 한국교회의 갱신은 불가능하다. 주안교회는 교회의 역사를 통해 개교회 사역뿐 아니라 교회의 역량을 총동원하여 미자립교회 지원, 지역 사회 선교와 세계 선교를 위해서도 헌신하는 교회이다.

더욱이 담임 한상호 목사는 비전을 같이하는 중대형교회 목회자들과 연대하여 한국교회의 역량 있는 중간 세대 목회자들을 발굴하여 양육, 지원하는 사역을 진행하고 있다. 이러한 시도는 더욱 확대되어야 하고 한국교회 미래 목회에 활력을 주는 중요한 대안이 될 것으로 보인다.

소그룹 활동을 통한
대학 선교 모델
– 협성대학교[105]

1) 한국교회 공동체의 위기의식과 대학 선교

오늘날 많은 기독교 지도자들이 기독교 공동체에 대한 위기의식을 갖고 있다. 그 원인은 기독교 공동체가 철저한 기독론에 근거한 하나님 나라의 가치관을 추구해야 하는데 그보다는 세상의 가치관과 문화와 혼재되어 기독교 공동체로서의 정체성이 대단히 오염되어 있기 때문이다. 마태복음 22:37~40에 나오는 예수의 가장 큰 계명인 하나님 사랑과 이웃 사랑의 균형은 영성Inward Journey과 사역/삶Outward Journey의 핵심적인 내용이다. 이것은 개인 성화와 사회 성화의 균형을 강조하는 웨슬리의 감리교 신학의 핵심이기도 하다.

대학 선교란 대학 선교의 책임을 가진 교직원과 학생들이 하나님 앞에서 책임 있는 행동에 참여하는 그 전체를 말한다. 바로 이 사람들이 숨은 교회이며 대학 선교를 수행하는 하나님의 백성이다. 이 사람들의 책임 있는 증언은 곧 다원화 속에서 일하시는 그리스도의 현존하심을 증언하는 것일 뿐 아니라 복음의 기초를 놓는 것이다.[106]

선교의 목적이 많은 사람에게 복음을 전하여 구원 얻는 사람이 날마다 더하게 하는 데 있다면 대학 선교의 목적 역시 대학 안의 모든 사람이 하나님의 구원을 받게 하는 데 있다. 젊은 엘리트 대학생들을 예수의 제자로 만든다는 것은 곧 그들 자신이 훌륭한 선교의 일꾼이 되는 것이므로 기독교 대학들은 중대한 사명감을 가지고 치밀한 선교전략을 세워야 한다. 목사, 교수, 행정가, 학생 모두를 포함한 대학 선교의 프로그램을 세우고 대학 구조의 중심에서 대학 선교가 이루어지도록 해야 할 것이다.

이에 협성대학교에서는 학원 선교 활성화의 대안 모델Alternative Model로 학과별 소그룹 모임을 시작하였다. 그것은 소그룹이 사역의 전문성을 제공하고 효율성을 증진시키며, 이를 통해 전인교육이 가능하기 때문이다.[107]

> Tip
대학 선교의 비전

필자가 2004년 협성대학교에 파송받고 사역을 시작하며 가진 학원 선교의 비전은 다음과 같다.

기독교 역사는 예수 그리스도의 십자가와 부활 그리고 오순절 성령강림을 통해 시작되었다. 성령이 임하시면 복음의 증인이 되는 권능을 받게 된다. 나는 협성대학교가 21세기에 초대교회의 모범을 본받는 선교적 정신과 삶을 오늘에 다시 회복, 갱신하는 공동체가 되어야 한다고 생각한다. 기독교 대학교로서 학원 선교를 통해 학내 구성원들과 대학이 위치한 지역 사회 그리고 땅 끝까지 복음이 전파되는 그날까지 복음적인 목회자들과 기독교적인 인성을 가진 지도자들을 양성하는 일에 헌신하는 것을 사역의 목표로 삼는다.

창학 이념에 명시된 대로 협성대학교는 대학에서의 사역을 통해 요한 웨슬리의 성령 운동, 복음적 부흥 운동을 오늘에 다시 일으킴을 사명으로 한다. 웨슬리의 비전은 초대교회의 순수했던 신앙과 삶을 그 시대에 부활시키는 데 있었다. 웨슬리의 전통은 먼저 성령으로 거듭나는 체험을 강조한다. 새롭게 태어나 죄에서 자유함을 얻고 그리스도를 구주로 영접함이 우선된다. 참된 신자는 모든 것을, 다른 무엇보다 먼저 하나님의 은혜에 의존한다. 그리고 이 은혜에 응답하는 삶을 산다. 따라서 은혜의 수단인 성경연구, 기도, 금식기도, 성례전, 성도들의 모임, 긍휼을 베푸는 사역에 참여하는 일이 구원의 길에서 매우 중요하다. 점점 성숙해져서 온전하고 장성한 분량에 이르는 성화의 삶을 매일매일 추구해야 한다.

웨슬리의 정신은 개인적인 성화가 점점 사회적 성화로 연결되는 사회적 변형으로 확대된다. 하나님의 동역자로서 기독교 공동체는 이 시대를 성화시키는 하나님의 역사적, 우주적 경륜에 참여해야 한다. 이 시대의 소외된 자, 고통당하는 자, 억눌린 자들에게 하나님의 사랑과 자비를 베푸는 섬김의 공동체가 되어야 한다. 협성대학교가 기독교 대학교로서 이 일에 헌신하는 하나님의 사람들을 양육하는 생명력 있는 공동체로 세워지는 것을 사역의 목표로 삼는다.

2) 대학 학과별 소그룹 사역의 운영의 취지

협성대학교는 6학기를 의무적으로 채플에 참여해야 졸업할 수 있으며, 4개 대학이 매주 한 차례씩 요일별로 제 5교시에 대강당 전체 채플로 모이고 있다. 이 대학별 통합 채플은 800~1,000명이 함께하는 공연채플로서 학생들 간 상호 교감이 어렵고 관람형 기획 공연 채플로 운영되고 있다. 반면 학과별 채플은 현재의 채플을 좀 더 소그룹으로 분화한 참여형 채플로서 학과별로 80~120명이 모여 다양한 채플 프로그램을 운영하고 있다. 대학 선교의 동역자인 동문 교회와 학과가 자매결연을 맺고 교학 협력 사역을 극대화하여(설교, 교회에서 준비한 절기행사, 공연, 성경공부, 장학금 지급 등) 한 학기 1회 이상 각 학과별 채플을 운영하고 있다. 교학 협력 사역이야말로 기독교 대학의 정체성을 세우는 데 가장 중요한 역할을 한다고 본다.[108]

기독교대한감리회의 경우 6,300여 교회 가운데 3,200여 교회가 협성대학교 출신 동문들이 담임 목회자로 사역하고 있는 교회다. 학과별 채플 및 소그룹 사역을 통해 기독교 대학의 정체성을 세우고 교학협력 사역을 극대화 할 수 있을 것이다. 각 대학의 상황에 따라 지역 목회자, 각 학과별 담당교수 등 사역자들을 세울 수 있을 것이다.

학과별 채플을 통해 학과 안에서 자매교회와 연계한 소그룹 모임을 시작하여 학생들이 자유롭게 참여할 수 있도록 안내함으로써 대학 내 신앙적 정서를 고양시키고, 간접적으로 비기독교 학생들이 기독교와 교회에 대해 가진 부정적 고정관념을 해소시키고, 점진적으로 소그룹에 참여하는 기회를 만들어 주며 실제적인 학원 선교의 실천을 도모하는 데 그 취지가 있다.

3) 학과별 채플과 소그룹 모임 운영 전략

학과별 채플을 운영하는 데에서 수업시간의 중복과 강의실 중복을 피하기 위해 아래와 같이 학과별로 채플 시간을 나누고 장소를 정해 주었다.

(1) 장소와 시간

대학교회와 예술대학 중강당, 신학관 채플, 또는 대형 강의실을 최대한 활용하고 시간은 해당 대학의 채플 시간을 이용, 전체 채플 시간과 동일한 시간에 별도 채플로 진행하였다. 소그룹 모임은 점심시간 등을 이용하여 구성원들이 협의하여 진행하고 있다.

(2) 학과별 채플 프로그램 기획

대학별 전체 채플과는 차별성을 갖도록 기획하여 소그룹이 갖고 있는 장점을 최대한 살려 학생들에게 관심과 흥미를 주는 채플이 되고 있다. 학생들이 주관하는 참여 채플로 순서(사회, 기도, 특별찬양, 내레이션, 동영상, 생일축하, 학과 소식과 광고 등)의 일부를 담당하고, 학과 교수진 전체가 참석하도록 유도하며, 동문 자매 교회의 목회자의 설교 또는 강연, 후원(간식, 동문 교회 견학, 장학금 지원) 등이 준비되어 있다. 학생간 긴밀한 교감이 이루어지는 채플로 감성과 지성이 균형적으로 조화된 채플을 운영하고 있다.

(3) 실제적인 운영

학과 채플을 운영하기 위해 26개 학과(학부)의 자매 대상 교회를 선정하였다. 4개 대학의 채플 시간에 맞춰 학과별 채플 시간과 장소를 설정하고 해당 대학과 학과에 여름방학 중 학과 채플 계획을 공유하였다. 학기 중 학과별 채플 횟수는 한 학기에 1회를 기본으로 하고 진행이 수월하다고 여겨질 경우 2~3회를 시행하고 있다.

채플의 진행은 교목실이 중간에서 지도하되 개별 자매 교회와 사전에 긴밀히 연락하고 채플의 진행 순서를 설명하여 충분히 준비시키고 있다.

자매 교회 결연 업무는 교목실이 담당하며 신학대학 동문회와 총동문회에서 적극적으로 지원하도록 사전 협의하여 전 동문 공동체의 학원 선교 사역이 되도록 추진하고 있다.

이후 학과 채플이 정착 단계에 들어선 뒤 학생들의 직접 참여를 유도하여 학생과 함께 만들어 가는 채플이 되고 있다. 학과 채플이 완성단계에 이른 뒤에는 별도로 동문 목회자가 진행하는 학과별 소그룹 모임을 시작하여 매주 1회 자발적인 참여자들을 중심으로 소그룹 모임을 시행하고 있다. 소그룹 모임에 참여하는 학생들 중 모범 학생을 선발하여 자매 교회가 수여하는 지정장학금을 받도록 진행하고 있다.

(4) 학과 교수들의 역할과 지도 사항

동문 교회와 학과 간 자매결연은 채플을 중심으로 다양한 자매 프로그램이 가능함을 전제로 하지만, 학과 교수들의 진정한 협조와 이해가 절대적으로 필요하다. 따라서 교목실은 동문 교회 목회자와 학과 교수들이 긴밀한 유대관계를 형성해야 함은 물론 의사소통에 문제가 없도록 중간 역할을 감당하고 있다.

학과 교수들은 동문 교회 목회자를 통해 학생들이 성경공부, 기도회, 상담, 교회와의 연합 프로그램 등 다양한 과외 활동을 하게 되는 경우, 소그룹 모임을 시작하는 일에 학생들이 적극적으로 참여할 수 있도록 권장하고 긍정적으로 지도하고 있다. 학과 교수들은 자매 교회와의 학과 채플이 있는 시간에 수업이 있는 경우 외에는 함께 채플에 참여하고, 최대한 학과별 채플과 소그룹 활동을 돕는다. 과 학생들이 자매 교회와 다양한 행사가 연결되는 때 교수들은 학생들의 단체 활동이 가능하도록 수업운영과 시간에 대한 후원과 지도를 하고 있다.

(5) 소그룹 모임의 효과와 기대

학과별 채플이 주는 효과는 전체보다는 개별 학과의 특성을 살리는 채플이 되며, 전체 채플에서 느낄 수 없는 소그룹을 통해 학우들이 함께 삶을 나누며 서로 돌보고 연계된 사역에 함께 참여하는 기회가 된다는 것이다. 또한 동문 교회와 자매결연을 맺음으로 교학 협력의 좋은 모델이 되어 학과에서는 다양한 지원을 받을 수 있는 한편, 동문 목회자에게는 모교에 봉사하면서 학원 선교에 직접적으로 동참한다는 사명감과 자부심을 가질 수 있는 실제적 모교사랑의 기회가 된다. 학과별 채플을 통해 기독교 대학의 바른 정체성을 세우는 영적 분위기가 성숙되며, 학생들의 신우회 활동, 기독동아리 활동, 성경공부, 기도모임 등을 통해 다양한 소그룹 사역의 활성화를 기대할 수 있다.

(6) 소그룹을 진행할 담임 목회자를 위한 조언

매주 대학별 전체 채플이 진행될 때 그중 한 학과만 별도 장소에서 학과별 채플을 열기 때문에, 전체 채플 시간과 같은 시간대에 1개 학과만 별도 장소에서 학과 채플을 진행한다. 학과 채플을 시작하기 전 학과 담임목사는 자매 학과의 학과(부)장이나 주임교수와 사전 긴밀한 협의를 통해 채플을 위한 기본 정보(학과의 특성, 학생현황, 학생들의 정서나 경향, 학풍, 담임목회자에게 바라는 교수들의 희망, 학생들의 처지나 형편 등)를 공유한다.

채플 진행 프로그램은 기존의 전통 예배를 근거로 하되 학생들의 문화와 정서에 맞도록 다양성을 살려 새롭게 편성한다. 담당 목회자들의 창의적 아이디어와 젊은이들을 위한 새로운 시범적 모델을 사용하고 있다. 채플의 진행 방법으로서 초기 채플은 자매 교회에서 거의 100%(진행자, 설교자, 찬양, 기도, 순서내용 등) 준비하여 진행하되 점차 학과 채플이 정착된 뒤에는 학과 학생들이 함께 참여하는 채플로 유도하였다. 처음 드리는 채플 시간에는 학생과 자매 교회가 만나는 첫 시간이므로 특별한 이벤트로 시작하였다. 만남의 떡을 같이 떼는 순서나 케이크 절단 후 케이크를 나누는 순서를 진행하였다.

첫 채플이 끝난 후 다음 채플과 소그룹 모임이 시작될 수 있도록 구성에 대하여 학과(부)장이나 전공 주임교수, 또는 각과의 학원 선교에 소명감 있는 기독교수와 상의하여 핵심 그룹Core Group을 세워 충분히 협의하였다. 첫 채플 시 교회와 동문 목회자는 모교의 후배들을 위한 비전과 후원을 선언하도록 하여 관심과 기대를 심어 주고 지속적으로 학과 채플이 발전될 수 있도록 준비하였다.

4) 소그룹 모임을 통한 구체적인 활동영역

협성대학교는 교목실과 함께 연구하여 다양한 활동 영역을 창출하고 새로운 학원 선교의 목회적 모델을 구축하였다. 대학 내 소그룹들은 각 소그룹의 상황, 구성원들의 은사 또는 관심에 따라 실제적인 활동을 펼치고 있다.

- 학교, 가정 등 자신의 삶의 현장에서 분명한 기독교인의 정체성을 갖고 선교와 봉사의 사역자로 헌신한다.
- 매일 규칙적인 기도와 자아성찰, 말씀을 묵상하는 시간을 갖는다.
- 교회의 집회에 꼭 참석한다. 소그룹에 꼭 참석하여 서로의 삶을 나누고 기도한다.
- 신앙 서적을 함께 읽고 나눈다.
- 규칙적으로 시간을 정하여 공동체를 위하여 중보기도한다.

- 세상 안에서 활동하시는 하나님께 응답하기 위해 열려 있고 준비된 태도를 지니고 이웃들과 함께하는 삶을 지향한다. 공동체의 당면 문제들을 효과적으로 해결하기 위해 관심을 가지고 참여하며 대학 내의 다른 동아리, 소그룹들과 연대하며 활동한다.
- 건전한 NGO의 활동을 소개하여 회원으로 참여하도록 하며, 후원금 보내기 및 자원봉사 등을 통한 봉사 사역을 수행한다.
- 하나님 사랑(영성)과 이웃 사랑(섬김)의 비전에 대해 온 구성원이 인식할 수 있도록 주기적인 리더 교육을 통해 강조하고, 공동체의 섬기는 리더로서 양육한다.
- 열린 모임을 실시한다. 열린 모임은 대학 공동체의 현장에서 3~4명이 팀을 이루어 주변에 연관되는 사람들에게 복음을 전하는 소그룹 전도 운동이다. 그룹원은 자신과 관계된 사람들을 초청하거나 혹은 초청을 위해 의도적으로 사랑의 관계를 맺어간다. 친밀한 관계가 형성되면 사람들을 소그룹 모임에 초청하고 구성원들의 섬김의 모습을 통하여 하나님 백성 공동체를 경험하게 하고 복음을 받아들이도록 한다.
- 자매결연한 교회와 학과별 연합 행사, 지역 사회가 필요로 하는 섬김의 사역, 해외선교, 학내외의 소그룹들과 연계하여 다양한 사역에 참여한다.

5) 소그룹 사역의 대학 선교 적용점

현재 70% 이상의 비신자들이 참여하는 협성대학교 채플은 의무적으로 참석하는 학생들이 대부분이고, 실제적인 복음 전도나 개종보다는 기독교적 인성과 기독교적 가치관에 초점이 맞추어져 있다. 반드시 들어야 하는 기독교 교양필수 과목도 대부분의 비기독교 학생들은 학점 때문에 의무적으로 수강하는 경우가 많다. 따라서 현재 진행되고 있는 채플이나 교양필수 과목들을 통해 의미 있는 학원 선교를 이루기는 어렵다. 이런 상황 가운데 복음화와 인간화를 통전적으로 적용할 수 있는 복음적 인간화에 대한 의도적인 사역을 제시하는 것은 학원 선교의 큰 도전이 아닐 수 없다.[109] 나아가서 대학의 여러 주체들, 즉 교수, 직원, 학생 그리고 동문들이 연계하여 대학에 소그룹 사역공동체를 형성하고 총체적인 학원 선교에 헌신하는 것은 시대적 소명임에 틀림없다.[110]

제 **5** 장

교회 공동체의 희망과 **대안**

교회의 본질성 회복

1) 성장보다 우선되는 교회의 본질

필자가 이번 졸저를 통해 강조하는 핵심은 작은 공동체 운동을 통한 참된 교회의 회복이다. 교회 성장이나 교회 갱신을 논의하는 일보다 더 중요한 것이 교회의 본질을 올바로 이해하는 일이다. 교회의 본질에 대한 성경적, 신학적으로 깊이 있는 이해가 우선되지 않고서는 우리 자신도 모르게 생존 본능에 길들여진 외적 성장 이데올로기에 영향을 받기 때문이다.

교회의 가장 큰 사명은 물론 복음 선포kerygma이다. 이와 동시에 교육didache, 영적인 교제koinonia, 봉사 및 섬김diakonia이 균형 있게 이루어져야 한다. 이러한 관점에서 20세기 가장 훌륭한 신학자 중 한 사람인 디트리히 본회퍼가 말하는 교회 본질에 대한 이해는 오늘 우리에게 많은 것을 시사해 준다. 본회퍼는 교회의 본질을 세 가지로 설명하고 있다.[111]

첫째, 그는 '교회는 공동체로서 부활하여 우리에게 나타나시는 그리스도'라고 보았다. 세례 받은 우리는 그리스도 안에서 모두 하나이며, 따라서 교회는 한 인간One Man이다. 이 새로운 인간은 하나인바 곧 그리스도이며 교회이다. 그리스도는 새로운 인간 안에 있는 새 인간성 또는 진실한 인간이다. 따라서 그는, 그리스도는 교회라고 하였다.

둘째, '교회는 현장'이라고 보았다. 교회는 선한 것과 속된 것이 하나 되는 곳이다. 교회는 예수의 참된 현존이다. 그리스도를 매개체로 하여 기독교인과 비기독교인이 하나 되는 장소여야 한다는 것이다.

셋째, '교회는 타자를 위한 존재'라고 보았다. 교회는 세상을 향하여 지배가 아니라 도와주고 봉사함으로써 관여한다. 오만, 권력 숭배, 사기와 환상주의 등 모두를 악의 근원으로 보고 저항한다. 대상은 죄이고 방법은 저항이다.

본회퍼가 제시한 교회의 본질에 대한 설명은 다음 세 단어로 요약될 수 있다. 복음 선포 케리그마, 사랑의 친교 코이노니아, 이웃을 향한 책임 있는 봉사 디아코니아. 교회는 복음으로서 나타나야 한다는 것이 케리그마라면, 코이노니아는 그리스도 안에서 형제자매 된 이들이 함께 나누는 교제를 말한다. 교회의 봉사적 역할은 디아코니아로 설명된다.[112] 그러나 이러한 본회퍼의 세 개념을 있게 하는 가르침, 즉 디다케Didache 의 과정을 반드시 거쳐야 하며 이것은 교회의 본질 속에서 설명되어야 한다.

교회의 본질은 예수의 사역과 사도들의 사역을 모델로 할 때 더욱 분명해진다.[113] 예수는 "아버지께서 나를 보내신 것같이 나도 너희를 보내노라"(요 20:21)고 말하였다. 그리스도는 하나님을 나타내기 위하여 보내어졌고 사도들은 그리스도를 나타내기 위하여 보내어졌다. 그래서 바울은 교회를 단순한 건물이나 단체나 조직이 아닌 그리스도의 몸으로, 그리스도는 교회의 머리로 설명하고 있다. 신약성경은 교회와 그리스도의 관계를 몸과 머리 또는 몸과 지체로서 설명한다(롬 12:4~13, 고전 12:12, 엡

5:23, 30, 골 1:18).

교회는 예수 그리스도 그 자신이며 그와 분리할 수 없는 유기체적 관계에 있다. 따라서 예수께서 제시하신 교회의 모델은 예수 그리스도 자신이다. 교회가 존재하는 궁극의 목적과 활동의 내용, 더 나아가 교회가 지향하는 사역의 모델은 지상에 내려오신 예수 그리스도에게서 찾아야 한다.[114] 그러므로 말씀이 육신이 되신 것Incarnation과 같이 교회는 교회의 본질을 지속적으로 추구함으로써 그리스도를 공동체화해야 한다.

2) 교회와 하나님 나라

"교회의 원리는 교회와 함께 시작하는 것이 아니라 하나님의 나라와 함께 시작한다. 하나님 나라의 원리는 교회의 모든 삶과 행위를 결정짓는다."[115] 따라서 성경에 나타나는 하나님의 나라를 바로 인식할 때 '교회란 무엇인가? 교회는 무엇을 위해 존재하는가?' 라는 교회의 본질과 사명에 대해 바르게 응답할 수 있을 것이다.

하나님의 나라는 하나님의 통치를 뜻한다The Reign of God. 웨슬리는 마태복음의 천국Kingdom of Heaven과 마가복음, 누가복음의 하나님의 나라Kingdom of God를 동의어로 이해했다. "천국과 하나님의 나라는 같은 것에 대한 두 가지 표현이다. 그것들은 미래 하늘에서의 행복한 상태이지만, 지상에서도 즐겨야 할 상태이다. 그런데 그것은 소유한다기보다는 천국의 영광을 위한 알맞은 특성을 말한다."[116] 여기서 주목할 것은 웨슬리는 통상적으로 천국을 다가올 미래의 시대로 언급했다는 것이다. 종교개혁자들은 전통적으로 현재의 은혜의 나라와 미래의 영광의 나라를 구분한 반면, 웨슬리는 천국과 하나님 나라는 현재와 미래 두 시대 모두를 포함한다고 주장하였다. 즉 천국과 하나님 나라는 미래와 현재의 상태를 모두 언급한다는 것이다.

동시에 미래의 천국과 현재의 실제 사이에는 차이점이 남아 있다. 천국의 영광은 예수께서 재림하실 때까지 완전히 소유될 수 없을 것이다. 우리가 소유하는 것은 천국의 특성이다. 다가오는 천국의 삶은 우리 마음속에서 이미 실제가 되었다. 그러므로 기독교인의 삶은 천국의 삶이 현재에 실현된 것이면서 또한 다가올 삶의 특징이다. 천국의 삶의 핵심적인 특성은 사랑이다. 만일 그 사랑이 우리의 마음과 삶 속에서 자라고 통치하게 되면, 천국의 삶은 지금 현재에서 실현되는 것이다. 그래서 요한 웨슬리는 기독교인의 삶을 '천국의 시작, 영원 속에서 걷기, 영원한 영광을 미리 맛봄' 등으로 표현했다. 신생, 성화, 그리고 그리스도의 완전의 사역을 통해 천국의 삶을 현재로 가져오는 분이 바로 성령이다. 따라서 성령의 사역은 그 자체가 현재로 들어오는 종말론적 침투사건 eschatological inbreaking이다.[117]

사도행전 2장에 나오는 예루살렘 공동체의 특성을 가진 사랑의 공동체를 통하여 하나님의 나라가 이 땅에 이루어지고 있다는 사실을 볼 수 있다. 예수는 가장 큰 계명이 하나님을 사랑하고 이웃을 내 몸처럼 사랑하는 것이라고 말하였다(마 22:36~40). 그러므로 이것을 실제적으로 보여줄 수 있는 공동체를 통하여 하나님의 나라를 이 땅에 보여줄 수 있을 것이다. 하나님의 나라는 교회의 본질이 실천되는 참된 공동체성을 가진 교회를 통해서 이루어진다. 교회의 공동체성은 성령의 역사로 말미암아 교회 내적으로는 영적·정신적인 교제뿐 아니라 물질까지도 나누어 실제적인 한 몸이 되고, 교회 외적으로는 고통당하는 이웃의 필요와 요구에 동참하여 그들과 더불어 사는 것을 의미한다.[118] 교회는 예수 그리스도의 희년의 복음(눅 4:18~19)[119]을 이 땅에 선포하고 하나님의 나라를 건설하는 하나님의 선교[Missio Dei]의 도구가 되어야 한다.

3) 하나님의 선교 이해

(1) 하나님이 행하시는 선교

하나님 나라 선교의 핵심은 이 땅에 하나님의 나라를 구체화하는 것이다. 하나님의 선교는 인간생활에 영향을 미치는 악의 세력으로부터 구원하는 희망의 근원으로서 하나님이 예수 그리스도 안에서 행하신 하나님의 능력을 증거하는 것이다.

하나님의 선교[Missio Die]의 개념은 1910년 에든버러 선교대회 이후에 대두되었다. 앤더슨[Gerald H. Anderson]에 의하면 20세기에 들어와서 선교신학이 더욱 발전하였는데 그 발전 경향과 요인은, 첫째, 선교신학이 근본적인 재편성의 방향을 향해 깊은 연구 작업이 행해졌고, 둘째, 타종교인들에 대한 입장과 태도가 다양해졌으며, 셋째, 철저한 삼위일체 안에서 하나님 중심적인 입장으로 향하였다는 것이다.

하나님의 선교라는 용어는 1952년 빌링엔 IMC(국제선교회의) 대회에서 신학적으로 중요한 역할을 했던 독일 슈투트가르트의 감독 하르텐슈타인[Karl Hartenstein]이 처음 사용하였다. 하르텐슈타인의 보고서[120]에 나타나는 선교에 대한 이해는 다음과 같다. "선교란 단순히 개인전도나 주님의 말씀에 복종하는 것만을 뜻하지 않는다. 그것은 또한 교회 공동체의 모임에 대한 의무만을 뜻하는 것이 아니라 구원받은 전 피조물 위에 그리스도의 주권을 세우려는 포괄적인 목표를 가지고 아들을 보내신, 곧 하나님의 선교에 참여하는 것이다."

(2) 하나님의 선교의 오늘의 적용

하나님의 선교 신학을 주도적으로 이끌어 간 호켄다이크^{J. C. Hokendijk}는 1963년 멕시코 세계선교와복음화대회에서 제시한 보고서인 "타자를 위한 교회"에서 하르텐슈타인의 보고서보다 더 구체화하여 "하나님의 선교는 역사를 선교의 결정적인 내용으로 이해하며 이스라엘이 메시아에게 기대한 성경적 샬롬^{Shalom}을 이 땅에 수립하는 데 있다."고 주장하였다. 이 샬롬은 개인적 구원 이상의 것으로서 평화, 공동체, 정의, 구원, 용서, 기쁨 등이다. 호켄다이크에 의하면 이 샬롬은 사회적 사건이며, 인간과 인간 사이에 더불어 일어나는 사건이다.

샬롬의 기본 뜻은 전체성^{Totality}, 완전성^{Wholeness}, 안녕^{Well-being}, 화합^{Harmony}인데 이것은 개인적인 것만 아니라 하나의 공동체^{Community}의 안녕과 평화를 말하는 샬롬 공동체를 의미한다. 그것은 하나님이 의도하셨던 세계의 모습이 온전히 이루어진 상태를 말한다. 그러므로 호켄다이크의 하나님의 역사 이해는 현재적이며, 하나님 나라의 '벌써'와 '아직 아니'에 있어서 '벌써'에 강조점이 있다.[121] 이로써 하나님의 선교 사상은 격변하는 세계와 역사 속에서 기독교인의 사회적 책임의식을 강화하였고 사회, 경제, 정치, 문화 등에서 폭넓은 선교의 영역과 과제를 획득할 수 있었다.

하나님의 선교를 오늘의 교회에 적용하여 정리하면 다음과 같다. 첫째, 우월주의나 정복적인 태도가 아닌 전적으로 "십자가 아래서의 선교"(빌링엔 대회의 공식 보고서 제목) 자세이다. 능력을 갖춘 교회 중심의 선교가 아닌 오직 삼위일체 하나님께서 선교의 주체가 되어 이 땅에 그의 나라와 그리스도 통치를 세우시는 하나님의 선교에 참여함으로써 진정한 선교가 이루어짐을 말한다. 즉 교회가 가지고 있는 몇 가지 기능이나 행사 가운데 하나가 아니라 교회의 존재 자체가 이 세상을 향한 하나님의 선교수단이다. 곧 그리스도의 남은 고난에 동참하여 고난 받는 이들의 편에 서서 그 고난을 기꺼이 감당하는 활동이어야 한다.[122]

둘째, 하나님의 선교는 통전적 선교신학으로서 복음주의 선교관을 보완하여 개인 구령뿐 아니라 기독교인으로서 사회적 책임을 다함으로써 하나님의 선교에 동참하게 된다. 하나님은 바로 이 역사의 주인이시며 이 역사 안에서 역사적 사건들을 통해 활동하시기 때문에, 시대적 사건의 흐름을 직시하고 그것을 바라보시는 하나님의 움직임을 바라볼 수 있어야 한다. 이것이 바로 '샬롬'과 직결된다. 하나님의 선교는 결국 하나님 나라 개념을 구체화하는 것이요, 구원은 마침내 세상 안에 나타나는 '샬롬'이다. 이 샬롬을, 하나님의 뜻을 따라 이루어 가는 것이 선교이다.[123]

셋째, 하나님의 선교는 삼위일체 하나님 자신의 선교이다. 성령은 그리스도를 대신하는 것이 아니라 성령의 현존이 곧 그리스도의 현존이며, 아들의 선교는 성령의 선교로 계속되며, 세계 속에서 그의 제자들의 선교로 구체화된다. 선교의 대상이 교회나 교인만이 아니라 피조물의 세계 전체라는 사실을 분명하게 하여준다. 삼위일체적 관점에서 교회는 이 세상에서 나타나는 모든 문제, 영혼이나 개인만이 아닌 자연과 사회구조와 관련되는 인종, 문화, 종교적 장벽을 넘어서 그의 구속을 기다리는 세계 상황 속에서 무엇보다도 교회와 기독교인 앞에 펼쳐지고 있는 모든 긴급한 역사적인 현실의 문제들을 진지하게 다루어야 한다.

4) 성경적인 교회 공동체 이해

(1) 구약성경에서 말하는 교회

교회는 본래 장소나 건물이 아니라 모임congregation, 무리community, 또는 성도의 사귐communion of the saints으로 이해되며, 이는 교회를 의미하는 구약의 카할qahal과 신약의 에클레시아ecclesia의 본뜻으로 볼 수 있다. 구약성경에서 교회라는 낱말에 해당되는 용어는 두 가지인데, '카할quhal' 과 '에다edhah' 가 그것이다.124) 카할은 '부르다', 에다는 '지명하다' 를 뜻한다. 두 단어 모두 어원적인 의미는 이스라엘이 하나님에 의해 지명받은 혹은 부름 받은 민족이라는 뜻이다.125)

히브리어로 쓰인 성경을 헬라어로 번역한 '70인역' 은 가장 오래된 구약성경 번역본이다. 헬라어가 국제 공용어일 때 히브리어 성경 원문을 번역한 것으로 이집트에 있는 유대인 공동체들이 사용하도록 제작한 것 같다. 언어분석 결과 토라, 즉 모세오경(처음 5권)은 기원전 3세기 중반에, 나머지 부분은 기원전 2세기에 번역되었다. '70' 을 뜻하는 라틴어 셉투아진트septuagint에서 유래한 '70인' 이라는 명칭은 이스라엘 12지파에서 6명씩 뽑은 72명의 번역자들이 각각 독방에 들어가 구약성경 전체를 번역했는데, 그들의 번역이 모두 동일했다는 후대의 전설에서 유래했다.

처음에는 카할과 에다 모두 공회synagoge를 의미하는 말로 번역되었다. 그러던 것이 나중에 카할은 '에클레시아' 라는 말로 번역되어 '의논하기 위하여 소집된 공동체' 를 뜻한 반면, 에다는 '쉬나고게synagogue' 라는 말로 번역되면서 신약성경에서 두 가지 의미로 사용하게 되었다. 에다는 처음에는 카할과 함께 하나님의 율법을 듣고 예배하기 위하여 부름을 받은 모임을 의미했다. 그러나 '70인역'에서 이 말은 더 제한적 의미로 사용되어 이스라엘인이 예배를 드리기 위하여 모이는 장소나 건물을 의미하게 되었다. 이와 같이 '카할'은 이스라엘의 모임(공동체)을, '쉬나고게'는 모이는 장소를 더 강하게 드러낸다.

(2) 신약성경에서 말하는 교회

신약성경은 '카할'에서 번역된 '에클레시아'를 특별한 의미에서 '모임'이라는 말로 꾸준히 사용하는데(신약성경에서는 무려 115번이나 사용되었다.), 이 에클레시아^{ecclesia}가 결정적으로 중요한 의미를 띠는 것은 '주님의' 혹은 '야훼의'라는 수식어가 붙을 때이다. 왜냐하면 단순히 누군가가 모이는 것을 말하는 것이 아니라 누가 무슨 목적으로 모이게 하느냐가 중요하기 때문이며,[126] 이때 하나님이 모으시는 에클레시아는 자연히 하나님의 공동체라는 중요한 의미를 갖기 때문이다. 그리하여 하나님이 모으신 에클레시아는 택함을 받은 공동체로서, '하나님의 백성'이 되기 위하여 부르심을 받은 사람들의 공동체를 뜻하게 되었다. 신약성경에서 에클레시아(교회)란 부활하신 그리스도의 공동체를 뜻하는 말이다.

(3) 예수께서 말씀하신 교회

예수는 마태복음 16장에서 우주적이고 개인적인 교회, 그리고 '새 이스라엘 백성들의 집'으로서의 교회를 베드로와 사도들이 고백하는 신앙의 기초 위에 세우겠다고 선언하였다. 이것은 예수가 마태복음 18장에서 첫 번째로 말씀하신 미래형의 교회가 이미 존재해 있던 상태와 다름없다는 것을 의미한다. 이를 두고 칼훌은 이때부터가 원시교회의 범주에 속

한다고 말한다.[127)

한스 큉은 예수와 교회와 관련하여 '예수 생애'에는 교회가 설립된 적이 없다고 말하며, 그러나 예수의 생애 없이는 교회도 없고, 예수의 부활 이래로 교회, 즉 마지막 시대의 구원 공동체가 있다고 말한다.[128] 또한 예수는 하나님의 나라가 이미 세상에 왔다고 선언했으며 사람들을 그 나라로 부르셨는데 신약성경에서는 한결같이 그리스도의 부름에 복종하는 자가 그리스도의 참 교회이며 약속된 상속자라고 말한다고 하면서, "예수는 조직체로서의 교회는 창설하지 않았다. 그러나 메시아로서의 예수는 남은 자들을 불러서 그의 부름에 응하였던 참 이스라엘 속에 예수 교회의 씨앗을 심어 놓았다."고 말하였다.[129]

(4) 사도 바울의 교회관

사도 바울은 기독교 공동체를 '그리스도의 몸'에 관련된 지체로 강조하였다. 하나님의 백성으로서의 교회가 하나님의 선택을 받고 현재를 거쳐 미래를 향해 가는 교회의 시간적 차원을 보여주는 것이라면, 그리스도의 몸 된 교회는 교회 안에 현존하는 그리스도와의 공간성을 의미한다.[130] 그리스도의 몸 된 교회는 교회의 머리 되신 주님의 지체로서 교회의 유기체적인 연합성을 잘 보여준다고 할 수 있다. 모든 기독교인은 그리스도의 몸에 붙어 있는 지체로서 연결을 갖는 공동체이다.

그 관계성에 대해 바울이 강조하는 말씀을 성경 여러 곳에서 찾을 수 있다. "이와 같이 우리 많은 사람이 그리스도 안에서 한 몸이 되어 서로 지체가 되었느니라"(롬 12:5). "너희는 그리스도의 몸이요 지체의 각 부분이라"(고전 12:27). "교회는 그의 몸이니 만물 안에서 만물을 충만케 하시는 자의 충만이니라"(엡 1:23). "그는 몸인 교회의 머리라 그기 근본이요 죽은 자들 가운데서 먼저 나신 자니 이는 친히 만물의 으뜸이 되려 하심이요"(골 1:18).

이 공동체는 세례를 통해 한 마음 한 뜻이 되어 형성되고(행 4:32), 한 가족이 된다고 하였다(엡 2:19). 그는 또한 주께서 자기 피로 사신 교회(행 20:28), 예수 그리스도의 이름으로 부름 받은 교회(고전 1:2)로서 이러한 기독교 공동체는 예수 그리스도에게 속한 것임을 분명히 하였다. 그러므로 교회는 예수의 죽음과 부활을 경험한 사람들의 모임이며, 살아 계신 그리스도를 현실로 받아들이며 구주로 고백하는 사람들의 코이노니아가 되는 것이다.

교회의 본질과 사명

교회는 새 하늘과 새 땅을 이룰 때까지 사명을 위탁받았다. 예수 그리스도가 우리에게 전해 주신 것은 하나님 나라의 이념만이 아니다. 예수는 그의 사역을 통해 역사 속에서 구체적인 형태를 가진 기독교인의 공동체, 즉 '교회'를 주셨다. 다시 말하면 부활 승천하신 그리스도께서 다시 오심으로써 그의 구원을 완성하고 새 하늘과 새 땅을 이룩하실 그날까지 '교회'에 그의 사명을 계속 실행할 것을 위탁하신 것이다. 그러므로 교회에 위탁된 사명은 항상 당대의 문화와 삶과 관련되어 있다. 그렇다면 이 시대 교회의 사명은 어디에서 그 원형을 찾을 것인가?

우리 시대에 위탁된 교회의 본질적인 사명을 아래와 같이 네 가지로 나누어 살펴보고자 한다. 한국교회는 그동안의 말씀 선포와 개교회 중심의 교회 성장에 초점을 맞춘 사역에서 탈피하여 교회의 본질을 통전적으로 적용하는 교회가 되어야 할 것이다.

1) 복음 선포의 사명

초대교회의 근거가 되는 예수의 사역은 무엇보다 오고 있는 하나님 나라의 선포와 회개의 촉구였다(막 1:15). 말씀 선포를 의미하는 '케리그마kerygma' 라는 단어는 본래 '케리세인keryssein' 이라는 동사에서 파생된 명사이다. 이 말은 전령관이 자기에게 위탁된 메시지를 권위를 가지고 선포한다는 뜻이다. 신약성경에서 이 단어는 대부분의 경우 선포의 내용을 가리키는 뜻으로 사용되었으며, 따라서 복음이라는 말과 같은 뜻으로 통하기도 한다. 교회는 우선적으로 하나님을 위해 존재하며, 하나님이 세상 가운데서 교회를 불러내신 것은 그 자신의 이름을 위하고 그의 이름에 합당한 영광을 돌리도록 하기 위함이었다. 그러므로 교회의 첫째 의무는 하나님을 예배하고, 그리스도의 증인으로서 하나님의 말씀을 선포하는 것이다.

교회는 이러한 복음 선포의 사명을 수행할 의무가 있으며, 여기에는 목회자나 평신도의 구분이 없다. 이 점에서 크래머H. Craemer는 '교회는 선교이다' 라는 명제 아래 교회는 마땅히 세상을 위하여 존재해야 하며 결코 자신을 위해서 존재해서는 안 된다고 말한다. 그리고 이것을 교회의 기본 존재 법칙으로 내세우고 있다. 교회는 그리스도를 증거하는 공동체인 동시에 세상을 향하여 보냄 받은 공동체로서 복음 선포의 사명을 수행해야 한다.

2) 가르치는 사명

인간은 태어나면서부터 주위의 환경과 다른 사람을 보고 배운다. 즉학습과 교육을 통해 사람은 지식과 생활 방식을 습득하며 성장하고, 다음 세대를 이어간다. 그러한 이유 때문에 예로부터 인간 사회에서는 교육을 중요시했다. 성경에서는 이러한 교육을 '디다케didake' 라고 일컫는다. 하나님 말씀의 선포인 케리그마와 말씀의 교육인 디다케는 엄밀한 의미에서 말씀의 두 양면이라고 할 수 있다. 교회가 처음 시작될 무렵부터 디다케는 교회의 중요한 기능으로 받아들여졌다.

구약 시대부터 이스라엘 민족에게는 출애굽 사건과 시내산 언약 사건을 통해 보여주신 야훼 하나님의 구원을 역사적 기억을 통해 역사화하는 것으로 이어졌다. 이것은 제사장들을 통한 가르침, 예언자들의 선포와 가르침, 가정교육을 통한 쉐마를 통해서 역사화되었다.[131] 〈토라〉나 〈탈무드〉 등도 '가르침과 배움'의 의미를 갖는 역사적 산물이다. 그들은 가르치고 배우는 주체나 행동이 따로 있는 것이 아니라, 가르치면서 배우고 배우면서 가르친다고 이해하였다.

공동체는 가르침과 배움을 통하여 정체성을 형성하고 전통을 만들어가면서 지속된다. 따라서 교육은 한 공동체의 미래를 위해 준비하는 현재의 노력이라고 할 수 있다. 이스라엘의 교육 방법에서 핵심이 되는 교육인 쉐마는 오늘날 우리에게도 교육의 중요성에 대한 교훈을 깨닫게 해준다(신 6:4~9).[132] 신명기에는 마음과 뜻과 힘을 다하여 여호와를 사랑하고 자녀에게 하나님의 말씀을 어느 때든지 가르치라고 명시되어 있다. "쉐마(들으라), 이스라엘!"이라는 외침은 닫혀 있던 우리의 마음문을 강하게 두드린다.

교육이란 단순히 물려받은 전통을 그대로 전달하는 것이 아니라, 한 공동체의 정체성과 전통을 형성하는 과정임을 기억해야 한다. 가르침과 배움의 과정은 시대를 초월하여 계속되어야 하며, 그 이유는 사도 바울의 말처럼 "우리는 이미 얻을 수도 없고 이미 다 이룰 수도 없기 때문"이다. 살아 있다는 것은 끊임없이 변화하고 목표를 향해서 성장하는 것이다. 그 과정은 한 개인의 삶의 과정에서뿐 아니라 공동체를 통해서도 지속적으로 이어져야 한다.

　여러 사람이 함께 가르치고 배우는 과정 속에서 하나님은 당신의 뜻을 드러내신다. 우리는 그 뜻을 우리의 삶 가운데 실현해야 한다. 하나님 나라는 구체적인 현실에서 보이는 우리의 작은 행동을 통해 조금씩 우리에게 다가오게 될 것이다. 이렇게 가르치고 배운 제자들로 인해 교회는 섬김과 친교의 성숙한 사명을 감당할 능력을 갖추게 된다.

3) 영적 친교의 사명

　신약시대 교회의 모임에서는 사도들의 교훈과 기도와 병행하여 코이노니아의 행위가 있었다(행 2:42에 '교제'라고 표현됨). '코이노니아koinonia'라는 말은 본래 물건을 함께 쓴다는 말이었으나(행 2:44, 4:32), 나중에는 봉사의 교제(고후 8:4) 혹은 신앙에 의해서 고취된 기독교인의 자선 행위를 의미하기도 했다(히 13:16). 특히 사도행전 2장에 나오는 초대교회의 모습은 성도의 교제로 시작된 교회를 잘 묘사해 주는데, 그들은 모이기를 힘쓰며 함께 떡을 떼며 기도하기를 쉬지 않았다(행 2:42). 그들은 내 것이라는 소유 개념을 초월하여 서로 신분을 따지거나 자기 소유를 밝히지 아니하고 교제를 나누었다.

　아울러 코이노니아는 초대교회의 성만찬에서 가장 성스럽게 표현되었는데 이는 그리스도의 죽음에 함께 참여하는 것이요, 그 열매로써 참여자들 사이의 영혼과 마음의 교제를 이루는 것으로서, 나아가 세상을 향한 그리스도의 사역에 참여하는 것을 의미했다.

　엄격하게 볼 때 교회는 믿음의 코이노니아이지 조직체는 아니다. 왜냐하면 교회는 건물이나 프로그램으로 이루어지는 것이 아니라, 복음을 믿고 고백하는 사람들이 서로 사랑하고 교제하는 코이노니아를 통해서 형성되기 때문이다. 그러나 여기서 중요하게 기억해야 할 것은 이 모든 것이 인간의 노력으로 이루어지는 것이 아니라 어디까지나 하나님께로부터 선물로 받은 것이라는 사실이다. 신약성경은 이러한 코이노니아의 종적인 관계와 횡적인 관계를 종합적으로 표현하고 있는데, 이는 사람이 그리스도에게서 얻은 바를 다른 사람과 더불어 나누며 또한 그것을 세상에 증거하는 것을 말하고 있다.

그러므로 코이노니아는 교회가 무엇인가라는 근본적인 질문에 대하여 가장 깊이 그리고 단적으로 표현하는 말이다. 교회는 근본적으로 그리스도를 통한 하나님과 인간의 실질적인 관계를 의미하며, 하나님과 인간의 사귐의 장으로서의 교회 안에서 그리고 교회를 통하여 인간은 하나님과 일치하고 또한 인간들 사이에서 코이노니아를 맺게 된다. 그리하여 교회를 교회 되게, 참된 교회로 세우기 위해서는 가장 먼저 코이노니아를 올바로 회복해야 한다. 그렇게 함으로써 우리는 교회의 근본적인 의미와 목적을 더욱 뚜렷이 정립할 수 있다. 코이노니아는 성령에 의해 이루어지는 공동체적인 삶을 의미한다. 교회에서 말하는 신앙 공동체는 바로 이 코이노니아를 지향하는 교회이다.[133]

세상에 복음을 선포하는 공동체로서, 그리고 세상을 섬기는 공동체로서 교회는 그 원동력이 하나님과 이웃 간의 영적 친교, 사랑의 교제인 코이노니아의 증진에서 비롯되어야 한다. 교회가 제도화될수록 교회 안의 작은 교회들을 만들어 제도화된 교회가 할 수 없는 나눔과 참여, 돌봄과 섬김, 교제의 사역들을 이룰 수 있을 것이다.

4) 섬김의 사명

처음 신앙 공동체의 관심은 제도적인 교회가 아니라 예수 그리스도께서 선포하신 오고 있는 하나님의 나라와 하나님의 통치였다. 초대교회는 예수 그리스도의 십자가와 부활을 경험한 하나님의 통치와 약속된 재림을 소망하며 기다리는 종말론적 공동체였다. 그리고 이 공동체는 하나님의 임재를 경험하고 증거하고 삶을 통해 섬김을 실천하는 공동체였다.

교회의 사명 중 디아코니아diakonia는 섬김의 사명이다. 이는 세상을 섬기는 봉사를 의미하지만, 디아코니아의 본래 의미는 식사 때 시중드는 행위를 뜻하였다. 식사 때에는 주인과 종이 뚜렷이 구분된다. 식사 시중을 드는 것은 종의 역할이므로 굴종을 연상하게 마련인데 예수의 관심사는 단순한 자선행위에 그치지 않았으며, 그의 근본 관심사는 '남을 위한 존재'에 있었다. "인자가 온 것은 섬기려는 것"(마 20:28)이라는 예수의 말씀대로 봉사 그 자체는 그리스도의 큰 사명이었으며, 따라서 교회의 봉사 또한 참으로 큰 사명이다. 교회가 예수께서 위탁하신 사명을 온전히 감당하기 위해서는 세상을 섬겨야 한다. 교회는 다양한 사회봉사를 실천하며 섬김의 사명을 다하고, 그래서 인간이 세상 가운데서 상실한 자아를 회복하고 새로운 생활을 할 수 있도록 사랑의 공동체를 제공해 주어야 한다. 이를 통하여 교회는 이 땅에 하나님 나라를 건설할 수 있다.

그동안 한국교회가 섬김과 봉사를 대부분 조직된 교회만을 섬기는 교회 내적인 일에 제한시키는 잘못을 범하였다. 이제 교회가 더 능동적으로 이 시대에 소외된 이웃들을 돌보는 사회봉사를 극대화하는 방향으로 선교전략을 수정할 때 한국교회는 새롭게 발전하는 교회로 거듭나게 될 것이다.

희망과 대안으로서 작은 공동체

1) 선교전략으로서의 작은 공동체

교회는 하나님의 나라이며 하나님의 선교의 주체가 되어야 한다. 성경이 조명하는 처음 신앙 공동체는 하나님의 통치에 그 근거를 두었다. 더 구체적으로 초대교회는 예수 그리스도를 통해 오고 있는 하나님의 통치를 경험하고, 기억하고, 재림을 소망하는 하나님 백성의 증인 공동체였다. 교회 자체가 목적이 아닌 예수 그리스도의 십자가와 부활을 통해서 경험한 하나님의 통치와 약속된 완성을 소망하는 종말론적 공동체였다. 그러나 교회가 역사 – 종말론적 공동체로부터 점점 제도화, 교권화하면서 하나님의 통치는 감독, 사제, 목사 중심으로 변질되었다. 교회가 제도화될수록 교회를 갱신할 수 있는 것은 교회 안의 작은 공동체를 만드는 것이다. 이를 통해 제도 교회가 할 수 없는 나눔과 참여, 섬김의 사역 등을 회중들이 하나님의 선교에 실제적으로 참여하여 이룰 수 있다.[134]

한국교회의 위기는 곧 선교의 위기를 의미한다. 교회 위기의 한 기류인 개교회 중심의 성장지상주의는 경쟁적 배타성을 갖게 해서 신앙의 본질보다 형식과 소수 리더의 영향력에 의존하는 변질된 현상으로 나타나게 되었다. 선교는 믿는 자세가 문제가 아니라 믿는 내용이 문제이다. 교회는 진정한 복음화를 위해 새롭게 거듭나야 한다. 신학적인 성찰 속에서 현실을 점검하고, 보다 중요한 것은 교회가 신앙과 삶, 신앙과 사역의 균형을 이루는 하나님 백성 공동체를 회복하는 것이다. 교회는 세상을 섬기고 봉사하는 존재이므로 교회의 모든 역량을 교회 자체가 아닌 하나님의 선교에 주력하도록 목회와 선교의 구조를 갱신해야 한다. 그동안 교회는 자신의 역량을 교회의 성장과 내부적 필요만을 위해 사용해 왔으므로 세상을 섬기고 봉사하는 본래의 존재 의미에 부합하도록 선교 지향적 공동체로 변혁되어야 한다.

작지만 건강한 공동체를 추구하는 작은 교회 공동체 운동은 이런 관점에서 선교적인 한계에 부딪친 한국교회에 대안이 될 수 있다. 작은 교회 공동체가 추구하는 공동체성은 자체 내의 교회뿐 아니라 교회와 교회 간의 횡적인 연대에도 관심을 가진다. 따라서 한국 선교의 폐단인 개교회주의의 문제도 해결할 수 있을 것이다. 한국교회의 성장이 멈춘 데는 많은 이유가 있겠지만 나빠진 개신교의 대외 이미지도 큰 역할을 하고 있다. 작은 교회 공동체가 교회의 본질로 삼고 있는 화해와 일치, 나눔과 선교의 삶은 한국교회의 대외 이미지를 호전시키는 데에도 일조할 수 있을 것이다.

2) 교회 갱신의 모델로서의 작은 공동체

한국교회 상황에서 작은 공동체 운동이 일어나야 하는 배경에는 교회 갱신이라는 시대적 요구에 기인하는 바가 크다. 그동안 한국교회는 폭발적 성장을 이루면서 많은 교회들이 교세 확장, 건물 확장, 재정 확보에

여념이 없었다. 어느 집단이고 양적으로 성장하게 되면 구성원 간의 의견일치가 어려워지고 결국 생활양태도 다양해지며 규범, 조직, 역할, 조직 등도 복잡해질 수밖에 없다. 또 집단이 커지면 커질수록 다양한 의견, 생활양식 등을 통합하기가 어렵고, 참된 교제가 점점 어려워지는 것은 자명하다.

오늘의 한국교회는 전반적인 종교성이 다원화, 세속화, 도시화, 기계화의 영향으로 갈피를 잡지 못하고 교인간의 관계도 형식적인 인간관계로 전락되어 있는 모습이다. 여기서 작은 공동체를 통하여 함께 성장과 성숙을 체험하려면 새로운 크리스천 공동체를 건설하기 위해 그리스도를 중심으로 상호 봉사와 나눔의 삶으로 나아가야 한다. 이것은 참된 신앙의 감격을 누린 개인의 참 자유함이 함께하는 공동체에서의 고백과 삶의 체험이 조화를 이룰 때 비로소 가능하다. 교회가 점점 제도화해 가는 현 시대에 참된 교회의 공동체성을 추구하는 교회 공동체의 등장은 필연이라고 할 수 있다.

작은 공동체 운동이 한국교회 교회 갱신의 대안 모델로 수용되기 위해서는 다음의 전제가 있어야 한다. 첫째, 교회 공동체에 대한 신학적인 훈련, 즉 공동체에 대한 깊은 이해가 있어야 하고, 둘째, 교회 공동체의 독특한 원리에 따라 교회생활을 재조직해야 한다.[135] 성경적 원리에 따라 교회조직을 갱신하며 교회생활의 구조를 바꿔야 한다는 뜻이다. 무성한 교회 갱신의 논의도 총체적이고도 실천 가능한 교회상을 재현하지 않고는 의미가 없는 것이다.

현재 한국교회의 갱신의 문제는 단순한 조직이나 교육내용, 그리고 재정관리 같은 지엽적인 문제가 아니라 총체적인 것이다. 즉 교회가 성경의 가르침대로 사역하고 있는지, 교회의 가르침과 삶의 방식은 복음적인

지 물어야 한다. 교회의 갱신은 신학의 문제이고, 그에 따른 교회 조직의 문제이며, 신앙의 문제이고, 사회와 세계의 흐름의 반영이기도 하다. 따라서 신학과 조직과 삶의 문제를 총괄적으로 재해석하고 갱신하는 작은 교회 공동체는 교회 갱신의 모델이 될 수 있다. 그것은 전체 교회의 현실적인 대안이 아니더라도 적어도 쇄신의 효과를 기대할 수 있고, 교회 갱신의 통찰력을 제공해 줄 수 있을 것이다.

3) 공동체에 대한 시대적인 요구

공동체라는 말을 사용하게 된 것은 로잔 회의에서였다. 로잔 언약의 제4항에 보면 교회를 "하나님의 백성의 공동체"라고 정의했다. 교회가 사회적 책임에 관해 충분히 성경적이지 못했다고 느끼는 사람들이 제안한 로잔 회의의 "급진적인 제자도 선언"에서는 아예 교회란 단어는 사라지고 공동체가 그 자리를 대신했다. 그래서 교회를 '메시아적인 공동체' 혹은 '은사 공동체'라고 불렀고, 교회의 최고의 관심사도 '교회 성장'이 아니라 '공동체의 갱신'이라고 정의했다.[136]

인간은 본질적으로 사회적이다. 그러나 인간은 역사적으로 계속해서 공동체 속에서 살아왔다. 과거에 가족이나 친족, 지역, 종교는 바로 공동체성을 의미했다. 그러나 시대적인 변천은 같은 혈연이나 같은 지역, 같은 학교나 같은 종교라는 것이 곧 공동체를 의미하지 않는 것으로 만들어졌다.[137]

현대에 이르러 가정이 파괴되고 있다는 말은 단지 이혼율이 높아가고 독신을 고집하는 사람들이 늘어난다는 뜻만은 아니다. 많은 사람들이 가족 형태의 집단을 유지하면서도 가정에서 함께 삶을 나누는 공동체성을 상실한 채 살아가고 있는 데서 나온 말이다. 이런 현상은 지역사회, 종교 등에서도 광범위하게 나타나는 현대 사회의 한 특징이다. 그러나 사람은 고립된 광야에서 사는 것처럼 홀로 살 수는 없다. 이제 사람들은 상호적 공감대, 공동 관심사로 함께 모인다. 그리고 그렇게 함께 모이는 곳을 찾는다. 몰트만은 독일 교회의 병적 현상을 이렇게 언급하고 있다. "교회 안에 있든지, 밖에 있든지, 혹은 교회 주변에서 방황하든지 오늘의 사회를 사는 사람들은 날마다 공동체 없는 교회를 경험하며 산다."[138] 이런 현대 교회에 대한 적대시는 한국을 포함하여 전 세계적인 현상이다. 왜냐하면 스스로 고립되어 가는 개인주의는 이미 보편적인 현상이기 때문이다.

이런 측면에서 이 시대에 공동체 생활에 관심을 기울이는 것은 사람들이 고독한 군중의 시대를 살면서도 서로가 보다 깊은 인격적인 만남을 추구하기 때문이다. 이러한 사실은 많은 사람들이 혈연보다는 마음으로 맺어지는 새로운 가족의 형태로 끌리게 되는 현상을 뒷받침해 준다. 점점 증가하는 인종적, 국가적, 계급적 갈등에 찌들린, 특히 젊은이들이 인간의 형제애의 이상을 갈망하며 실현하기 위해 이를 적극적으로 추구하고 있다. 이러한 이상은 상호 신뢰와 사랑으로 특징지어지는 작은 공동체를 통한 '공동생활의 교제'라고 하는 구체적인 대안으로 가능할 것이다.

회복과 전진을 위한 전환점

　　교회는 살아 있는 유기체요, 예수 그리스도이다. 교회는 21세기를 살아가고 있는 예수 그리스도가 되어야 한다. 따라서 말씀 선포(케리그마)는 교회가 말과 언어적 형태로 그리스도의 복음을 선포하는 행위뿐만 아니라 기독교인이 그 삶을 통하여, 또 교회가 그 사회적 태도와 윤리적 결정을 통하여 그리스도와 그의 복음을 재현하고 보여주고 체험하게 하는 행위 전체가 교육에 해당된다. 그런 개념에서 케리그마를 접근할 때 사랑의 봉사(디아코니아) 사역은 필수적이다. 사람들은 사랑의 사역을 통하여 그리스도의 사랑을 체험하며 봉사와 헌신을 통하여 정의와 평화를 목격하게 될 것이다. 삶이 동반되지 않는 말씀 선포는 "소리 나는 구리와 울리는 꽹과리"일 뿐이다. 오늘날의 교회는 교회를 통하여 그리스도의 인격과 사랑과 아름답고 부드러운 음성을 들려주지 못하고 있다. 그것은 곧 말씀 선포의 실패이다. 따라서 사랑의 헌신과 말씀 선포는 분리될 수 없다.

　　영적 교제인 코이노니아는 복음을 통해 구원받는 신자들끼리의 교제의 영역을 넘어서 세상과 교회의 교제, 더 나아가 하나님과 인간의 교제까지 포함하는 개념이다. 이것은 계층과 지역, 국가와 문화를 넘어서 하나 되는 것이며 부자와 가난한 자, 남자와 여자, 사용자와 노동자, 교파와 교단, 어떠한 차별과 차이도 뛰어넘는 모든 교제를 포함하는 것이다. 그러나 그 교제의 중심에는 반드시 말씀의 가르침, 디다케가 자리 잡아야 한다.

그렇다면 진리에 대한 이해와 가치를 다르게 인식하고 있는 세상의 타 공동체와 교회 공동체가 어떻게 함께할 수 있을 것인가? 그것은 바로 사랑의 사역, 즉 디아코니아를 통하여 이루어질 수 있다. 여기엔 참여와 나눔의 정신, 그리스도의 성찬의 정신이 그 중심에 있다. 사회의 공통된 문제를 향하여 교회가 적극적으로 참여하고 그리스도께서 그 살과 피를 나누어 주신 것처럼 교회가 그 자신을 희생하며 나누어 줄 때 진정한 교제가 이루어질 것이다. 이 나눔의 행위, 사랑의 봉사가 없는 영적 교제는 불가능하다.

한국 기독교 역사가 시작된 이래 지난 120여 년 동안 한국교회는 급속도로 부흥하였다. 양적인 면에서 한국교회는 폭발적 성장을 이루었고, 교회 수도 많아졌다. 그러나 이렇듯 많은 교회들이 과연 자신에게 주어진 사명을 잘 감당하고 있는가? 점차 개인화해 가는 사회적 추세와 다름없이 교회 내부에서도 공동체 의식이 희박해져 많은 갈등과 문제점이 나타나고 있다. 이러한 때에 교회는 철저한 자성과 훈련을 통해서 초대교회와 같은 공동체를 회복해야 한다. 그래야만 세상을 변화시킬 수 있는 참된 교회가 될 수 있다. 그러려면 먼저 목회자가 모범이 되어 그리스도의 제자가 되어야 하고, 성도들을 온전케 되도록 훈련시켜 봉사의 일을 감당케 하고, 그리스도의 몸 된 교회를 세우는 공동체 회복을 위해 노력해야 한다.

한국교회 선교 초기에 선교사들이 사역할 때도 영혼 구원만이 아니라 그 중심에 교육과 사회봉사가 있었다. 초기 한국교회 선교는 세 가지 면에서 이루어진 것을 보게 된다. 첫째, 직접적이 복음 전도를 통해서 교회를 세우는 일이었다. 둘째, 학교를 설립하여 한국 사회에 새로운 교육 사역을 주도하였다. 셋째, 사회봉사 활동이었다. 의료봉사와 가난한 자들을 돕는 구제 사역이 대표적이다. 세 가지가 동시에 진행되었지만 둘째와 셋째가 더 집중적으로 전개되었다. 이러한 사역들이 한국 민족에 신뢰를 주었고 복음 전도의 직접적인 결과로 귀결되었으며, 불교, 유교 등 타종교가 뿌리 깊은 나라에 기독교가 빠르게 전파되는 원동력이 되었다.[139]

이제 한국교회는 복음의 본질과 시대적인 상황을 잘 분별하여 교회 안에만 국한된 소극적인 선교에서 벗어나 더욱 적극적으로 주님의 사랑을 몸소 실천하는 섬김과 봉사를 극대화하는 방향으로 전환해야 한다. 그렇게 할 때 한국교회는 초대교회와 같이 하나님이 기뻐하시는 생명력 있는 공동체로 거듭나게 될 것이다.

결론 : 미래 목회의 희망
작은 공동체의 회복

21세기가 시작된 지금 필자는 '작은 공동체(소그룹) 활성화'를 교회 부흥과 성장의 방법이자 참된 교회를 회복하는 대안으로 보고 있다. 작은 공동체 운동이 활성화되어야 하는 이유는, 첫째, 성경적 교회론이 소그룹을 지향하고 있기 때문이다. 둘째, 다원화해 가는 시대적인 환경이 소그룹 사역을 요구하고 있기 때문이다. 셋째, 복음이 올바르게 선포되고 본래적인 교회의 본질을 잘 나타내는 건강한 교회를 지향하기 위해서다.

한국교회의 작은 공동체 운동에 대한 구체적인 방향 제시가 필요한 상황에서 필자는 졸저를 통해 작은 공동체 운동의 이해와 신학, 영성과 실제적인 훈련 모델, 그리고 현대 기독교의 공동체 모델과 작은 공동체 운동의 한국교회 모델들을 소개하였다. 그리고 작은 공동체를 통하여 삶의 나눔, 돌봄, 사역을 통전적으로 적용할 수 있는 사역공동체 모델의 이론과 실천을 한국교회 미래 목회의 대안으로 제시하였다.

1) 참된 교회 공동체의 사명

초대교회 공동체는 함께 말씀과 성찬을 나누었을 뿐 아니라 자신의 재산을 팔아 가난한 자들의 필요를 채워 주는 섬김의 공동체였다. 웨슬리의 소그룹(속회, 밴드, 선발신도회 등)도 상호 책임적인 섬김의 공동체로서 사회를 변혁시키는 공동체였다. 따라서 어느 기독교 공동체이든 또 기독교 공동체 안의 소그룹이든 간에 하나님의 사랑을 깨달은 사람들이 모여 이웃 사랑을 실천하는 균형 잡힌 사역공동체의 모습을 회복하고 하나님의 나라를 세워가는 것은 우리 모두의 소명이다. 이러한 공동체를 세우기 위해서는 무엇보다도 소그룹 사역과 리더들의 역할이 중요하다. 소그룹이 하나님 나라의 도구로서 하나님 사랑과 이웃 사랑을 구체적으로 실천해 가는 '교회 안의 작은 교회ecclesiola in ecclesia' 라는 인식이 필요하다. 존 웨슬리가 시작한 감리교회의 처음 소그룹 공동체(속회)는 서로 책임지는 공동체Accountability Group였으며, 그 목표는 성화였다. 이와 같은 정신에 따라 소그룹 공동체는 서로 책임지고 함께 밀어 주고 끌어 주면서 성화의 길을 걸어가는 것을 목표로 하여야 한다.

주지하다시피 한국교회는 거의 모든 교회가 소그룹 사역을 속회, 구역, 셀교회, 가정교회, 순모임, 목장 등 여러 형태로 시도하고 있다. 그러나 소그룹이 교인 관리나 삶의 나눔, 돌봄의 단계를 넘어서 훈련된 평신도 리더들에게 사역을 위임Deligation하는 데까지 나아가는 것은 큰 도전이며 동시에 미래 목회의 중요한 대안이 될 것이다. 왜냐하면 그것은 성경의 비전이기 때문이다. 기독교 공동체의 목적은 신실한 예수의 제자들을 세워서 영혼을 구원하는 것이다(눅 19:10, 마 28:18~20).

에베소서 4장 11~12절 말씀은 바울의 핵심적인 목회철학이다. 에베소서 4장 11절의 사도, 선지자, 복음 전하는 자, 목사와 교사의 은사의 공통점은 '말하는 사역'이며 그리고 전문 사역자^office Gift로서의 은사이다. 이 전문 사역을 통해 하나님께서는 '성도를 온전케 하며 봉사의 일을 하게 하며 그리스도의 몸 된 교회를 세우기' 원하셨다. 그러나 교회마다 성경의 원리대로 사역하지 않기 때문에 갈등과 분쟁이 생기고 신앙생활이 행복하지 못한 것을 보게 된다. 한국교회가 생존하려면 큰 교회를 작은 교회로 나누어서 헌신된 성도가 주체가 되어서 사역하는 방법이 가장 좋은 방법일 것이다. 결과적으로 건강한 교회가 되기 위해서는 목회자는 성도가 온전케 되어 봉사하는 사역에 집중할 수 있도록 돕는 것이 가장 중요한 사역일 것이다.

초대교회는 사도의 가르침을 받고 온전케 된 성도들이 사역하였다. 초대교회가 진행되며 최초로 온전케 된 성도가 바나바(행 4:36~37)였다. 그리고 교회에 분쟁이 있을 때 온전케 된 성도들을 집사로 임명하고 사도들은 말씀과 기도하는 일에 전무한 것을 보게 된다(행 6:1~6). 바울은 지체가 연합하여 온전한 몸을 이룬다고 말하였다(엡 4:16). 각 마디^Every Part, 각 지체^Every Supporting Ligament가 상합하여 온몸^All Body을 자라게 한다는 바울의 말은 지체 한 사람, 한 사람 모두가 의미 있게 사역에 참여해야 된다는 것을 강조하는 것이다.

누구나 하나님이 주신 은사가 있으므로 각자가 가지고 있는 은사를 발견하여 개인적으로 또는 그룹별로 사역하는 것이 중요하다. 전통적인 교회에서는 모든 지체가 사역에 참여하는 것이 물리적으로 불가능하다. 그렇기 때문에 이것이 가능하도록 큰 교회를 작은 교회로 나누어 훈련된 헌신된 성도들을 통해 사역하는 것이 필요하다.

2) 작은 공동체의 희망과 성장 가능성

크리스티안 슈바르츠Christian A. Schwarz는 '자연적 교회성장'에서 건강한 교회의 8가지 질적 특성 가운데 하나가 '전인적 작은 공동체'라고 지적하였다. 모두가 참여하여 함께 삶을 나누고 돌보며 사역하는, 작지만 건강한 공동체의 추구가 위기 가운데 있는 한국교회에 돌파구를 제시할 수 있다고 본다. 필자가 졸저를 통해 강조하고 싶은 것도 교회들이 참된 교회가 되기 위한 작은 공동체 운동의 중요성을 깨닫고 작은 공동체를 향한 열망을 불러일으키는 것이다. 따라서 작은 공동체가 미래 목회의 희망이 되기 위해서는 영성과 사역의 일치는 물론 교육과 교제와 섬김이 조화를 이루는 공동체 형성이 절대적이다.

3) 가르침이 있는 모임

초대교회의 모범을 보여주는 예루살렘 공동체의 "사도의 가르침"(행 2:42)은 작은 공동체의 전형적인 특징을 나타낸다. 헬라어 원문에는 "사도들의 가르침"이라고 문자적으로 해석한다. 여기서 사도는 복수형이지만 가르침은 단수형으로 기록했다. 이는 여러 사도들이 가르치는 권한을 위임받았으나 교훈의 통일성을 나타내고 있다는 뜻이다. 이를 통하여 초대교회의 모임은 작은 공동체였으며 말씀이 모임의 핵심인 것을 알 수 있다. 초대교회의 작은 모임은 말씀이 중심이 되어 교제와 희생적 사랑을 나누고 기도하는 모임이었다. 기독교인의 교제, 기독교인의 희생적 사랑, 기도의 능력은 작은 공동체에서 가장 역동적으로 체험할 수 있다. 사도의 가르침이 있는 모임은 세상의 어떤 모임과도 비교할 수 없다. 사도들의 가르침이 있는 모임은 생명력이 넘치고 변화가 일어나며 인생에 대한 비전을 찾게 하기 때문이다.

4) 영적 교제, 삶의 교제가 있는 모임

교회 내 작은 공동체에서 체험하는 교제의 특징은 가르침에 근거한 교제, 말씀에 근거한 교제이다. "믿는 사람이 다 함께 있어"(행 2:44)라는 것은 성도들이 지속적으로 함께 모이고 있다는 뜻이다. 이들의 교제에서 중요한 요소는 첫째, 함께 있어 주는 것이다. 위기를 만나고 어려움과 슬픔을 만난 자와 함께 있어 주는 것은 힘과 위로가 된다. 포스트모던 사회에서 기술과 과학의 발달은 삶의 풍요를 가져왔다. 그러나 인간 소외와 무관심이라는 문제가 이 시대에 만연해 있다. 그래서 신앙생활마저도 숨어서 하는 이들이 많아졌다. 그러나 그리스도에게로 가려면 함께하는 교제가 절대적으로 필요하다.

둘째, 필요를 공급하는 것이다. 물질적으로, 정서적으로 서로의 필요를 채우면서 교제하는 것이다. 초대교회 교우들은 억지로 강요하는 것이 아니라 자원하는 마음으로 공급했다. "재산과 소유를 팔아 각 사람의 필요를 따라 나누어 주었다"(행 2:45). 교제가 깊어지면 그가 필요로 하는 것, 그것을 알고 돌보게 된다.

셋째, 기쁨의 잔치가 있었다. 초대교회는 함께 음식을 나누는 밥상 공동체였다. 이처럼 사도행전의 소그룹 공동체에는 진정한 의미에서 사랑의 교제라는 신앙생활의 아름다움이 있다. 초대교회의 함께하는 교제는 오늘날 우리에게도 소그룹을 통해 함께 삶을 나누고 돌보고 세워서 증인이 되게 하는 신앙생활의 모형이 된다.

5) 하나님의 선교 도구로서 일하는 모임

예수의 공생애는 천국 복음을 전파하고 가르치고 치유하고 소외자들과 함께하는 삶이었다. 복음의 핵심은 하나님의 나라였고 목적은 제자를 삼아 사도로 파송해서 영혼을 구원하는 것이었다. 우리가 예수의 제자라면 이와 동일한 사역을 실천해야 한다. "너희는 가서 모든 민족을 제자 삼으라." 복음 전파는 지역과 인종의 구별이 있을 수 없다. 그들에게 복음을 증거해서 아버지와 아들과 성령의 이름으로 세례를 베풀고, 주님의 명령을 가르쳐 지키게 해야 한다.

그런데 문제는 지하철 전도나 남대문시장 노방전도처럼 일방적인 배타적인 선교로는 사람들의 마음을 쉽게 열지 못한다. 포스트모던 시대의 영향을 받고 있는 현대인들은 다양한 삶의 양식, 자유분방한 사고의 표현, 개인적인 신념과 가치를 중요하게 여긴다. 이런 특징을 나타내는 현대인들에게 참된 기독교 공동체의 모형인 작은 공동체 환경이 필요하게 되었다. 복음을 들려주는 것이 아니라 복음을 보여주어야 하는 필요성이 제기된 것이다. 소그룹 안에서 진정한 사랑의 교제와 나눔을 통해서 복음을 눈으로 볼 수 있게 해야 한다.

사도행전의 작은 공동체들도 "온 백성에게 칭송받으니 주께서 구원받는 사람을 날마다 더하게 하시니라"(행 2:47)고 하였다. 기독교인들의 공동체 안에서의 삶은 사도들의 가르침을 받고 함께 삶을 나누고, 돌보고, 사역하며, 교제하는 모임의 아름다움을 본 사람들의 경험이다. 아름다운 공동체의 경험은 칭찬과 인정, 관심과 참여와 공감을 불러일으킨다. 사람들에게 경외감을 주며 감동을 주는 신앙생활, 지역 사회에 올바른 사역을 감당하는 칭송받는 교회, 이러한 참된 교회의 공동체성이 하나님이 기뻐하시는 선교 도구로서 작은 공동체들의 삶과 사역이다.

위기의 시대에 성경이 말하는 살아 있는 작은 선교 공동체로 말미암아 한국교회가 진정한 교회 공동체로 세워질 수 있도록 목회자와 평신도 사역자들의 헌신과 분발이 있기를 간절히 기원해 본다.

참고문헌 및 자료

■ **국내 자료**

강영선. "채플의 제도와 프로그램." 「기독교 대학과 학원선교」. 서울 : 전망사, 1997.

김균진. 「교회론」. 서울 : 연세대학교 출판부, 1993.

김영국. 「공동체」. 서울 : 생명의말씀사, 1995.

김정준. "이스라엘 신앙과 민족 공동." 「신학연구」 제14집, 1973.

김진두. 「존 웨슬리의 실천신학」. 서울 : KMC, 2004.

_____. 「웨슬리와 우리의 교리」. 서울 : KMC, 2009.

김현진. 「공동체 신학」. 서울 : 예영커뮤니케이션, 2005.

문석호. 「한국교회와 공동체 운동」. 서울 : 줄과추, 1998.

박근원. "제3세계의 교회와 영성." 「기독교사상」 1987년 1월호.

박형순. 「변혁적 서번트 리더십」. 서울 : 쿰란출판사, 2004.

방선기. "기독교 사회참여와 공동체." 「목회와신학」 1990년 12월호. 손두환. 「기독교회사(1)」.
　　　 서울 : 총신대학교 출판부, 1996.

손인웅. "변화하는 시대의 목회." 실천신학대학원 강의. 서울 : 덕수교회, 2011.

신완성. 「컬러 리더십」. 서울 : 더난출판사, 2005.

오성춘. 「영성과 목회」. 서울 : 장로회신학대학교 출판부, 2000.

연요한. "대학목회 지평에서 본 코이노니아와 기초공동체." 「대학과 선교」 제10집. 서울 : 대학
　　　 선교학회, 2006.

유기종. 「기독교 영성, 영성신학의 재발견」. 서울 : 은성, 1997.

유성준. 「미국을 움직이는 작은 공동체, 세이비어 교회」. 서울 : 평단문화사, 2005.

_____. 「예수처럼 섬겨라」. 서울 : 평단문화사, 2009.

_____. 「은혜의 산맥을 따라가는 54주 성경여행」. 서울 : 열린출판사, 2009.

_____. "참된 교회 모델을 통한 대학 소그룹 선교 연구." 「대학과 선교」 제20집. 서울 : 대학
　　　 선교학회, 2011.

은준관. 「교회, 선교, 교육」. 서울 : 전망사, 1982.

_____. 「실천적 교회론」. 서울 : 한들출판사, 2006.

_____. 「신학적 교회론」. 서울 : 한들출판사, 2006.

이계준. "기독교 대학의 정체성과 미래의 과제." 「대학과 선교」 제2집. 서울 : 대학선교학회,
　　　 2000.

이관응. 「신뢰 경영과 서번트 리더십」. 서울 : 엘테크, 2003.

이상근. 「신약주해 누가복음」. 서울 : 대한예수교장로회 총회교육국, 1882.

이완재. 「영성 신학 탐구」. 서울 : 성광문화사, 2000.

이종성. 「교회론」 상권. 서울 : 대한기독교출판사, 1989.

_____ . 「조직신학개론」. 서울 : 종로서적, 1986.

이후정. 「성화의 길」. 서울 : 대한기독교서회, 2007.

장학일. 「예수마을 이야기」. 서울 : 쿰란출판사, 2011.

전경연 편. 「신약의 교회개념」. 서울 : 대한기독교서회, 1982.

정태일. "공동체의 형성과 과제." 「교육교회」. 1989년 4월호.

조용훈. "한국 기독교 대학의 역사에 대한 연구." 「대학과 선교」 제11집. 서울 : 대학선교학회,
        2006.

조종남 편저. 「세계복음화운동의 역사와 정신」. 서울 : 한국기독학생회 출판부, 1990.

_____ . 「요한 웨슬레의 신학」. 서울 : 대한기독교서회, 1984.

_____ . 「웨슬리의 갱신운동과 한국교회」. 서울 : 대한기독교서회, 2006.

주도홍. 「새로 쓴 세계교회사」. 서울 : 개혁주의신행협회, 2006.

천병욱. "신학교육과 영성훈련." 「신학과선교」 제14집. 부천 : 서울신학대학교 출판부, 1989.

한정애. 「작은 공동체 운동」. 서울 : 한국신학연구소, 1997.

■ 번역자료

장 바니에. 성찬성 역. 「공동체와 성장」. 서울 : 성바오로출판사, 1987.

S. 헬레나. 「레오와 서번트 리더십」. 서울 : 엘테크, 2006.

Banks, Robert & Julia. 장동수 역. 「교회, 또 하나의 가족」. 서울 : 한국기독학생회 출판부,
        1999.

Bonhoeffer, Dietrich. 문익환 역. 「신도의 공동생활」. 서울 : 대한기독교서회, 1964.

_____ . 손규태 · 이신건 공역. 「나를 따르라」. 서울 : 대한기독교서회, 1997.

Covey, Stephen R. 김경섭 · 박창규 공역. 「원칙 중심의 리더십」. 파주 : 김영사, 2005.

Gladwell, Malcolm. 임옥희 역. 「티핑 포인트」. 서울 : 21세기북스, 2004.

_____ . 노정태 역. 「아웃라이어」. 서울 : 김영사, 2010.

Greenleaf, Robert K. 강주헌 역. 「리더는 머슴이다」. 서울 : 참솔, 2001.

Hamilton, Adam. 유성준 역. 「말씀을 해방시켜라」. 서울 : KMC, 2009.

_____ . 유성준 역. 「장벽을 넘어 인도하라」. 서울 : KMC, 2010.

_____ . 유성준 역. 「세상을 바꾼 24시간」. 서울 : KMC, 2011.

Hendricksen, William. 김경래 역. 「헨드릭슨 성경주석 마태복음(하)」. 서울 : 아가페출판사,
        1984.

Hoekendijk, Johannes. C. 이계준 역. 「흩어지는 교회」. 서울 : 대한기독교서회, 1997.

Jay, Eric G. 주재용 역. 「교회론의 역사」. 서울 : 대한기독교출판사, 1986.

Kung, Hans. 이홍근 역. 「교회란 무엇인가?」. 경북 : 분도출판사, 1978.

Macquarrie, John. 장기천 역. 「영성에의 길」. 서울 : 전망사, 1980.

McGinn, Bernard & Meyendorff, John & Leclercq, Jean. 이후정 외 공역. 「기독교 영성 1」. 서울 : 은성, 1997.

Nouwen, Henri J. M. 두란노 출판부 역. 「예수님의 이름으로」. 서울 : 두란노, 1998.

Rack, Henry D. 김진두 역. 「존 웨슬리와 감리교 부흥」. 서울 : 감리교신학대학교 출판부, 2001.

Rice, Howard L. 황성철 역. 「개혁주의 영성」. 서울 : 기독교문서선교회, 1995.

Snyder, Howard A. 명성훈 역. 「교회사를 통해 본 성령의 표적」. 서울 : 나단, 1994.

Stott, John R. W. 한화룡 역. 「복음전도와 사회적 책임」. 서울 : 두란노서원, 1988.

Webber, Robert E. 이승구 역. 「기독교 문화관」. 서울 : 엠마오, 1989.

■ 해외자료

Allison, James. *Knowing Jesus*. Springfield, IL : Temple Gate, 1994.

Anselm, *Proslogion from The Fellowship of the Saints*. NY : Abingdon–Cokesbury Press, 1948.

Bruteau, Beatice. *Radical Optimism*. NY : Crossroad, 1993.

Buttrick, David. *The Mystery and Passion of Christ*. Minneapolis, MN : Fortress Press, 1992.

Caraman, Phillip. *Ignatius Loyola*. New York : Harper & Row, 1990.

Clemmons, William. *Discovering the Depths*. Nashville, TN : Broadman Press, 1987.

Cosby, Gorden. *A Possible New Form of Church*. Washington DC : Potter's House Book Services, n.d.

_____. *By Grace Transformed*. New York : The Crossroad Book, 1999.

_____. *The Givens of an Authentic Church*. Washington DC : Poter's House Book Services, n.d.

Cosby, Gordon and Mclurg, Kayla. *Radical Newness : the Essence of Being Church*. Washington DC : Potter's House Book Services, n.d.

David, Buttrtick. *What on Earth is a Kingdom of God?*. 팸플릿 자료.

Davies, W. D. *Invitation to the New Testament*. Biblical Seminar Services. Vol. 19. Ithaca, NY : CUP Services, 1993.

Dear, John. *Jesus the Rebel*. London : Sheed & Ward, 2000.

DeCaussade, J. P. *Self-abandonment to Divine Providence*. Rockford, IL : Tan Books and Publishers, Inc., 1987.

Devers, Dorothy. *Faithful Friendship*. Cincinnati, OH : Forward Movement Publications, 1980.

Dever, Dorothy and Cosby, Gordon. *Handbook for Churches and Mission Group*. Washington DC : Potter's House Book Services, n.d.

Dickinson, Emily. *Selected Poems and Letters*. Edited by Robert N. Linscott. Garden City, NY : Doubleday Anchor Books, Doubleday & Co. Inc., 1959.

Douglas-Klotz, Neil. *Prayers of the Cosmos : Meditations on the Aramaic Words of Jesus*. San Francisco, CA : Harper SF, 1993.

Dozier, Verna J. *The Dream of God : A Call to Return*. NY : Church Publishing, Inc., 2006.

Ellul, Jacques. *The Presence of the Kingdom*. New York : Seabury Press, 1967.

English, John J. *Spiritual Intimacy and Community : An Ignatian View of the Small Faith Community*. Mahwah, NJ : Paulist Press, 1993.

Farmer, Paul. *Pathologies of Power*. Berkeley, CA : University of California Press, 2004.

Farnham, Suzanne. *Listening Hearts : Discerning Call in Community*. Ridgefield, CT : Morehouse Publishers, 1992.

Foster, Richard J. *Prayer : Finding the Heart's True Home*. San Francisco CA : Harper SF, 1992.

Fox, Matthew. *The Coming of the Cosmic Christ*. San Francisco CA : Harper SF, 1988.

Friend, W. H. *The Rise of Christianity*. Philadelphia : Fortress Press, 1984.

Girard, Rene. *Things Hidden from the Foundation of the World*. Stanford, CA : Stanford University Press, 1987.

Haley, R. L. *The Radical Vision of the Church of the Savior*. Washington DC : Tell the Word, n.d.

Hamerton-Kelly, Robert. *The Gospel and the Sacred*. Minneapolis, MN : Fortress Press, 1994.

Hayes, Edward. *Prayers for a Planetary Pilgrim : A Personal Manual for Prayer and Ritual*. Leavenworth, KS : Forest Peace, 1989.

Heschel, Abraham. *The Insecurity of Freedom*. New York, NY : Noonday Press, 1967.

Hilfiker, David. *Not All of Us Are Saints : A Doctor's Journey with the Poor*. New

York, NY : Hill and Wang, 1994.

Hinson, E. Glen. *Spirituality in Ecumenical Perspective. Louisville, KY :* Westminster/John Knox Press, 1993.

Jennings Jr., *Theodore W. Good News to the Poor.* Nashville : Abingdon Press, 1990.

John of The Cross. *Ascent of Mt. Carmel.* Garden City, NY : Doubleday & Co. Inc., 1958.

Jones, W. Paul. *The Art of Spiritual Directions : Giving and Receiving Spiritual Guidance.* Upper Room Books, 2002.

Keating, Thomas. *Open Mind, Open Heart : The Contemplative Dimension of the Gospel.* New York, NY : Continuum, 1994.

_____. *Invitation to Love.* Continuum International Publishing Group. New Ed edition, 1994.

Kelly, Thomas. *A Testament of Devotion.* San Francisco, CA : Harper SF, 1992.

Kelsey, Morton. *Encounter with God.* Minneapolis. MN : Bethany Fellowship Inc., 1972.

_____. *The Other Side of Silence,* A Guide to Christian Meditation. Paramus, NJ : Paublist Press, 1976.

Kierkegaard, Soren. *Purity of Heart Is to Will One Thing.* NY : Harper & Brothers Publishers, 1948.

Kinsler, Ross & Gloria. *The Biblical Jubilee and the Struggle for Life.* Mary knoll, NY : Orbis Books, 1999.

Kozol, Jonathan. *Amazing Grace, The Lives of Children and the Conscience of a Nation.* NY : Crown Publishers, 1995.

Loder, Ted. *Guerrillas of Grace : Prayers for the Battle.* San Diego, CA : Lura Media, 1984.

May, Gerald. *The Awakened Heart : Living Beyond Addiction.* NY : Harper SF, 1993.

_____. *Spiritual Direction and Meditation.* Collegeville, MN : Liturgical Press, 1960.

Mello, Anthony De. *The Way of Love.* Image Pocket Classics, 1995.

Meyer, Richard C. *One Anathering : Biblical Building Blocks for Small Group.* San Diego, CA : Lura Media, 1990.

Moltmann, Jurgen. *The Open Church : Invitation To a Messiaen Lifestyle.* London : SCM Press, 1978.

Myers, Ched. *The Biblical Vision of Sabbath Economics.* Tell the Word, Church of the Saviour, 2001.

Nouwen, Henri. *In the Name of Jesus.* New York, NY : Crossroad, 1989.

_____, *Life of the Beloved*. Crossroad General Interest; 10th Anny edition, 2002.

_____, *The Way of the Heart*. New York, NY : Ballantine Books, 1981.

_____, *The Life of the Beloved*. New York, NY : Crossroad, 1992.

_____, *With Burning Hearts*. Maryknoll, NY : Orbis Books, 1994.

O'connor, Elizabeth. *Call to Commitment*. Washington DC : Servant Leadership Press, 1995.

_____, *Cry Pain, Cry Hope*. Washington DC : Servant Leadership Press, 1992.

_____, *Journey Inward, Journey Outward*. New York : Harper & Row, 1968.

_____, *Our Many Selves*. New York : Harper & Row, 1968.

_____, *Servant Leader, Servant Structures*. Washington DC : Potter's House Book Service, 1991.

Park, Andrew Sung & Nelson, Susan L. *The Other Side of Sin*. New York Press, State University, 2001.

Parker, Palmer. *Leading from Within*. Pamphlet. Washington, DC : Servant Leadership Press, 1990.

Pannenberg, Wolfhart, *Theology and the Kingdom of God*. Philadelphia : The Westminster Press, 1969.

Pennington, M. Basil. *Centering Prayer : Renewing an Ancient Christian Prayer Form*. Garden City, NY : Doubleday & Company, 1980.

_____, *Centering Prayer*. Image; Reprint edition, 1982.

Rohr, Richard. Great *Themes in Scripture : Old Testament*. Cincinnati, OH : St. Anthony's Messenger Press, 1987.

_____, *Great Themes in Scripture : New Testament*. Cincinnati, OH : St. Anthony's Messenger Press, 1988.

Rohr, Richard, Feister, John Bookser. *Jesus' Plan for a New World*. Saint Anthony Messenger Press and Franciscan; 1st edition, 1996.

Rupp, Joyce. *Little Pieces of Light : Darkness and Personal Growth*. Mahwah, NJ : Paulist Press, 1994.

Schaef, Anne Wilson. *When Society Becomes an Addict*. San Francisco : Harper Reprint edition, 1988.

Sider, Ronald J. *Rich Christians in an Age of Hunger*. Dallas : W Publishing Group, 2005.

Smith, Martin L SSJE. *Love Set Free*. Cambridge and Boston : Cowley Publications, 1998.

Spoto, Donald. *Reluctant Saint : the Life of Francis of Assisi*. Philadelphia, PA : Augsburg Fortress Publishers, 1999.

Steere Douglas V. *On Beginning from Within. On Listening to Another*. New York. NY : Harper & Row, 1964

Teresa of Avila. *The Way of Perfection*. New York, NY : Doubleday, 1991.

Tolle, Eckart. *The Power of Now*. New World Library; Reprint edition, 2004.

Vanier, Jean. *From Brokenness to Community*. Mahwah. NJ : Paulist Press, 1992.

_____, *Community and Growth*. Mahwah, NJ : Paulist Press, 1989.

_____, *Becoming Human*. Mahwah, NJ : Paulist Press, 1998.

_____, *Becoming Human*. Mahwah, NJ : Paulist Press, 1999.

_____, *Community and Growth*. Mahwah, NJ : Paulist Press; Revised edition, 1989.

Wakefield, Gordon ed., *The Westminster Dictionary of Christian Spirituality*. Philadelphia : Westminster Press, 1983.

Wesley, John. *A Plain Account of Christian Perfection*. London : Epworth Press, 1968.

_____, *The Works of John Wesley*. 14vol., London, 1831.

_____, *Explanatory Note upon the New Testament*, 1754, reprinted by Epworth Press, London, 1948.

Westley, Dick. *Good Things Happen : Experiencing Community in Small Groups*. Mystic, CT : 23rd Publications, 1992.

Willard, Dallas. *The Divine Conspiracy*. Harper SanFrancisco, 1st edition, 1998.

_____, *Living in the Vision of God*. Tell The Word, 2003.

_____, *Renovation of Heart : Putting on the Character of Christ*. Colorado Springs, Co : Navpress, 2002.

Williams, Colin W. *John Wesley's Theology Today*. Nashville : Abingdon Press, 1960.

Wink, Walter. *Prayer and the Powers*. Washington, DC : Servant Leadership Press, 1993.

Woelfel, Jame W. *Bonfaeffer's Theology*. New York : Abingdon Press, 1970.

Young Jr. W. A. *What on Earth is the Kingdom of God?*. Xulon Press, 2002.

주

1) 그동안 한국 주류 교단의 갱신 모델로 부활의 교회 아담 해밀턴 목사의 저서 「말씀을 해방시켜라」(2009), 「장벽을 넘어 인도하라」(2010), 「세상을 바꾼 24시간」(2011), 「40일 간의 영적 여행」(2012) 등을 소개하였다.

2) 유성준, 「미국을 움직이는 작은 공동체, 세이비어 교회」(서울 : 평단, 2005), 43.

3) "한국교회 사회복지 엑스포 2010" 대회는 2010년 10월 13~16일에 여의도순복음교회에서 교회와 기독교 사회복지단체가 참여하여 사역을 소개하고 미래의 비전을 점검하는 모임이었다.

4) 세이비어 교회의 신앙 공동체는 나사로교회, 예수님의 친구교회, 토기장이집교회, 희년교회, 언약공동체교회, 새공동체교회, 제8일교회, 데이스프링교회, 에큐메니컬예배와 예수님의종된교회, 그리고 최근에 시작된 'Becoming Church' 등이 있다. 각 신앙 공동체마다 소그룹인 사역공동체(Mission Group)가 있다.

5) 말콤 글래드웰, 노정태 역, 「아웃라이어」(서울 : 김영사, 2010), 10~19.

6) 김현진, 「공동체 신학」(서울 : 예영커뮤니케이션, 1998), 56~57.

7) 문석호, 「21C 한국교회와 공동체 운동」(서울 : 줄과추, 1998), 60.

8) 한정애, 「교회사를 통해 본 작은 공동체 운동」(서울 : 한국신학연구소, 1997), 18.

9) 말콤 글래드웰, 임옥희 역, 「티핑 포인트」(서울 : 21세기북스, 2004).

10) 딘 엠 켈리, 이기문 역, 「왜 보수주의 교회는 성장하는가」(서울 : 생명의말씀사, 1987).

11) 심창섭, "공동체의 교회사적 조명," 「성령의 공동체」(서울 : 전국신학교공동체모임연합회, 1992), 77.

12) 김정준, "이스라엘 신앙과 민족 공동체," 「신학연구」 제14집(1973), 41~42.

13) Robert Banks, 장동수 역, 「교회, 또 하나의 가족」(서울 : 한국기독학생회 출판부, 1999), 74.

14) 위의 책, 74~76.

15) 칼 수소 프랑크, 최형걸 역, 「기독교 수도원의 역사」(서울 : 은성, 1997), 43~65.

16) 위의 책, 76~77.

17) 손두환, 「기독교회사(1)」(서울 : 총신대학교 출판부, 1996), 186~190.

18) 김상근, 「세계사의 흐름을 바꾼 기독교 역사」(서울 : 평단, 2004), 152.

19) D. Bonhoeffer, 문익환 역, 「신도의 공동생활」(서울 : 대한기독교서회, 1964), 22.

20) Robert Banks, 앞의 책, 81~82.

21) 주도홍, 「새로 쓴 세계교회사」(서울 : 개혁주의신행협회, 2006), 397~398.

22) 위의 책, 405.

23) 하워드 A. 스나이더, 명성훈 역, 「교회사에 나타난 성령의 역사」(서울 : 정연, 2010), 88.

24) 위의 책, 89~90.

25) 위의 책, 92.

26) 알리스터 맥그라스, 소기천 역, 「신학의 역사」(서울 : 지와사랑, 2002), 273.

27) Robert Banks, 앞의 책, 82~84.

28) 은준관, 「신학적 교회론」(서울 : 대한기독교서회, 1998), 246.

29) 알리스터 맥그라스, 앞의 책, 273~274.

30) 주도홍, 앞의 책, 456~457.

31) 은준관, 「신학적 교회론」, 246~248.

32) 위의 책, 248.

33) 하워드 A. 스나이더, 앞의 책, 225.

34) John Wesley, Journal 1, 197~205.

35) 은준관, 「실천적 교회론」(서울 : 대한기독교서회, 1999), 428.

36) 김진두, 「존 웨슬리의 실천신학」(서울 : KMC, 2004), 269.

37) 김현진, "공동체는 교회의 복음의 본질," 「빛과 소금」, 1991년 12월호, 14.

38) 주도홍, 「세계교회사」(서울 : 개혁주의신행협회, 2003), 532~533.

39) 김현진, 「세계 기독교 공동체 탐방」(서울 : 전신공연 편집부, 1992), 4~5.

40) 김현진, 「공동체 신학」, 444.

41) 유성준, 「조각목 인생」(서울 : 열린출판사, 2003), 28~29. 필자는 1991년 사랑의 집짓기
    운동 지미 카터와 워싱턴디시 프로젝트에 참여했고, 2008년에는 강원도 삼척에 세운 주안
    교회 프로젝트에 협성대학교 학생들과 함께 참여하였다.

42) 주도홍, 「세계교회사」, 531~532.

43) 김현진, 「공동체신학」, 453~459.

44) 브래드 이고우, 생태마을연구회 역, 「아미쉬 공동체」(서울 : 들녘출판사, 2002).

45) 권요셉, "예수원 공동체의 사역과 선교," 「공동체와 선교」, 제12회 공동체세미나(2007),
    39~40.

46) 하워드 L 라이스, 황성철 역, 「개혁주의 영성」(서울 : 기독교문서선교회, 1995), 58.

47) Gordon Wakefield, ed., *The Westminster Dictionary of Christian Spirituality*
    (Philadelphia : Westminster Press, 1983), 361.

48) 하워드 L. 라이스, 앞의 책, 58.

49) 위의 책, 60.

50) 이완재, 「영성신학탐구」(서울 : 성광문화사, 2000), 173.

51) Gerald Janzen, "The Yoke that Gives Rest," *Interpretation*(1987), 256~268.

52) 오성춘, 「영성과 목회」(서울 : 장로회신학대학교 출판부, 2000), 40.

53) 위의 책, 47.

54) 위의 책, 50.

55) John Macquarrie, 「영성에의 길」(서울 : 전망사, 1980), 62.

56) 오성춘, 앞의 책, 60.

57) Iris V. Cully, 오성춘, 이기문, 류영모 공역, 「영적 성장을 위한 교육」(서울 : 예장총회교육 부, 1986), 75.

58) 오성춘, 앞의 책, 50.

59) 천병욱, "신학교육과 영성훈련," 「신학과 선교」 제14집(부천 : 서울신학대학교 출판부, 1989), 223.

60) 위의 책, 153.

61) 천병욱, 앞의 책, 225~226.

62) 강근환, "칼 바르트의 성령론적 교회론에 입각한 한국교회의 영성화 소고," 「교수논총」 2(부천 : 서울신학대학교, 1991), 7~14.

63) John Wesley, "Scriptural Christianity," *The Works of John Wesley*(Peabody MA : Handrickson Publisher, 1991), vol.5. 39~42.

64) 조종남, 「요한 웨슬레의 신학」(서울 : 대한기독교서회, 2007), 113.

65) 조종남, 「웨슬리의 갱신운동과 한국교회」(서울 : 대한기독교서회, 2006), 58~59.

66) John Wesley, "History of Methodism," *Works*, vol.8, 349.

67) John Wesley, "Minutes of Several Conversations," *Works*, vol.8, 330~331.

68) 김진두, 「웨슬리와 우리의 교리」(서울 : KMC, 2009), 52~53.

69) John Wesley, *Explanatory Note upon the New Testament*, Matthew 5:47, 35.

70) John Wesley, "The Use of Money," *Works*, vol.6. 134.

71) 이후정, Saint Paul School of Theology D.Min 과정 강의노트, 2012년 1월 10일.

72) John Wesley, "The Great Privilege of Those that are Born of God," *Works*, vol.5. 222.

73) John Wesley, "The Mark of the New Birth." *Works*, vol.5. 222.

74) John Wesley, "On God's Vineyard." Works, vol.7. 211.

75) 헨리 D. 랙, 김진두 역, 「존 웨슬리와 감리교의 부흥」(서울 : 감리교신학대학교 출판부, 2001), 240~241.

76) 스나이더, 앞의 책, 235.

77) John Wesley, "Sermon on the Mount VI." *Works*, vol.5. 328~329.

78) 버나드 맥긴 외, 이후정 역, "기도와 관상의 길," 「기독교 영성 1」 (서울 : 은성, 1997), 637.

79) 유기종, 「기독교 영성, 영성신학의 재발견」(서울 : 은성, 1997), 107~128, 199~220.

80) 엄성옥, 「무지의 구름」(서울 : 은성, 2000).

81) 이동원, 「성경적 관상기도」(서울 : 목회리더십연구소, 2007), 60.

82) 제3장 '작은 공동체의 훈련과 사역'에 나오는 소그룹 사역의 원리는 Gordon Cosby, *Becoming the Authentic Church*, Washinton DC : Tell the Word Publishing, 2004. 와 Dorothy Devers and Gordon Cosby, *Handbook for Churches and Mission Group*, The Servant Leadership Press, n.d. 그리고 고든이 2002년 봄에 강의한 'Toward the Authentic Church'의 강의 노트 등을 함축하여 소개하는 것임을 밝힌다.

83) 유성준, 「세이비어 교회—실천편」(서울 : 평단, 2007), 49~50.

84) 대부분의 사역공동체 모임은 도전과 희망의 원칙을 소개하며 모임을 시작한다.

85) 데일 & 후아니타 라이언, 정동섭 역, 「영적 성장의 사다리」(서울 : 죠이선교회, 2006), 12.

86) 헨리 나우웬, 「예수님의 이름으로」(서울 : 두란노, 1998), 49.

87) 본 자료는 필자가 와싱톤제일연합감리교회 사역 시(1991~2004년) 소그룹 사역공동체의 원리를 적용하여 사용한 자료이다.

88) 로버트 K. 그린리프, 강주헌 역, 「리더는 머슴이다」(*Servant leadership*) (참솔, 2001), 24~25.

89) 이관응, 「신뢰경영과 서번트 리더십」(서울 : 엘테크, 2001), 159~172.

90) S. 헬레나, 「레오와 서번트 리더십」(서울 : 엘테크, 2005), 79~142.

91) 유성준, 「예수처럼 섬겨라」(서울 : 평단), 30~31.

92) Dallas Willard, *Renovation of the Heart : Putting on the Character of Christ*(Colorado Springs, Co : Navpress, 2002), 14.

93) Henri J. M. Nouwen, *In the Name of Jesus*(New York : Crossroad, 2001), 17.

94) 위의 책, 22.

95) 위의 책, 28.

96) 위의 책, 35~36.

97) 위의 책, 59.

98) 장학일, 「예수마을 이야기」(서울 : 쿰란출판사, 2011), 207~216.

99) 위의 책, 284~308.

100) 위의 책, 269~283.

101) 위의 책, 274~279.

102) 손인웅, "변화하는 시대의 목회," 실천신학대학원 강의, 2011년 11월 8일, 덕수교회.

103) 해당교재는 유성준의 「은혜로 넘어가는 54주 성경여행」(2009, 열린출판사)를 주교재로 사용하고 있다.

104) 한상호, 「직고를 통한 소그룹 운동」(서울 : 생명의말씀사, 2004), 85~86.

105) 유성준, "참된 교회 모델을 통한 대학 소그룹 선교 연구,"「대학과 선교」, 2011년 6월호에 소개한 논문을 요약, 보완하여 소개한다.

106) 은준관,「교회, 선교, 교육」(서울 : 전망사, 1982), 257~276.

107) 연요한, "대학목회 지평에서 본 코이노니아와 기초공동체,"「대학과 선교」제10집(서울 : 대학선교학회, 2006), 39.

108) 조용훈, "한국 기독교 대학의 역사에 대한 연구,"「대학과 선교」제11집(서울 : 대학선교학회, 2000), 29.

109) 강영선, "채플의 제도와 프로그램,"「기독교 대학과 학원선교」, 이계준 엮음(서울 : 전망사, 1997), 110.

110) 이계준, "기독교 대학의 정체성과 미래의 과제,"「대학과 선교」제2집(서울 : 대학선교학회, 2000), 31~33.

111) James W. Woelfel, *Bonhoeffer's Theology* (New York : Abingdon Press, 1970), 165.

112) Jacques Ellul, *The Presence of the Kingdom* (New York : Seabury Press, 1967), 9~11.

113) 조종남 편저,「로잔 : 세계복음화운동의 역사와 정신」(서울 : 한국기독학생회 출판부, 1990), 26.

114) 김영국,「그리스도의 공동체」(서울 : 생명의말씀사, 1995), 155.

115) Wolfhart Pannenberg, *Theology and the Kingdom of God* (Philadelphia : The Westminster Press, 1969), 78.

116) John Wesley, *Explanatory Note on the New Testament* (London : Epworth Press, 1948), Matthew 3:2.

117) Henry H. Knight, "Theology and Spirituality in the Wesleyan Tradition," 세인폴 신학대학원 강의자료, 2011년 1월 6일.

118) 김현진,「공동체 신학」(서울 : 예영커뮤니케이션, 2005), 76.

119) 누가복음 4 : 18~19, "주의 성령이 내게 임하셨으니 이는 가난한 자에게 복음을 전하게 하시려고 내게 기름을 부으시고 나를 보내사 포로 된 자에게 자유를, 눈먼 자에게 다시 보게 함을 전파하며 눌린 자를 자유케 하고 주의 은혜의 해를 전파하게 하려 하심이라."

120) 김은수, "Missio Dei의 기원과 이해에 대한 비판과 고찰,"「신학사상」, 1996년 가을호, 149~151; D. J. Hesselgrave,「현대 선교의 도전과 전망」(서울 : 한국장로교출판사, 1994), 88.

121) 하르텐슈타인가 이 땅에서의 그리스도 통치의 '아직 아니'에 머물러 있었다면, 호켄다이크는 그리스도 통치의 '벌써'의 철저한 긴장 속에 서려고 했다.

122) 현영학, "신의 역사 창조 행위,"「한국 역사와 기독교」(서울 : 대한기독교서회, 1983), 332.

123) 김은수, "Missio Dei의 기원과 이해에 대한 비판과 고찰,"「신학사상」, 1996년 가을호, 162~163.

124) 이종성,「교회론」상권 (서울 : 대한기독교출판사, 1989), 19.

125) E. G. Jay, 주재용 역,「교회론의 역사」(서울 : 대한기독교출판사, 1986), 14.

126) Hans Kung, 이홍근 역,「교회란 무엇인가?」(경북 : 분도출판사, 1978), 85.

127) 전경연 편, "원시 교회의 관점에서 본 교회개념,"「신약의 교회개념」(서울 : 한신대 출판부, 1982), 8.

128) 한스 큉, 앞의 책, 62~72.

129) 위의 책, 292~293.

130) 김균진,「교회론」(서울 : 연세대학교 출판부, 1993), 88.

131) 은준관,「실천적 교회론」(서울 : 한들출판사, 2006), 503.

132) "이스라엘아 들으라 우리 하나님 여호와는 오직 유일한 여호와이시니 너는 마음을 다하고 뜻을 다하고 힘을 다하여 네 하나님 여호와를 사랑하라 오늘 내가 네게 명하는 이 말씀을 너는 마음에 새기고 네 자녀에게 부지런히 가르치며 집에 앉았을 때에든지 길을 갈 때에든지 누워 있을 때에든지 일어날 때에든지 이 말씀을 강론할 것이며 너는 또 그것을 네 손목에 매어 기호를 삼으며 네 미간에 붙여 표로 삼고 또 네 집 문설주와 바깥 문에 기록할지니라"(신 6:4~9).

133) 정태일, "사랑방교회와 신앙 공동체,"「공동체와 선교」(제12회 공동체 세미나, 2007), 9.

134) 은준관,「실천적 교회론」, 494.

135) 정태일, "교회 공동체의 형성과 과제,"「교육교회」, 1989년 4월호.

136) 방선기, "기독교 사회참여와 공동체,"「목회와신학」, 1990년 12월호.

137) 성찬성,「공동체와 성장」(서울 : 성바오로출판사, 1987), 10.

138) Jurgen Moltmann, *The Open Church* (London : SCM Press, 1978), 113.

139) 정일웅, "교육과 사회봉사를 통한 선교전략," 총신대학원 종교개혁기념 학술제, 2005, 78.